GUOJIA PEICHANG BANAN ZHINAN

国家赔偿办案指南

2014年第1辑（总第7辑）

主编　陶凯元　柯汉民

法律出版社
LAW PRESS·CHINA

《国家赔偿办案指南》特约编辑

（法院系统）

目　录

2014 年第 1 辑(总第 7 辑)

【政策导航】

在开展国家赔偿司法解释、司法政策起草修订调研工作时的讲话
…………………………………………………………… 陶凯元(001)

【司法解释】

最高人民法院关于人民法院在互联网公布裁判文书的规定
(法释〔2013〕26 号) ………………………………………… (009)

【其他规范性文件】

最高人民法院印发《关于推进司法公开三大平台建设的若干意见》的通知(法发〔2013〕13 号) …………………………… (012)
最高人民法院　司法部关于印发《关于加强国家赔偿法律援助工作的意见》的通知(司发通〔2014〕1 号) …………………… (017)
公安机关办理国家赔偿案件程序规定 ……………………………… (020)

【权威解读】

保障公众对司法知情权和监督权的实现
——最高人民法院司法改革领导小组办公室负责人就《最高人民法院关于人民法院在互联网公布裁判文书的规定》答记者问 ……………… (031)

《关于加强国家赔偿法律援助工作的意见》答记者问 …………………… (036)

【本刊特稿】

对“坚守防止冤假错案底线”的几点认识 ……………………………… 朱孝清(039)
法官的思维和表达……………………………………………………………… 胡仕浩(044)

【理论研究】

刑事赔偿:美国法的经验与中国制度的完善 …………… 杨临萍 何 君(071)
穿行于行政赔偿与司法赔偿之间
——行政非诉执行国家赔偿的赔偿义务机关之确定 …………………… 李景春(101)
论类型理论下国家精神损害赔偿标准的构建
——以H省102份案例为样本的实证分析 ………………… 王建林 伍玉联(113)
解构、细化与拓展
——民事执行程序中司法赔偿范围探析 ……………………………… 高沛沛(131)
第四种审判组织的观察与思考
——国家赔偿委员会运作实证研究 ………………………… 晏 鹏 李红菱(146)
非刑事司法赔偿程序与执行审查程序的兼容与衔接 …… 李贯英 宋 婷(161)
国家赔偿领域精神损害赔偿的量化因素分析…………………………… 巫鹏飞(172)
浅谈隐性赔偿现象的成因和治理……………………………………… 张丽娟(181)

【工作交流】

积极探索 建立完善国家赔偿工作新机制 ……… 陕西省高级人民法院(187)
江苏法院国家赔偿审判工作情况汇报 ……………… 江苏省高级人民法院(192)
广东法院国家赔偿法修正以来国家赔偿审判的工作总结
…………………………………………………………… 广东省高级人民法院(198)
搭建平台 夯实基础 完善机制 切实履行国家赔偿审判职责
…………………………………………………………… 上海市高级人民法院(203)
北京法院国家赔偿工作情况汇报 …………………… 北京市高级人民法院(207)

【调研报告】

关于《国家赔偿法》修改后人民法院国家赔偿工作的调研报告
…………………………………………… 最高人民法院赔偿委员会办公室调研组(211)

【裁判文书选登】

马萍申请天津市公安局刑事违法追缴国家赔偿决定书 ……………… (233)
张牧申请天津市高级人民法院错判罚金、没收财产国家赔偿决
定书 …………………………………………………………………… (244)

【工作动态】

既解“法结”更解“心结”
——福建探索国家赔偿案件心灵抚慰机制 ……………………… 梅贤明　许秀珍(251)

【附录】

征稿启事 ……………………………………………………………… (253)
写作体例说明 …………………………………………………………… (254)

【政策导航】

在开展国家赔偿司法解释、司法政策起草修订调研工作时的讲话

最高人民法院副院长　陶凯元

（2014年4月9日）

今天，由最高人民法院赔偿办主办、湖南高院承办、长沙中院协办的国家赔偿司法解释、司法政策起草修订调研工作在长沙进行。借此机会，我代表最高人民法院对湖南高院和长沙中院对本次调研给予的大力支持和精心安排表示衷心的感谢！对参加本次调研工作的同志们表示热烈的欢迎！

本次调研，是人民法院国家赔偿审判队伍系统学习贯彻党的十八大、十八届三中全会和十二届全国人大二次会议精神的重要举措，对于进一步完善国家赔偿法律适用规范体系，提升国家赔偿工作监督指导水平，推动今年国家赔偿重点工作的开展等，都具有十分重要的意义。

同时，本次调研也搭建了一个听取意见、交流讨论的平台，提供了一个学习借鉴好经验、好做法的机会。近年来，湖南高院高度重视国家赔偿工作，推动完成赔偿委员会实体化改组，在解决国家赔偿立案难、执行难、构建联动机制等方面做出了有益尝试和积极探索，国家赔偿审判理论研究工作也取得了优异成绩，最近又将单独提起的行政赔偿案件纳入赔偿委员会的审查范围。建议各高院的同志借此机会好好了解和学习一下。

本次调研主要有三项内容：一是讨论《最高人民法院关于民事诉讼、行政诉讼中司法赔偿若干问题的解释》（稿）和《最高人民法院关于加强刑事冤

假错案国家赔偿工作的意见》(稿);二是征求大家对非刑事司法赔偿工作和刑事冤假错案国家赔偿工作的意见和建议;三是对今年拟开展的国家赔偿追偿、追责专题调研工作作出安排部署。

下面,结合当前人民法院国家赔偿工作和本次调研工作,我讲三点意见,供大家参考:

一、围绕"努力让人民群众在每一个司法案件中都感受到公平正义"的核心目标,紧扣司法为民、公正司法的工作主线,深刻认识国家赔偿工作在平安中国、法治中国建设及推进国家治理体系和治理能力现代化进程中的重要意义

党的十八届三中全会提出,全面深化改革的总目标是完善和发展中国特色社会主义制度,推进国家治理体系和治理能力现代化。为达到这一目标,必须建设社会主义法治国家。习近平总书记指出,建设平安中国、法治中国,要更加注重法治在国家治理和社会管理中的重要作用,保证人民依法享有广泛的权利和自由,努力让人民群众在每一个司法案件中都感受到公平正义。周强院长也强调,抓好国家赔偿工作,事关落实宪法尊重和保障人权的基本原则,事关督促国家机关依法行使职权,事关坚守公平正义的司法底线,事关维护人民法院的司法公信力,对人民法院在法治中国建设中发挥职能作用,具有重要而又特殊的意义。

人民法院国家赔偿工作,是以法治思维和法治方式处理"官"民矛盾、调和公权力与私权利冲突的法律手段,是评价法治国家建设水平和国家治理现代化程度的重要指标之一。做好这项工作,既是加强人权司法保障,落实司法为民、公正司法的使命所需,也是完善权力运行机制、加强对司法活动法律监督的内在要义。充分发挥其职能作用,不仅能传递尊重和保障人权的温度,更能加强依法监督公权的力度,促使国家工作人员养成依法行权、权责一致、违法必究的现代公权意识。可以说,国家赔偿工作与国家治理现代化的改革目标高度契合,是人民法院在平安中国、法治中国建设中发挥作用的重要保障。

党的十八届三中全会关于全面深化改革的战略部署和习近平总书记关于法治建设的重要论述,为国家赔偿工作指明了方向,也带来了新的历史机遇。我们每一位从事国家赔偿工作的法官,都应当进一步增强使命感和责任感,通过自身的努力工作,使国家赔偿制度进一步完善,使国家赔偿审判职能得以充分发挥,使受害者切实获得权利救济,使违法者依法承担赔偿追偿责任,使守法者得到司法保护,使"官"民矛盾化解平息,为人民法院赢得崇高的司法公信力。为实现上述目标,我们必须努力做到以下两点。

一是努力让人民群众在每一个国家赔偿案件中都感受到公平正义。必须进一步畅通赔偿请求人的诉求表达渠道,加大国家赔偿司法便民利民的力度,加强弱势群体国家赔偿司法援助工作,在立案法定、程序法定、赔偿法定的前提下,加大诉权保护力度,确保司法为民、公正司法。必须推动司法公开、阳光赔偿,坚持程序正义与实体正义相统一,坚持平等对待赔偿争议各方。通过听证、质证等正当程序,确保国家赔偿审理过程公正透明,保障赔偿请求人的程序性权利。必须坚持法治原则和证据裁判原则,以证据认定事实,以法律评判争议,以科学、正确的方式适用法律,以合理性原则规范自由裁量权,杜绝裁判行为的任意和不可预测性,杜绝权力、金钱、人情、关系等一切法外因素的干扰,确保每一个国家赔偿案件的审判过程和裁判结果在法律规定的范围内贴近人民群众的公平正义观念,确保每一份国家赔偿决定书都经得起法律和历史的检验。

二是努力以国家赔偿工作促进社会公平正义。要以国家赔偿案件审判为中心,善于发挥、延伸、扩大国家赔偿工作的职能效果。要突出尊重和保障人权的工作特点,大力弘扬人格尊严与人性关怀的良善价值,不断夯实国家赔偿工作的道德基础,在全社会范围内凝聚共识。要坚决纠正国家机关及其工作人员的违法行为,依法给予受害人公正、公平的待遇,纾解受害人的委屈和怨愤。要继续完善国家赔偿司法审查报告和司法建议制度,分析违法行为引发国家赔偿案件的成因,为人民法院审判执行工作提供借鉴和建议,发挥国家赔偿工作服务人民法院工作大局的独特价值。要加强国家赔偿追偿、追责工作,不能毫无原则地为少数违法侵权行为埋单,必须为国家工作人员划下"违法应责"的红线,明确"自担责任"的法律标准,促使社会公众相信人民法院依法纠错赔偿、依法监督公权的决心和能力,促使社会公众建立对人民法院司法为民、公正司法的信赖,为不断促进和生成社会公平正义贡献正能量。

二、强化人民法院国家赔偿工作“一盘棋”的意识,加强上下级法院国家赔偿工作联动互动,合力完成人民法院国家赔偿全年重点工作

当前,社会各界对人民法院国家赔偿工作日益关切,国家赔偿案件成为媒体传播的热点。去年,最高人民法院与地方各级法院积极联动、相互支持,妥善处理了一系列重大刑事冤假错案的国家赔偿工作,完成了刑事赔偿和非刑事司法赔偿重点调研课题,有关工作得到院领导的肯定,社会效果和法律效果也获得社会各界的普遍认可。今年,各级法院要继续强化国家赔偿工作“一盘棋”的意识,按照加强指导、分级负责、整体联动、齐抓共管的要求,充分调动发挥全体国家赔偿法官的积极性和创造性,充分协调利用其他各方力量,争取在以下十个方面,推动国家赔偿工作取得新发展、新成绩。

一是要精心审理每一个国家赔偿案件。要高度重视刑事冤假错案国家赔偿工作,注重理顺刑事冤假错案纠错与国家赔偿工作的衔接配合,正确适用《国家赔偿法》中的精神损害抚慰金条款,妥善处置刑事冤假错案国家赔偿纠纷,进一步完善重大刑事冤假错案国家赔偿工作的应对指导机制。对于其他重大、疑难、新型案件,要选派精兵强将,裁判者与合议庭要对案件高度负责、审慎处理,做到审理程序公开、认定事实确凿、适用法律准确。

二是要加强对下监督和上下沟通。对近年来人民群众反复申诉上访的国家赔偿案件,要加强评查,督促被评查法院和其他有关各方解决问题,提高矛盾纠纷化解效果,案件审理确有错误的,要坚决予以纠正。要加强上下级法院的信息沟通,鼓励下级法院就国家赔偿工作中的经验办法、困难问题和其他情况等,及时向上级法院汇报,最高人民法院赔偿办也要加大对全国法院国家赔偿工作情况的通报力度。各级法院要在实践中发现、培育具有“潜力”的案件,对符合优秀案例甚至指导性案例标准的,要加大推荐力度。

三是要加快健全国家赔偿法律适用的规范体系。根据实际工作需要,把制度建设的重心转移到实体法上来。最高人民法院赔偿办要在侵权行为类型、违法过错判断标准、责任构成要件、责任形态划分、损害类型和损失计算等方面,为各级法院提供更充足、更精确和更具可操作性的裁判依据。今天我们讨论的非刑事司法赔偿司法解释、刑事冤假错案国家赔偿工作指导意见以及其他已经立项的司法解释,必须加快进度,保证起草质量,确保按时按质完成任务。

四是要落实“健全国家司法救助制度”司法改革项目。要按照中央政法委、最高人民法院党组的统一部署安排，在各级党委的领导和政府的支持下，统筹解决信访群众的法律问题和实际困难。对因执法问题给当事人造成伤害或损害的，依法予以纠错、补偿；对因遭受犯罪侵害或民事侵权，无法经过诉讼获得有效赔偿，造成当事人生活困难，符合救助条件的，依法给予适当救济。

五是要完成国家赔偿追偿、追责和完善人民法院生效赔偿决定执行机制两个重点课题的调研。各级法院要积极参与和支持课题调研工作，及时向最高人民法院提供相关案例、统计数据、工作经验和本辖区有关制度文件；撰写调研报告要切合工作实际，要对建立相应的制度机制提出可行性意见，条件成熟的要起草有关指导意见。

六是要继续完善国家赔偿工作机制。要建立健全刑事冤假错案纠错、赔偿、补偿和舆情应对的衔接工作机制，继续完善落实国家赔偿司法审查报告与司法建议机制、国家赔偿联动机制和国家赔偿司法援助机制，积极探索统一侵权损害赔偿案件合并审理机制，加强国家赔偿工作的整体性、协同性和实效性。

七是要坚决贯彻司法公开的要求。要以前所未有的决心推动国家赔偿裁判文书的上网工作。各级法院要高度重视，形成国家赔偿裁判文书撰写、审核与审批上网的工作机制，切实提高国家赔偿裁判文书质量，增强国家赔偿裁判文书的说理性，提升国家赔偿裁判文书的规范性和权威性，使其成为展示国家赔偿司法水准的“名片”。

八是要注重国家赔偿舆情应对引导。要充分利用传统媒体和新媒体，以符合时代特点的语言和形式，引导公众理解国家赔偿的法治原则、精神和理念，抵制无理要求和恶意炒作。对可能发生舆情危机的重大案件，要及时上报情况，主动、全面、客观地回应社会关切，把握涉赔舆论宣传和舆情应对引导的主动性，为国家赔偿工作营造良好的舆论氛围。

九是要继续加强国家赔偿审判理论研究。要围绕国家赔偿审判实践的难点、热点，适时组织形式多样的研究活动，为国家赔偿法官展现智慧提供舞台；要加强与学术研究机构和有关出版机构的联系沟通，推动国家赔偿优秀研究成果公开发表，进一步扩大国家赔偿审判理论研究的影响力。

十是要进一步改进司法作风。要找准国家赔偿工作与坚持群众路线的结合点,认真解决人民群众合理合法的赔偿请求,引导国家赔偿法官淡泊名利、敢于担当、勇于奉献,在国家赔偿本职岗位上砥砺职业水准,不断提高司法为民、公正司法的能力和水平。

三、抓住当前国家赔偿审判实践中的难点和热点问题,有针对性地开展调查研究,进一步提升国家赔偿工作的司法品质与法治含金量

近年来,为解决国家赔偿工作科学发展的"瓶颈"制约,最高人民法院高度重视国家赔偿工作的制度建设。目前,已完成对国家赔偿司法程序骨干制度的构建,工作重心逐渐转移到国家赔偿实体法律适用的解释上。今天我们讨论的《关于民事诉讼、行政诉讼中司法赔偿若干问题的解释》(稿)和《关于依法妥善处理刑事冤错赔偿案件若干问题的意见》(稿),就是两个重要的实体法律适用文件,对于完善非刑事司法赔偿制度、加强刑事冤假错案国家赔偿工作具有重要的指导意义。对此,建议大家抓住以下十个问题进行研讨。

第一,关于非刑事司法赔偿的违法侵权行为范围。行为是法律规范调整的对象,是法律责任构成的基本前提。非刑事司法赔偿违法侵权行为范围的调整,应当符合法律修改和审判实践的需要。2007年、2012年《民事诉讼法》的两次修改,增加了证据保全和行为保全措施;实践中,人民法院在民事诉讼、行政诉讼之外,也存在对公民采取罚款、拘留等强制措施的情形。上述行为是否纳入赔偿范围,如何明确其损害结果和责任承担方式,如何平衡司法职权与权利救济的关系,需要我们认真考虑。

第二,关于非刑事司法赔偿的免责情形。民事诉讼制度发展的趋势,是逐渐弱化职权主义色彩,强化当事人主义。在保全、执行等方面,加重了申请人的义务。相应地,非刑事司法赔偿制度确立了申请保全错误等五项免责情形。但是,实践中是否还存在其他应予免责的情形,现有免责事项是否存在特定情形下的例外,如何进一步完善非刑事司法赔偿免责情形及其例外条款,都应当加以认真研究。

第三,关于非刑事司法赔偿的责任分担。由侵权行为人承担与其违法过错相适应的责任,是损害赔偿责任制度的基本原则。在非刑事司法赔偿案件中,公权力侵权与其他原因造成同一损害结果的,当然适用上述原则。

审判实践中，可否借鉴侵权责任法上“过错责任”、“过失相抵”和“损益相抵”等成熟的归责与责任分担制度，在“多因一果”的非刑事司法赔偿案件中恰当适用，进一步明确国家赔偿连带责任、按份责任、补充责任等不同的责任形态，值得进一步研究。

第四，关于非刑事司法赔偿的损失计算。在非刑事司法赔偿审判实践中，对财产损失的赔偿标准等问题的争议较大。如何衡平“损害填补”与“赔偿法定”之间的关系，如何在特定条件下以更客观、更公允的方式计算损失，如何对国家赔偿法尚未明确的损失计算规则加以充实、细化，从而提升损失计算规则的科学性、客观性，是工作中需要关注的重点之一。

第五，关于原“违法确认”在“确赔合一”审查模式中如何处理的问题。2010 年《国家赔偿法》实施以后，取消了违法确认前置程序。人民法院依照“确赔合一”的模式审理案件，应当对职权行为是否违法、损害事实是否存在、损害事实与职权行为之间是否存在因果联系等一并进行审查。但是，在决定中对违法的职权行为应如何处理，对确属违法或者存在瑕疵但尚不构成国家赔偿责任的职权行为应如何处理，涉及正确把握国家赔偿审判权的维度和边界等问题，值得认真思考研究。

第六，关于刑事冤假错案国家赔偿的基本原则。国家赔偿法的权利救济原则和赔偿法定原则，当然适用于刑事冤假错案国家赔偿工作。但是，如何进一步解释这两项原则，使其与刑事冤假错案国家赔偿工作的属性和特质联系起来，发挥更大的指导作用；在当前刑事冤假错案国家赔偿工作中，能否总结、归纳出其他规则，并上升为指导这项工作的基本原则，值得我们关注研究。

第七，关于刑事冤假错案国家赔偿的衔接机制。同步考量刑事纠错与国家赔偿，对于提高国家赔偿工作的质效影响重大。在刑事纠错文书中，如何表述纠错事实及其依据，便于后续国家赔偿有关事实的认定与法律适用；如何在纠错时同步告知赔偿请求权，加强保障受害人的权利；如何加强刑事赔偿之后的补偿、救助等善后工作，切实解决受害人的实际困难，帮助他们顺利融入社会生活，直接影响到刑事冤假错案国家赔偿工作的效果。如果相关工作没做好，受害人就会受到“二次侵害”，希望大家重点关注。

第八，关于刑事冤假错案的精神损害赔偿问题。精神损害赔偿是 2010

年《国家赔偿法》新增加的内容,对于刑事赔偿工作意义重大,但法律规定较为原则,难以满足实务需求。实践中出现了精神损害事实及其严重后果的认定不一致,酌定抚慰金数额的参考因素不明确,地区、个案之间裁量差异较大等现象。对此,最高人民法院正在起草司法政策,希望大家继续研讨。

第九,关于刑事冤假错案国家赔偿决定的执行。刑事冤假错案的受害人,往往在工作、生活、家庭等方面受到严重影响。无罪宣告后,很多人仍处于生活困境中。因此,赔偿决定能否依法、及时、便捷地执行,对于刑事冤假错案受害人非常重要。国家赔偿法关于决定执行的规定较为原则。实践中,关于支付申请的处理、决定执行的便利性以及决定的强制执行等问题,仍待细化研究。

第十,关于国家赔偿追偿、追责。最近,周强院长对国家赔偿追偿、追责问题作出重要批示,我也明确要求最高人民法院赔偿办对这一问题开展专项调研。如何回应社会公众对这一问题的普遍关切,依法确立国家赔偿追偿、追责的规则,澄清有关认识误区,在法律规范与社会生活之间搭建公平正义的桥梁,值得广泛研究,深入思考。

总之,以上十个方面的问题,既是当前国家赔偿审判工作的难点、热点,也是提升国家赔偿工作司法水平与法治含金量的突破口。加强对有关问题的研究,提出有效的解决对策,是回应审判实践与人民群众新期待、新要求的需要,更是推动国家赔偿工作科学发展的重要抓手。

同志们!做好国家赔偿工作,既是宪法和法律赋予我们的神圣职责,也源于我们内心尊重权利、救济黎庶的崇高良知。让我们坚定信念,积极进取,不辱使命,充分发挥国家赔偿工作公正司法、保障人权、匡扶正义的职能作用,推动国家赔偿工作再上新台阶!

【司法解释】

最高人民法院关于人民法院在互联网公布裁判文书的规定

（2013 年 11 月 13 日最高人民法院审判委员会第 1595 次会议通过
2013 年 11 月 21 日公布　自 2014 年 1 月 1 日起施行
法释〔2013〕26 号）

为贯彻落实审判公开原则，规范人民法院在互联网公布裁判文书工作，促进司法公正，提升司法公信力，根据《中华人民共和国刑事诉讼法》、《中华人民共和国民事诉讼法》、《中华人民共和国行政诉讼法》等相关规定，结合人民法院工作实际，制定本规定。

第一条　人民法院在互联网公布裁判文书，应当遵循依法、及时、规范、真实的原则。

第二条　最高人民法院在互联网设立中国裁判文书网，统一公布各级人民法院的生效裁判文书。

各级人民法院对其在中国裁判文书网公布的裁判文书质量负责。

第三条　各级人民法院应当指定专门机构负责互联网公布裁判文书的管理工作。该机构履行以下职责：

（一）组织、上传裁判文书；

（二）发现公布的裁判文书存在笔误或者技术处理不当等问题的，协调有关部门及时处理；

（三）其他相关的指导、监督和考评工作。

第四条　人民法院的生效裁判文书应当在互联网公布，但有下列情形之一的除外：

(一)涉及国家秘密、个人隐私的；

(二)涉及未成年人违法犯罪的；

(三)以调解方式结案的；

(四)其他不宜在互联网公布的。

第五条 人民法院应当在受理案件通知书、应诉通知书中告知当事人在互联网公布裁判文书的范围，并通过政务网站、电子触摸屏、诉讼指南等多种方式，向公众告知人民法院在互联网公布裁判文书的相关规定。

第六条 人民法院在互联网公布裁判文书时，应当保留当事人的姓名或者名称等真实信息，但必须采取符号替代方式对下列当事人及诉讼参与人的姓名进行匿名处理：

(一)婚姻家庭、继承纠纷案件中的当事人及其法定代理人；

(二)刑事案件中被害人及其法定代理人、证人、鉴定人；

(三)被判处三年有期徒刑以下刑罚以及免予刑事处罚，且不属于累犯或者惯犯的被告人。

第七条 人民法院在互联网公布裁判文书时，应当删除下列信息：

(一)自然人的家庭住址、通讯方式、身份证号码、银行账号、健康状况等个人信息；

(二)未成年人的相关信息；

(三)法人以及其他组织的银行账号；

(四)商业秘密；

(五)其他不宜公开的内容。

第八条 承办法官或者人民法院指定的专门人员应当在裁判文书生效后七日内按照本规定第六条、第七条的要求完成技术处理，并提交本院负责互联网公布裁判文书的专门机构在中国裁判文书网公布。

第九条 独任法官或者合议庭认为裁判文书具有本规定第四条第四项不宜在互联网公布情形的，应当提出书面意见及理由，由部门负责人审查后报主管副院长审定。

第十条 在互联网公布的裁判文书，除依照本规定的要求进行技术处理的以外，应当与送达当事人的裁判文书一致。

人民法院对送达当事人的裁判文书进行补正的，应当及时在互联网公布补正裁定。

第十一条 人民法院在互联网公布的裁判文书，除因网络传输故障导致与送达当事人的裁判文书不一致的以外，不得修改或者更换；确因法定理由或者其他特殊原因需要撤回的，应当由高级人民法院以上负责互联网公布裁判文书的专门机构审查决定，并在中国裁判文书网办理撤回及登记备案手续。

第十二条 中国裁判文书网应当提供操作便捷的检索、查阅系统，方便公众检索、查阅裁判文书。

第十三条 最高人民法院负责监督和指导地方各级人民法院在互联网公布裁判文书的工作。

高级人民法院负责组织、指导、监督和检查辖区内各级人民法院在互联网公布裁判文书的工作。

第十四条 各高级人民法院在实施本规定的过程中，可以结合工作实际制定实施细则。中西部地区基层人民法院在互联网公布裁判文书的时间进度由高级人民法院决定，并报最高人民法院备案。

第十五条 本规定自 2014 年 1 月 1 日起实施。最高人民法院 2010 年 11 月 8 日制定的《关于人民法院在互联网公布裁判文书的规定》(法发〔2010〕48 号)同时废止。最高人民法院以前发布的司法解释和规范性文件与本规定不一致的，以本规定为准。

【其他规范性文件】

最高人民法院印发《关于推进司法公开三大平台建设的若干意见》的通知

(2013年11月21日 法发〔2013〕13号)

全国地方各级人民法院,各级军事法院,新疆生产建设兵团各级法院:

现将《最高人民法院关于推进司法公开三大平台建设的若干意见》予以印发,请认真贯彻执行。

最高人民法院关于推进司法公开三大平台建设的若干意见

为贯彻党的十八届三中全会精神,进一步深化司法公开,依托现代信息技术,打造阳光司法工程,全面推进审判流程公开、裁判文书公开、执行信息公开三大平台建设,增进公众对司法的了解、信赖和监督,现结合人民法院工作实际,提出如下意见。

一、推进司法公开三大平台建设的意义、目标和要求

1. 充分认识推进司法公开三大平台建设的重大意义。建设司法公开三大平台,是人民法院适应信息化时代新要求,满足人民群众对司法公开新期待的重要战略举措。人民法院应当以促进社会公平正义、增加人民福祉为出发点和落脚点,全面推进司法公开三大平台建设。

2. 努力实现推进司法公开三大平台建设的基本目标。人民法院应当通过建设与公众相互沟通、彼此互动的信息化平台,全面实现审判流程、裁判文书、执行信息的公开透明,使司法公开三大平台成为展示现代法治文明的重要窗口、保障当事人诉讼权利的重要手段、履行人民法院社会责任的重要途径。通过全面推进司法公开三大平台建设,切实让人民群众在每一个司法案件中都感受到公平正义。

3. 准确把握推进司法公开三大平台建设的总体要求。人民法院应当提高认识,转变观念,严格按照以下要求推进司法公开三大平台建设:

(1)统一规划,有序推进。人民法院应当在最高人民法院的统一指导下,在各高级人民法院的统筹规划下,立足实际,循序渐进,有计划、分批次地推进司法公开三大平台建设。司法公开示范法院和信息化建设有一定基础的法院,应当率先完成建设任务。

(2)科技助推,便捷高效。人民法院应当依托现代信息技术,不断创新公开方式,拓宽公开渠道,通过建立网上办案系统与司法公开平台的安全输送、有效对接机制,实现各类信息一次录入、多种用途、资源共享,既方便公众和当事人查询,又避免重复劳动,最大限度地减少审判人员的工作负担。

(3)立足服务,逐步拓展。人民法院应当充分发挥司法公开三大平台在资讯提供、意见搜集和信息反馈方面的作用,逐步开发其在远程预约立案、公告、送达、庭审、听证、查控方面的辅助功能,提升互动服务效能。公众通过平台提出的意见和建议,应当成为人民法院审判管理、审判监督、纪检监察和改进工作的重要依据。

二、推进审判流程公开平台建设

4. 人民法院应当加强诉讼服务中心(立案大厅)的科技化与规范化建设,利用政务网站、"12368"电话语音系统、手机短信平台、电子公告屏和触摸屏等现代信息技术,为公众提供全方位、多元化、高效率的审判流程公开服务。

5. 人民法院应当通过审判流程公开平台,向公众公开以下信息:(1)法院地址、交通图示、联系方式、管辖范围、下辖法院、内设部门及其职能、投诉渠道等机构信息;(2)审判委员会组成人员、审判人员的姓名、职务、法官等级等人员信息;(3)审判流程、裁判文书和执行信息的公开范围和查询方法等司法公开指南信息;(4)立案条件、申请再审、申诉条件及要求、诉讼流程、诉讼文书样式、诉讼费用标准、缓减免交诉讼费用的程序和条件、诉讼风险提示、可供选择的非诉讼纠纷解决方式等诉讼指南信息;(5)审判业务文件、指导性案例、参考性案例等审判指导文件信息;(6)开庭公告、听证公告等庭审信息;(7)人民陪审员名册、特邀调解组织和特邀调解员名册、评估、拍卖及其他社会中介入选机构名册等名册信息。

6. 人民法院应当整合各类审判流程信息,方便当事人自案件受理之日起,凭密码从审判流程公开平台获取以下信息:(1)案件名称、案号、案由、立案日期等立案信息;(2)合议庭组成人员的姓名、承办法官与书记员的姓名、办公电话;(3)送达、管辖权处理、财产保全和先予执行情况;(4)庭审时间、审理期限、审限变更、诉讼程序变更等审判流程节点信息。

7. 人民法院应当积极推进诉讼档案电子化工程,完善转化流程、传送机制和备份方式,充分发挥电子卷宗在提高效率、节约成本、便民利民方面的功能。

8. 人民法院应当积极创新庭审公开的方式,以视频、音频、图文、微博等方式适时公开庭审过程。人民法院的开庭公告、听证公告,至迟应当于开庭、听证三日前在审判流程公开平台公布。

9. 人民法院应当加强科技法庭建设,对庭审活动全程进行同步录音录像,做到"每庭必录",并以数据形式集中存储、定期备份、长期保存。当事人申请查阅庭审音像记录的,人民法院可以提供查阅场所。

三、推进裁判文书公开平台建设

10. 最高人民法院建立中国裁判文书网,作为全国法院统一的裁判文书公开平台。地方各级人民法院应当在政务网站的醒目位置设置中国裁判文书网的网址链接,并严格按照《最高人民法院关于人民法院在互联网公布裁判文书的规定》,在裁判文书生效后七日内将其传送至中国裁判文书网公布。人民法院可以通过政务微博,以提供链接或长微博等形式,发布社会关注度高,具有法制教育、示范和指导意义的案件的裁判文书。

11. 在互联网公布裁判文书应当以公开为原则,不公开为例外,不得在法律和司法解释规定之外对这项工作设置任何障碍。各级人民法院对其上传至中国裁判文书网的裁判文书的质量负责。

12. 人民法院应当严格把握保障公众知情权与维护公民隐私权和个人信息安全之间的关系,结合案件类别,对不宜公开的个人信息进行技术处理。对于因网络传输故障或技术处理失误导致当事人信息被不当公开的,人民法院应当依照程序及时修改或者更换。

13. 中国裁判文书网应当提供便捷有效的查询检索系统,方便公众按照关键词对在该网公布的裁判文书进行检索,确保裁判文书的有效获取。

14. 最高人民法院率先推动本院裁判文书在互联网公布,并监督指导地方各级人民法院在互联网公布裁判文书的工作。各高级人民法院监督指导辖区内法院在互联网公布裁判文书的工作。各级人民法院应当指定专门机构,负责在互联网公布裁判文书的组织、管理、指导和监督工作,并完善工作流程,明确工作职责。

四、推进执行信息公开平台建设

15. 人民法院应当规范执行信息的收集、交换和使用行为,在确保信息安全的前提下,实现上下级法院之间、异地法院之间、同一法院的立案、审判与执行部门之间的执行信息共享。

16. 人民法院应当整合各类执行信息,方便当事人凭密码从执行信息公开平台获取以下信息:(1)执行立案信息;(2)执行人员信息;(3)执行程序变更信息;(4)执行措施信息;(5)执行财产处置信息;(6)执行裁决信息;(7)执行结案信息;(8)执行款项分配信息;(9)暂缓执行、中止执行、终结执行信息等。

17. 人民法院应当通过执行信息公开平台,向公众公开以下信息:(1)执行案件的立案标准、启动程序、执行收费标准和根据、执行费缓减免的条件和程序;(2)执行风险提示;(3)悬赏公告、拍卖公告等。

18. 人民法院应当对重大执行案件的听证、实施过程进行同步录音录像,并允许当事人依申请查阅。有条件的人民法院应当为执行工作人员配备与执行指挥中心系统对接的信息系统,将执行现场的视频、音频通过无线网络实时传输回执行指挥中心,并及时存档,实现执行案件的全程公开。

19. 人民法院应当充分发挥执行信息公开平台对失信被执行人的信用惩戒功能,向公众公开以下信息,并方便公众根据被执行人的姓名或名称、身份证号或组织机构代码进行查询:(1)未结执行实施案件的被执行人信息;(2)失信被执行人名单信息;(3)限制出境被执行人名单信息;(4)限制招投标被执行人名单信息;(5)限制高消费被执行人名单信息等。

20. 人民法院应当为各类征信系统提供科学、准确、全面的信息,实现执行信息公开平台与各类征信平台的有效对接。

五、工作机制

21. 加强组织领导,强化工作保障。最高人民法院统一指导全国法院的司法公开三大平台建设工作,制定推进规划,开发配套软件,确定评估标准,定期督促检查。各高级人民法院具体统筹辖区内法院的司法公开三大平台建设工作,完善实施细则,协调解决问题,总结推广经验。各级人民法院主要领导要把司法公开三大平台建设作为"一把手"工程,列入重要议事日程,积极主动争取党委、人大和政府的支持。要切实采取有效措施,不断完善硬件设施和技术条件,为司法公开三大平台建设提供强有力的物质保障。

22. 做好统筹协调,完善配套机制。各级人民法院要明确管理机构,专门负责推进司法公开三大平台建设工作。要建立有效的协调机制,加强司法公开管理部门与业务部门的沟通配合,提升一线人员在司法公开工作上的责任心、积极性。要加强上级法院对下级法院深化司法公开工作的指导责任,及时总结经验、纠正偏差。

23. 加强督促检查,狠抓工作落实。对司法公开三大平台建设工作的检查评估,要采取督查、抽查和自查相结合的方式,注重三大平台运行的系统性、顺畅性和有效性,不能只追求排名和指标,更不能搞形式主义。要扎实做好司法公开三大平台的宣传工作,确保人民法院深化司法公开的举措为公众知悉,受公众检验,被公众认可。

最高人民法院 司法部关于印发《关于加强国家赔偿法律援助工作的意见》的通知

（2014 年1月2日 司发通〔2014〕1 号）

各省、自治区、直辖市高级人民法院、司法厅(局)，解放军军事法院、总政司法局，新疆维吾尔自治区高级人民法院生产建设兵团分院、新疆生产建设兵团司法局：

为进一步规范和促进人民法院办理国家赔偿案件的法律援助工作，最高人民法院、司法部制定了《关于加强国家赔偿法律援助工作的意见》。现印发你们，请遵照执行。

关于加强国家赔偿法律援助工作的意见

为切实保障困难群众依法行使国家赔偿请求权，规范和促进人民法院办理国家赔偿案件的法律援助工作，结合法律援助工作实际，就加强国家赔偿法律援助相关工作提出如下意见：

一、提高对国家赔偿法律援助工作重要性的认识

依法为申请国家赔偿的困难群众提供法律援助服务是法律援助工作的重要职能。在人民法院办理的国家赔偿案件中，申请国家赔偿的公民多属弱势群体，身陷经济困难和法律知识缺乏双重困境，亟须获得法律援助。加强国家赔偿法律援助工作，保障困难群众依法行使国家赔偿请求权，是新形势下适应人民群众日益增长的司法需求、加强法律援助服务保障和改善民生工作的重要方面，对于实现社会公平正义、促进社会和谐稳定具有重要意义。各级人民法院和司法行政机关要充分认识加强国家赔偿法律援助工作的重要性,牢固树立群众观点,认真践行群众路线,进一步创新和完善工作机制,不断提高国家赔偿法律援助工作的能力和水平,努力使困难群众在每一个国家赔偿案件中感受到公平正义。

二、确保符合条件的困难群众及时获得国家赔偿法律援助

人民法院和司法行政机关应当采取多种形式公布国家赔偿法律援助的条件、程序、赔偿请求人的权利义务等,让公众了解国家赔偿法律援助相关知识,引导经济困难的赔偿请求人申请法律援助。人民法院应当在立案时以书面方式告知申请国家赔偿的公民,如果经济困难可以向赔偿义务机关所在地的法律援助机构申请法律援助。法律援助机构要充分发挥基层法律援助工作站点在解答咨询、转交申请等方面的作用,畅通“12348”法律服务热线;有条件的地方可以在人民法院设立法律援助工作站,拓宽法律援助申请渠道,方便公民寻求国家赔偿法律援助。法律援助机构对公民提出的国家赔偿法律援助申请,要依法进行审查,在法定时限内尽可能缩短时间,提高工作效率;对无罪被羁押的公民申请国家赔偿,经人民法院确认其无经济来源的,可以认定赔偿请求人符合经济困难标准;对申请事项具有法定紧急或者特殊情况的,法律援助机构可以先行给予法律援助,事后补办有关手续。

三、加大国家赔偿法律援助工作保障力度

人民法院要为法律援助人员代理国家赔偿法律援助案件提供便利,对于法律援助人员申请人民法院调查取证的,应当依法予以积极支持;对法律援助人员复制相关材料的费用,应当予以免收。人民法院办理国家赔偿案件,要充分听取法律援助人员的意见,并记录在案;人民法院办理国家赔偿案件作出的决定书、判决书和裁定书等法律文书应当载明法律援助机构名称、法律援助人员姓名以及所属单位情况等。司法行政机关要综合采取增强社会认可度、完善激励表彰机制、提高办案补贴标准等方法,调动法律援助人员办理国家赔偿法律援助案件积极性,根据需要与有关机关、单位进行协调,加大对案件办理工作支持力度。人民法院和法律援助机构要加强工作协调,就确定或更换法律援助人员、变更听取意见时间、终止法律援助等情况及时进行沟通,相互通报案件办理进展情况。人民法院和司法行政机关要建立联席会议制度，定期交流工作开展情况，确保相关工作衔接顺畅。

四、提升国家赔偿法律援助工作质量和效果

法律援助机构要完善案件指派工作，根据国家赔偿案件类型，综合法律援助人员专业特长、赔偿请求人特点和意愿等因素，合理确定承办机构及人员，有条件的地方推行点援制，有效保证办案质量；要引导法律援助人员认真做好会见、阅卷、调查取证、参加庭审或者质证等工作，根据法律法规和有关案情，从维护赔偿请求人利益出发提供符合标准的法律服务，促进解决其合法合理赔偿请求。承办法官和法律援助人员在办案过程中要注重做好解疑释惑工作，帮助赔偿请求人正确理解案件涉及的政策法规，促进赔偿请求人服判息诉。司法行政机关和法律援助机构要加强案件质量管理，根据国家赔偿案件特点完善办案质量监督管理机制，综合运用案件质量评估、案卷检查评比、回访赔偿请求人等方式开展质量监管，重点加强对重大疑难复杂案件办理的跟踪监督，促进提高办案质量。人民法院发现法律援助人员有违法行为或者损害赔偿请求人利益的，要及时向法律援助机构通报有关情况，督促法律援助人员依法依规办理案件。

五、创新国家赔偿法律援助效果延伸机制

人民法院和法律援助机构要建立纠纷调解工作机制，引导法律援助人员选择对赔偿请求人最有利的方式解决纠纷，对于案情简单、事实清楚、争议不大的案件，根据赔偿请求人意愿，尽量采用调解方式处理，努力实现案结事了。要建立矛盾多元化解机制，指导法律援助人员依法妥善处理和化解纠纷，努力解决赔偿请求人的合理诉求，做好无罪被羁押公民的安抚工作，并通过引进社会工作者加入法律援助工作、开通心理热线等方式，加强对赔偿请求人的人文关怀和心理疏导，努力实现法律效果与社会效果的统一。要建立宣传引导机制，加大宣传力度，充分利用报刊、电视、网络等媒体，广泛宣传国家赔偿法律援助工作，及时总结推广工作中涌现出的好经验、好做法，为国家赔偿法律援助工作开展营造良好氛围，并对法律援助工作中涌现的先进典型和经验，通过多种形式进行宣传推广，进一步巩固工作成果。

公安机关办理国家赔偿案件程序规定

(2014年4月7日　公安部令第130号)

目　录

第一章　总　　则
第二章　受　　理
第三章　审查决定
第四章　刑事赔偿复议
第五章　执　　行
第六章　责任追究
第七章　附　　则

第一章　总　则

第一条　为了规范公安机关办理国家赔偿案件,保障公民、法人和其他组织享有依法取得国家赔偿的权利,促进公安机关及其人民警察依法行使职权,根据《中华人民共和国国家赔偿法》及有关法律法规,制定本规定。

第二条　公安机关及其工作人员行使职权侵犯公民、法人或者其他组织合法权益,造成损害的,该公安机关为赔偿义务机关。

公安派出所、具有独立执法主体资格的公安机关内设机构及其工作人员有前款规定情形的,所属公安机关为赔偿义务机关。

看守所、拘留所、强制隔离戒毒所等羁押监管场所及其工作人员有第一款规定情形的，主管公安机关为赔偿义务机关。

第三条 赔偿义务机关的上一级公安机关为刑事赔偿复议机关。

公安部为赔偿义务机关的，刑事赔偿复议机关为公安部。

第四条 县级以上公安机关法制部门是公安机关国家赔偿工作的主管部门，依法履行下列职责：

（一）接收国家赔偿申请，提出初步审查意见；

（二）审查国家赔偿申请，提出是否予以赔偿的意见；

（三）审查赔偿请求人提出的支付国家赔偿费用申请，复核赔偿义务机关对支付赔偿费用申请作出的不予受理决定；

（四）办理刑事赔偿复议案件；

（五）参加人民法院国家赔偿案件审理活动；

（六）提出追偿赔偿费用意见；

（七）其他应当履行的职责。

第五条 公安机关各相关部门应当按照职责分工，配合法制部门共同做好国家赔偿工作。

所涉执法办案部门应当与本级法制部门共同研究案情，及时提供国家赔偿所涉执法办案活动的情况及相关证据，共同参加人民法院国家赔偿案件审理活动。

信访部门对信访中要求国家赔偿的，告知信访人依法通过国家赔偿程序请求赔偿。

监察部门对国家赔偿所涉执法办案活动中的违纪行为进行调查，提出处理意见，受理不服处分的申诉。

审计部门监督国家赔偿案件中涉案财物处置和赔偿费用支付。

装备财务部门负责向财政机关提出国家赔偿费用支付申请，向赔偿请求人支付财政机关拨付的国家赔偿费用，将追偿的国家赔偿费用上缴财政机关。

第六条 公安机关办理国家赔偿案件应当坚持实事求是、有错必纠、依法赔偿、公正高效的原则。

第七条 上级公安机关监督、指导下级公安机关依法办理国家赔偿案件。发现下级公安机关办理的国家赔偿案件或者所涉行政、刑事执法办案活动确有错误的,应当予以纠正或者责令下级公安机关纠正;赔偿请求人反映下级公安机关违反法律规定办理国家赔偿案件的,应当调查处理,并告知赔偿请求人调查结果。

第二章 受 理

第八条 赔偿请求人申请国家赔偿,应当提交以下材料:

(一)赔偿申请书,载明受害人的基本情况、赔偿请求、事实根据和理由、申请日期,并由赔偿请求人签名、盖章或者捺指印;

(二)赔偿请求人的身份证明材料,赔偿请求人不是受害人本人的,应当提供与受害人关系的证明;赔偿请求人委托他人代理赔偿请求事项的,应当提交授权委托书,以及代理人和被代理人的身份证明;代理人为律师的,应当同时提交律师执业证复印件及律师事务所介绍函;

(三)证明赔偿请求涉及的刑事拘留、行政处罚、行政强制措施或者相关处理情况的通知书、决定书、释放证明书等法律文书或者其他材料;

(四)证明侵权行为造成损害及其程度的法律文书或者其他材料。

赔偿请求人不能提交前款第三项、第四项所列法律文书或者材料的,可以说明情况,接收申请的公安机关法制部门应当将有关情况记录在案。

赔偿请求人书写确有困难的,可以向公安机关法制部门提出口头申请。公安机关法制部门应当制作《国家赔偿口头申请笔录》,经赔偿请求人确认无误后签名、盖章或者捺指印。

第九条 公安机关法制部门收到书面赔偿申请的,应当予以登记。赔偿请求人当面递交书面赔偿申请的,公安机关法制部门应当出具《国家赔偿申请接收凭证》,并注明日期,加盖公安机关印章或者国家赔偿专用印章。

公安机关其他部门收到书面赔偿申请的,应当登记并于二十四小时内转送公安机关法制部门。赔偿请求人当面递交或者口头提出赔偿申请的,应当当场告知赔偿请求人向公安机关法制部门递交或者提出。

赔偿申请材料不齐全或者表述不清楚的,应当经本级公安机关法制部门负责人批准,当场或者自收到赔偿申请之日起五日内制作《国家赔偿申请补正通知书》,一次性告知赔偿请求人需要补正说明的全部内容。收到申请的时间自收到补正材料之日起计算。

第十条 赔偿申请具有下列情形之一的，经本级公安机关负责人批准，不予受理：

（一）赔偿请求人不具备主体资格的；

（二）本机关不是赔偿义务机关的；

（三）赔偿请求事项不属于国家赔偿范围的；

（四）超过请求时效且无正当理由的；

（五）办理赔偿案件时无法确定公安机关是否存在应当承担国家赔偿责任的侵权行为，需要以其他案件的审理结果为依据，而其他案件尚未审结的；

（六）对赔偿请求已经依法作出不予受理、驳回、终止或者是否予以赔偿决定，赔偿请求人无正当理由基于同一事实再次提出赔偿请求的。

除前款规定外的赔偿申请，经本级公安机关法制部门负责人批准，予以受理。受理后发现有前款规定情形之一的，经本级公安机关负责人批准，予以驳回。

决定受理、不予受理、驳回赔偿申请应当自收到申请之日起五日内制作《国家赔偿申请受理通知书》、《国家赔偿申请不予受理通知书》、《国家赔偿申请驳回通知书》。

第三章 审查决定

第十一条 公安机关法制部门应当自决定受理赔偿申请之日起三日内制作《提交国家赔偿案件情况通知书》，通知所涉执法办案部门，并附送国家赔偿申请书及相关材料复印件。所涉执法办案部门应当在收到通知后十日内提供所涉执法办案活动的情况、相关证据和其他有关材料。

第十二条 对已经受理的赔偿申请，公安机关法制部门应当查明以下事项：

（一）是否存在国家赔偿法规定的损害行为和损害结果；

（二）损害是否为公安机关及其工作人员行使职权造成；

（三）侵权的起止时间和造成损害的程度；

(四)是否具有国家不承担赔偿责任的法定情形;

(五)其他应当查明的事项。

公安机关法制部门审查前款事项时,对赔偿请求人申请赔偿的事实、证据和理由,所涉执法办案活动中的侦查措施、强制措施或者行政处罚等是否合法,应当结合案情,进行全面审查。

第十三条 涉及精神损害赔偿的案件,应当重点查明以下事项:

(一)是否存在国家赔偿法第三条或者第十七条规定的侵犯人身权行为;

(二)是否造成精神损害后果;

(三)侵犯人身权行为与精神损害后果之间有无因果关系。

第十四条 对侵犯公民人身权的案件,应当审查下列证据:

(一)诊断证明、医疗费用收费凭据以及护理、康复、后续治疗的证明;

(二)死亡证明书或者伤残、部分、全部丧失劳动能力的鉴定意见;

(三)因误工减少收入的,单位出具的误工证明、医疗单位出具的休息诊断证明等;

(四)受害人死亡或者全部丧失劳动能力的,其扶养的未成年人和其他无劳动能力人的有关情况,以及前述人员有无其他扶养义务人的证明;

(五)公安机关及其人民警察行使职权是否合法以及与损害结果有无因果关系的证据;

(六)其他有关证据。

第十五条 对侵犯公民、法人或者其他组织财产权的案件,应当审查下列证据:

(一)罚款、吊销许可证或者执照、责令停产停业、没收财物等行政处罚的法律文书等证据;

(二)查封、扣押、冻结、收缴、追缴等措施的法律文书、录音录像资料等证据;

(三)已损毁、灭失、拍卖或者变卖财产价格的证据;

(四)停产停业期间必要经常性开支的证据;

(五)其他有关证据。

第十六条 已经依法通过行政复议、诉讼等途径纠正或者确认违法行为的案件，赔偿请求人就违法行为申请国家赔偿的，前述程序中收集的相关证据材料经审查确认真实的，可以作为国家赔偿案件的证据。

第十七条 公安机关法制部门认为必要时，可以向所涉执法办案部门和工作人员调查核实有关情况，收集有关证据，听取赔偿请求人的意见。所涉执法办案部门和工作人员应当积极配合做好调查取证工作。

第十八条 赔偿申请具有下列情形之一的，经本级公安机关法制部门负责人批准，中止审查：

（一）作为赔偿请求人的公民丧失行为能力，尚未确定法定代理人的；

（二）作为赔偿请求人的公民下落不明或者被宣告失踪的；

（三）作为赔偿请求人的公民死亡，其继承人和其他有扶养关系的亲属尚未表明是否参加赔偿案件处理的；

（四）作为赔偿请求人的法人或者其他组织终止，尚未确定权利义务承受人的；

（五）赔偿请求人因不可抗拒的事由，在国家赔偿案件办理期限内无法参加案件处理的；

（六）拟作出予以赔偿的决定，但国家上年度职工平均工资标准尚未公布的。

中止审查的情形消除后，经本级公安机关法制部门负责人批准，及时恢复审查。

中止审查和恢复审查应当制作《国家赔偿申请中止审查通知书》、《国家赔偿申请恢复审查通知书》。

第十九条 赔偿申请具有下列情形之一的，经本级公安机关负责人批准，终结审查：

（一）作为赔偿请求人的公民死亡，没有继承人和其他有扶养关系的亲属，或者赔偿请求人的继承人和其他有扶养关系的亲属放弃要求赔偿权利的；

（二）作为赔偿请求人的法人或者其他组织终止后，其权利义务承受人放弃要求赔偿权利的；

（三）赔偿请求人据以申请赔偿的撤销案件决定、不起诉决定或者无罪判决被撤销的；

(四)在国家赔偿决定作出前,赔偿请求人书面要求撤回赔偿申请,经审查,出于赔偿请求人真实意愿,不违反法律法规规定,不损害国家、集体或者他人合法权益的;

(五)需要终结审查的其他情形。

终结审查应当自具有前款规定情形之日起十日内制作《国家赔偿申请终结审查决定书》。

第二十条 对存在侵权损害事实,依法应予国家赔偿的,在查清事实、明确责任的基础上,可以依照国家赔偿法第四章的规定,与赔偿请求人就赔偿方式、赔偿项目和赔偿数额进行协商,并将协商情况记录在案。

赔偿协商应当遵循自愿、合法原则。协商达成一致的,应当按照协商结果制作赔偿决定书;赔偿请求人拒绝协商,或者经协商不能达成一致的,应当依法及时作出赔偿决定。

第二十一条 对已经受理的赔偿申请,经本级公安机关负责人批准,分别作出以下决定:

(一)请求赔偿的侵权事项事实清楚,应当予以赔偿的,依法作出予以赔偿的决定;

(二)请求赔偿的侵权事项事实不存在的,依法作出不予赔偿的决定。

作出赔偿或者不予赔偿的决定应当自收到赔偿申请之日起两个月内制作《国家赔偿决定书》。

第二十二条 侵犯公民人身自由的,每日赔偿金按照作出赔偿决定时的国家上年度职工日平均工资计算。采取限制人身自由的强制措施,不足一日的,按照一日计算。

第二十三条 赔偿请求人提出精神损害赔偿申请的,《国家赔偿决定书》中应当载明是否就精神损害承担赔偿责任。承担精神损害赔偿责任的,应当载明消除影响、恢复名誉、赔礼道歉等承担方式;对造成精神损害严重后果,依法支付精神损害抚慰金的,应当载明精神损害抚慰金的数额。

法律法规对精神损害抚慰金有明确规定的,适用法律法规的规定;没有明确规定的,精神损害抚慰金的数额可以参照民事侵权精神损害赔偿的有关规定,根据侵权过错程度、情节、损害后果、当地平均生活水平等因素确定。

第二十四条 申请行政复议时一并提出行政赔偿请求，行政复议机关决定不予赔偿的，应当在行政复议决定书中注明，并说明理由；决定赔偿的，可以在行政复议决定书中载明具体的赔偿方式、赔偿项目和赔偿数额，也可以单独制作行政赔偿决定书。

第四章 刑事赔偿复议

第二十五条 申请刑事赔偿复议应当提交以下材料：

（一）复议申请书。载明受害人的基本情况、复议请求、事实根据和理由、申请时间，并由赔偿请求人签名、盖章或者捺指印；

（二）赔偿请求人的身份证明材料；

（三）向赔偿义务机关提交的赔偿申请书；

（四）赔偿义务机关作出的是否予以赔偿的决定书；

（五）赔偿义务机关逾期未作决定的，证明赔偿义务机关收到赔偿申请的证据。

第二十六条 刑事赔偿复议申请具有以下情形之一的，经本级公安机关负责人批准，不予受理：

（一）赔偿请求人不具备主体资格；

（二）申请超过法定复议期限，且无正当理由的；

（三）申请人未向赔偿义务机关提出国家赔偿申请的；

（四）赔偿义务机关在法定期限内尚未作出是否赔偿决定的；

（五）复议机关对复议申请依法作出不予受理、终结决定或者复议决定，赔偿请求人无正当理由基于同一事实再次提出复议申请的。

收到复议申请的公安机关不是复议机关的，经本级公安机关法制部门负责人批准，告知赔偿请求人向复议机关提出。

除第一款、第二款规定情形外，收到复议申请的，应当经本级公安机关法制部门负责人批准，予以受理。受理后发现有第一款、第二款规定情形之一的，经本级公安机关负责人批准，予以驳回。

受理、不予受理、驳回复议申请应当自收到复议申请之日起五日内制作《刑事赔偿复议申请受理通知书》、《刑事赔偿复议申请不予受理通知书》和

《刑事赔偿复议申请驳回通知书》。

第二十七条 赔偿义务机关与赔偿请求人在复议决定作出前自愿达成和解,赔偿请求人向复议机关申请撤回复议申请的,复议机关应当进行审查。对和解出于双方真实意愿,不违反法律法规规定,不损害国家、集体或者他人合法权益的,应予准许撤回并终结审查复议申请。

第二十八条 复议机关可以按照自愿、合法的原则组织赔偿义务机关与赔偿请求人进行调解,并将调解情况记录在案。

经调解达成一致的,赔偿义务机关与赔偿请求人在复议机关的主持下签署调解协议,载明调解过程和结果,并由双方当事人签名、盖章或者捺指印。调解协议签署后,复议机关应当依照本规定作出复议决定。

赔偿请求人或者赔偿义务机关不同意调解,调解未达成一致,或者一方在复议决定作出前反悔的,复议机关应当及时作出复议决定。

第二十九条 对已经受理的刑事赔偿复议申请,经本级公安机关负责人批准,分别作出以下决定:

(一)原赔偿决定认定事实清楚,适用法律正确,赔偿的方式、项目、数额适当的,依法予以维持;

(二)原赔偿决定认定事实不清或者适用法律错误的,依法予以撤销,并决定赔偿义务机关是否应予赔偿;

(三)原赔偿决定赔偿的方式、项目、数额不当的,依法予以变更;

(四)赔偿义务机关逾期未作出是否赔偿决定的,查清事实后依法决定赔偿义务机关是否应予赔偿。

作出复议决定应当自收到复议申请之日起两个月内制作《刑事赔偿复议决定书》。

第三十条 赔偿请求人对赔偿义务机关作出的不予受理或者终结审查刑事赔偿申请决定不服,向上一级公安机关提出异议,上一级公安机关认为不予受理或者终结审查决定不当的,可以责令赔偿义务机关依法予以受理或者继续审查赔偿申请,也可以直接受理并作出赔偿义务机关是否应予赔偿的决定;认为不予受理或者终结审查符合法律法规规定的,应当告知赔偿请求人。

第三十一条 本章未明确规定的复议程序,参照本规定第二章、第三章相关规定执行。

第五章 执 行

第三十二条 赔偿义务机关按照以下方式执行生效的赔偿决定：

（一）支付赔偿费用的，由装备财务部门按照《国家赔偿费用管理条例》办理；

（二）返还财物或者恢复原状的，由所涉执法办案部门在二十日内办理，重大、复杂的案件，经本级公安机关负责人批准，可以延长十日；

（三）造成精神损害，在侵权行为影响的范围内为赔偿请求人消除影响、恢复名誉、赔礼道歉的，由赔偿义务机关或者赔偿义务机关负责人履行，也可以由赔偿义务机关委托所涉执法办案部门履行。

公安机关法制部门应当将相关执行情况附卷备查。

第三十三条 财政机关向赔偿义务机关支付赔偿费用的，赔偿义务机关应当依法及时、足额向赔偿请求人支付，不得拖延、截留。

第三十四条 赔偿义务机关承担国家赔偿责任后，应当向符合国家赔偿法第十六条、第三十一条规定的责任人员追偿赔偿费用。

追偿赔偿费用应当结合责任人员的过错程度、损害后果确定追偿部分或者全部赔偿费用，但应当为责任人员及其扶养的家属保留必需的生活费用。

责任人员对赔偿义务机关的追偿决定不服的，可以向本级或者上一级公安机关申诉。

第六章 责 任 追 究

第三十五条 赔偿义务机关违反规定采取补偿、救助等形式代替国家赔偿的，对直接负责的主管人员或者其他直接责任人员，应当依照有关规定给予批评或者处分，赔偿义务机关在该年度执法质量考核评议中不得评定为优秀等级。

第三十六条 在国家赔偿案件办理过程中，有关执法办案部门不提供相关情况、证据和其他有关材料，不配合甚至阻挠调查取证，或者故意提供虚假证据材料，掩盖违法事实的，对直接负责的主管人员或者其他直接责任人员，依照有关规定给予批评或者处分。

第三十七条 赔偿义务机关未依法在法定期限内作出赔偿决定，或者拒不执行生效的赔偿决定书、复议决定书和人民法院裁判文书的，对直接负责的主管人员或者其他直接责任人员，应当依照有关规定给予批评或者处分。

第三十八条 赔偿义务机关、刑事赔偿复议机关办案人员徇私舞弊，打击报复赔偿请求人，或者有其他渎职、失职行为的，对直接负责的主管人员或者其他直接责任人员，应当依照有关规定给予处分；构成犯罪的，依法追究刑事责任。

第三十九条 赔偿义务机关严格依照法定程序办理国家赔偿案件，依法作出赔偿决定，及时、主动纠正执法过错的，年度执法质量考核评议可以减少或者不予扣分；有关责任人员积极配合赔偿调查取证工作，主动减少损失、挽回影响的，可以从轻或者免予处分。

第七章　附　则

第四十条 本规定中三日、五日、七日为工作日。期间届满的最后一日是节假日的，以节假日后的第一日为期间届满的日期。

国家赔偿案件审查期间涉及专门事项需要鉴定的，鉴定所用时间不计入案件办理期限。

第四十一条 赔偿义务机关和刑事赔偿复议机关根据本规定制作的法律文书应当自作出之日起十日内送达赔偿请求人。无法送达赔偿请求人的，可以送达其代理人或者权利义务承受人。

第四十二条 本规定自2014年6月1日起施行。本规定发布前公安部制定的有关规定与本规定不一致的，适用本规定。

【权威解读】

保障公众对司法知情权和监督权的实现

——最高人民法院司法改革领导小组办公室负责人
就《最高人民法院关于人民法院在互联网公布
裁判文书的规定》答记者问

为贯彻落实审判公开原则,规范人民法院在互联网公布裁判文书工作,促进司法公正,提升司法公信力,最高人民法院根据《中华人民共和国刑事诉讼法》、《中华人民共和国民事诉讼法》、《中华人民共和国行政诉讼法》等相关规定,结合人民法院工作实际,经审判委员会第1595次会议讨论,通过了《关于人民法院在互联网公布裁判文书的规定》(以下简称《规定》),该司法解释已于2013年11月28日公布。就《规定》相关问题,最高人民法院司法改革领导小组办公室负责人回答了记者的提问。

问:请简要介绍一下《规定》出台的背景和意义。

答:2010年11月21日,最高人民法院发布了《关于人民法院在互联网公布裁判文书的规定》(以下简称2010年《规定》)。全国各级法院在互联网公布裁判文书的工作开始走上制度化轨道,并取得了积极的进展和成效,但在实践中也存在一些问题:一是工作进展不平衡;二是工作机制不完善;三是与人民群众的新期待不相适应。为进一步深化和推进司法公开,最高人民法院决定着力建设包括审判流程公开、裁判文书公开、执行信息公开在内的三大司法公开平台,并决定出台具体的司法解释,进一步推进和规范在互联网公布裁判文书的工作。为适应新形势下人民群众的新期待和司法工作自身发展的新要求,最高人民法院专门成立了起草小组,在认真调研各级法院工作实践的同时,广泛听取专家学者、律师以及其他社会各界的意见和建议,深入研究域外的制度和实践,反复修改十余次,经审判委员会讨论通过后,最终出台了该《规定》。

近日,党的十八届三中全会通过的《中共中央关于全面深化改革若干重大问题的决定》,把“增强法律文书说理性,推动公开法院生效裁判文书”确定为健全司法权力运行机制改革的重要内容。可以说,《规定》的出台,是最高人民法院贯彻落实十八届三中全会精神的重大举措,是在履行重大的政治责任和任务,意义重大。《规定》的实施必将进一步规范人民法院在互联网公布裁判文书工作,促进裁判文书上网功能和价值的全面实现。

问:《规定》与2010年《规定》相比较,有哪些新的发展和深化?

答:与2010年《规定》相比,具体内容有以下发展变化:一是将符合条件的裁判文书的上网要求由“可以”改为“应当”,扩大了各级人民法院在互联网公布裁判文书的范围;二是改“上网审批”为“不上网”审批,突出了“上网为原则”的要求;三是强调当事人实名公开,满足了公众获取真实信息的需要;四是规定上网文书原则上不得修改、更换和撤回,保证了上网文书的真实性与严肃性;五是规定中国裁判文书网作为各级人民法院文书上网的统一平台,建立了便捷的检索系统,方便了公众查询,等等。需要强调的是,《规定》是司法解释,具有强制执行的效力,目的是全面规范人民法院在互联网公布裁判文书的工作,实现文书上网的综合价值和功能。因此,《规定》实施后,2010年《规定》同时废止。

问:《规定》在实现公众对司法的知情权、参与权和监督权方面作出了哪些具体规定?

答:裁判文书是承载全部审判活动,体现审判结果的“司法产品”。人民法院将裁判文书在网上公开,有助于满足公众对司法的知情权、参与权和监督权。为此,《规定》首先要求人民法院通过政务网站、电子触摸屏、诉讼指南等多种方式,向公众告知人民法院在互联网公布裁判文书的相关规定,以此接受公众对人民法院在互联网公布裁判文书工作的全面监督。其次对人民法院在互联网公布裁判文书的工作作出全面而又具体的规定,着力满足公众对司法的新需求,包括:第一,全面公开,避免选择性公开。除法定情形外,人民法院生效的裁判文书均应当在互联网公布。第二,真实公开,杜绝失真性公开。强调当事人实名公开,上网公布的裁判文书要与送达当事人的文书内容一致,非因法定理由或者其他特殊原因不得撤回等。第三,及时公开,防止拖延性公开。要求裁判文书生效后七日内在互联网公布。第四,建立统一平台,全面实现裁判文书上网的综合功能。最高人民法院在互联网设立专门的中国裁判文书网,统一公布各级人民法院的裁判文书。第五,细化信息处理的范围和方式,最大限度地保护当事人依法享有的隐私权和其他个人信息安全。完善的技术处理不仅加大了对当事人及其他诉讼参与人合法权益的保护力度,而且能够在公众知情权与公民隐私权以及个人信息安全之间实现价值的平衡。第六,要求中国裁判文书网提供操作便捷的检索、查阅系统,方便公众检索、查阅裁判文书,最大限度地实现司法公开便民、利民和取信于民的内在价值。

问:《规定》在确保人民法院在互联网公布的裁判文书的真实性方面采取了哪些措施?

答:在互联网公布裁判文书是案件审判结果的公开,其重要目的体现在以下方面:满足公众对司法的知情,接受公众对司法的监督;通过裁判文书公开的倒逼机制,不断提升法官的能力和水平,加快法官职业化进程,促进司法公正;通过上网公布真实的裁判文书,推动全社会的诚信体系建设,切实履行司法的社会责任。上述目的的实现,有赖于在互联网公布的裁判文书的真实性。为防止实践中出现"阴阳"文书或者"化妆"文书,《规定》要求,人民法院在互联网公布裁判文书,除应当遵循依法、及时、规范原则外,还应当遵循"真实"的原则。具体包括:一是强调当事人实名公开。除一些特定案件外,上网公布的裁判文书应当保留当事人的真实姓名或者名称,以满足公众获取真实信息的需要。二是要求上网公布的裁判文书要与送达当事人的文书内容一致。除依照本规定的要求进行技术处理的内容以外,上网公布的裁判文书应当与送达当事人的一致。三是明确规定上网公布的裁判文书的修改、更换以及撤回的条件及程序。非因网络传输故障原因不得修改或者更换,没有法定理由或者其他特殊原因不得撤回。

问:中国裁判文书网的性质和功能是什么,最高人民法院是否是中国裁判文书网公布裁判文书的统一主体?

答:中国裁判文书网是最高人民法院在互联网设立的一个网站平台,其承载的主要功能是通过统一公布各级人民法院的生效裁判文书,全面实现裁判文书上网的综合价值与功能。具体包括两个方面:一是统一公布各级人民法院的生效裁判文书,解决目前裁判文书上网工作处于多个平台、资源分散、公众无法获取全面信息的困难,同时便于最高人民法院掌握各级人民法院裁判文书上网工作的总体情况,及时有效地开展监督指导工作;二是提供操作便捷的检索、查阅系统,方便公众检索、查阅裁判文书,充分满足公众对司法的知情权、参与权和监督权。

依照"谁的文书谁上网,谁上网谁负责"的原则,中国裁判文书网统一公布生效裁判文书的具体方式是,各级人民法院根据网站授权,自行上传和公布裁判文书,并对其公布的裁判文书的质量负责。这种质量责任既包括在裁判实体方面的责任,即裁判的公正性、合法性和说理性;又包括文书形式方面的责任,即文字错误或者技术处理方面的差错等。当然,上述规定并不排斥上级人民法院对下级人民法院在互联网公布裁判文书工作的监督指导。

问:为什么规定以调解方式结案的裁判文书不上网?

答:目前规定调解书一律不上网,主要是基于以下考虑:其一,调解书是对当事人之间私权处分结果的司法确认,其并不直接反映法官的心证裁判过程。从尊重当事人意思自治的角度考虑,调解书不宜在互联网公开。其二,在目前社会矛盾多发,纠纷处理难度大的情况下,规定"以调解方式结案"的裁判文书不上网公布,可以有效引导当事人通过诉讼调解的方式化解纠纷。其三,《民事诉讼法》规定,"公众可以查阅发生法律效力的判决书、裁定书,但涉及国家秘密、商业秘密和个人隐私的内容除外"。这也意味着调解书不对公众公开。其四,对于社会关注度高的调解案件,人民法院可以通过专门的新闻发布方式来满足公众的知情权和监督权;对于具有指导意义的调解书,人民法院可以通过发布指导性或者参考性案例的方式予以公布。

问:在《规定》实行实名公开的原则下,如何实现公众的知情权、监督权与当事人及诉讼参与人个人隐私和其他个人信息保护之间的关系平衡?

答:在互联网公布的裁判文书保留当事人的姓名或者名称等真实信息,既能更好地保障公众行使知情权和监督权,同时也有利于促进社会诚信体系的建立。实名公开也是许多国家和地区的做法。在我国台湾地区,裁判文书公开经历过从实名公开到匿名处理,再次回归到实名公开的过程。当然,实名公开自然人的姓名,可能会对其生活、学习、就业带来一定的影响。为平衡公众知情权与当事人及其他诉讼参与人隐私权和其他个人信息安全之间的利益关系,《规定》要求必须采取符号替代方式对下列当事人及诉讼参与人的姓名进行匿名处理:一是婚姻家庭、继承纠纷等家事案件中当事人及其法定代理人。实名公布家事案件当事人及其法定代理人的姓名不利于私权保护。二是刑事案件中被害人及其法定代理人、证人、鉴定人。公布被害人及其法定代理人的姓名,极易使其受到二次伤害;公布证人、鉴定人的姓名,不利于证人、鉴定人作证。三是轻刑被告人。轻刑被告人的主观恶性一般不大,许多属于偶犯或者过失犯罪。实名公布其姓名,不利于其重新回归社会,但是,累犯或者惯犯被告人的危险性相对较大,实名公布其姓名,则可以增强公众的防范意识。另外,基于对当事人特别是未成年人权利保护的需要,《规定》要求对裁判文书涉及当事人的个人隐私以及其他个人信息(即家庭住址、通讯方式、身份证号码、银行账号、健康状况等足以识别个人身份的信息)、未成年人的相关信息、法人以及其他组织的银行账号、商业秘密等信息,进行删除处理。同时还设置了兜底条款,规定"其他不宜公开的内容"也应当予以删除,以便于实践中充分保护相关个人的合法权益以及国家利益、社会公共利益等。

问:《规定》对中西部地区基层人民法院在互联网公布裁判文书工作的时间进度为何作出变通规定?

答:制定《规定》的目的是全面推进和最终实现全国四级法院全部在互联网公布生效裁判文书。根据《规定》要求,自 2014 年 1 月 1 日起,除最高人民法院、高级人民法院和中级人民法院应当上网公布裁判文书外,东部的北京、天津、辽宁、上海、江苏、浙江、福建、山东、广东、海南十个省市以及中西部地区的河南、广西两省区的基层人民法院也要率先实现生效裁判文书上网公布。考虑到中西部地区尚有部分基层法院近期实现裁判文书上网确实存在较大困难,《规定》特作出如下变通规定:中西部地区基层人民法院在互联网公布裁判文书的时间进度由高级人民法院决定,报最高人民法院备案。应当相信,随着信息化建设步伐的不断加快,中西部地区三级法院生效裁判文书实现全面上网的"时间表"和"路线图"也会尽快确定。

《关于加强国家赔偿法律援助工作的意见》答记者问

为切实保障困难群众依法行使国家赔偿请求权,规范和促进人民法院办理国家赔偿案件的法律援助工作,最高人民法院、司法部制定出台了《关于加强国家赔偿法律援助工作的意见》(以下简称《意见》)。为帮助广大公众准确理解《意见》的精神和内容,最高人民法院、司法部有关负责人就相关问题回答了记者的提问。

记者:请介绍一下制定出台《意见》的背景。

答:为符合条件的申请国家赔偿的公民提供法律援助,是法律援助工作的基本职责。2003年国务院《法律援助条例》将"依法请求国家赔偿的"列为六类基本事项范围之一。从人民法院办理的国家赔偿案件来看,申请国家赔偿的公民多属弱势群体,本身经济状况比较困难,并且缺乏必要的法律知识,不能很好地主张自身合法权益。为更好地保障困难群众依法行使国家赔偿请求权,规范和促进人民法院办理国家赔偿案件的法律援助工作,最高人民法院、司法部制定出台了《意见》。应当说,在我国法治建设深入推进、人民群众权利意识不断增强的新形势下,就人民法院办理的国家赔偿案件法律援助工作进行规范,对于更好地适应人民群众日益增长的司法需求,进一步发挥法律援助在服务保障和改善民生中的作用,实现社会公平正义,促进社会和谐稳定具有重要意义。

记者:《意见》为确保符合条件的困难群众及时获得国家赔偿法律援助作了哪些规定?

答:保障符合条件的公民及时获得国家赔偿法律援助是《意见》需要解决的主要问题。对于司法行政机关和法律援助机构,我们在总结近年来开展法律援助便民服务活动相关经验基础上,就有关措施作出规定。一是推行援务公开。采取多种形式公布国家赔偿法律援助的条件、程序、赔偿请求人的权利义务等,让公众了解国家赔偿法律援助相关知识。二是畅通申请渠道。充分发挥基层法律援助工作站点在解答咨询、转交申请等方面的作用,畅通“12348”法律服务热线,有条件的地方可以在人民法院设立法律援助工作站,方便公民寻求国家赔偿法律援助。三是提高审批工作效率。法律援助机构对公民提出的国家赔偿法律援助申请进行审查,要在法定时限内尽可能缩短时间;对无罪被羁押的公民申请国家赔偿,经人民法院确认其无经济来源的,可以认定赔偿请求人符合经济困难标准;对申请事项具有法定紧急或者特殊情况的,法律援助机构可以先行给予法律援助,事后补办有关手续。与此同时,为方便困难群众及时申请获得国家赔偿,《意见》规定人民法院应当公布国家赔偿法律援助的条件、程序、赔偿请求人的权利义务;此外,还应当在立案时以书面方式告知申请国家赔偿的公民,如果经济困难可以向赔偿义务机关所在地的法律援助机构申请法律援助。

记者:请谈谈《意见》在提高国家赔偿法律援助工作质量和效果方面的具体要求。

答:质量是法律援助工作的生命线。《意见》在总结实践经验基础上,结合人民法院和法律援助机构相关工作职责,提出保障国家赔偿法律援助案件质量的具体措施。首先,完善案件指派工作。法律援助机构根据国家赔偿案件类型,综合法律援助人员专业特长、赔偿请求人特点和意愿等因素,合理确定承办机构及人员,有条件的地方推行点援制。其次,明确承办法官和法律援助人员具体工作要求。法律援助机构要引导法律援助人员认真做好会见、阅卷、调查取证、参加庭审或者质证等工作,根据法律法规和有关案情,从维护赔偿请求人利益出发提供符合标准的法律服务,促进解决其合法合理赔偿请求。承办法官和法律援助人员在办案过程中要注重做好解疑释惑工作,帮助赔偿请求人正确理解案件涉及的政策法规,促进赔偿请求人服判息诉。最后,加强案件质量管理。法律援助机构根据国家赔偿案件特点完善办案质量监督管理机制,综合运用案件质量评估、案卷检查评比、回访赔偿请求人等方式开展质量监管,重点加强对重大疑难复杂案件办理的跟踪监督。人民法院发现法律援助人员有违法行为或者损害赔偿请求人利益的,要及时向法律援助机构通报有关情况,督促法律援助人员依法依规办理案件。

为提升国家赔偿案件办理效果,《意见》结合此类案件特点,就创新国家赔偿法律援助效果延伸机制作了规定。一是建立纠纷调解工作机制。人民法院和法律援助机构要引导法律援助人员选择对赔偿请求人最有利的方式解决纠纷,对于案情简单、事实清楚、争议不大的案件,根据赔偿请求人意愿,尽量采用调解方式处理,努力实现案结事了。二是建立矛盾多元化解机制。指导法律援助人员依法妥善处理和化解纠纷,努力解决赔偿请求人的合理诉求,做好无罪被羁押公民的安抚工作,并通过引进社会工作者加入法律援助工作、开通心理热线等方式,加强对赔偿请求人的人文关怀和心理疏导,努力实现法律效果与社会效果的统一。三是建立宣传引导机制。加大宣传力度,充分利用报刊、电视、网络等媒体,广泛宣传国家赔偿法律援助工作,及时总结推广工作中涌现出的好经验、好做法,为国家赔偿法律援助工作开展营造良好氛围,并对法律援助工作中涌现的先进典型和经验,通过多种形式进行宣传推广,进一步巩固工作成果。

记者:《意见》就加大国家赔偿法律援助工作保障力度作了哪些规定?

答:为促进国家赔偿法律援助案件顺利办理,《意见》从人民法院、司法行政机关加强办案保障和加强协调配合机制建设方面提出了具体要求。在加强办案保障方面,人民法院要为法律援助人员代理国家赔偿法律援助案件提供便利,对于法律援助人员申请人民法院调查取证的,应当依法予以积极支持;对法律援助人员复制相关材料的费用,应当予以免收。人民法院办理国家赔偿案件,要充分听取法律援助人员的意见,并记录在案;人民法院办理国家赔偿案件作出的决定书、判决书和裁定书等法律文书应当载明法律援助机构名称、法律援助人员姓名以及所属单位情况等。司法行政机关要综合采取增强社会认可度、完善激励表彰机制、提高办案补贴标准等方法,调动法律援助人员办理国家赔偿法律援助案件积极性,根据需要与有关机关、单位进行协调,加大对案件办理工作支持力度。在工作衔接配合机制建设方面,人民法院和法律援助机构就确定或更换法律援助人员、变更听取意见时间、终止法律援助等情况及时进行沟通,相互通报案件办理进展情况。人民法院和司法行政机关要建立联席会议制度,定期交流工作开展情况,确保相关工作衔接顺畅。

【本刊特稿】

对"坚守防止冤假错案底线"的几点认识

朱孝清*

党的十八大以来，习近平总书记对法治建设和政法工作作出一系列重要指示，突出强调"要努力让人民群众在每一个司法案件中都感受到公平正义。"坚守防止冤假错案底线，是保障社会公平正义的重要方面。为此，要在思想上明确以下几点：

一、明确确保办案质量、坚守防止冤假错案底线，是每一个执法办案人员的终生追求和重大责任

冤假错案不仅对当事人是一场灾难，而且严重损害司法权威和司法公信力，影响人民群众对社会公平正义的信心，影响国家长治久安。最近披露的几起冤假错案虽然都是若干年前办理的，发生冤假错案的也仅是极少数地方，但"前事不忘，后事之师"，目前没有发现不等于客观上肯定没有，现在没有发现不等于今后不会发生。因此，确保办案质量，坚守防止冤假错案底线，是每一个执法办案人员终生的追求和重大的责任。任何执法办案人员都没有丝毫理由对此自我感觉良好，而必须以高度负责的精神、临渊履薄的心境和一丝不苟的态度来对待，直至退出执法办案岗位。同时还要明确，"坚守"就要坚决守住自己把守的关口，不能自己不守而寄希望于后面的环节去守；"坚守"就要着力发现并坚决排除非法证据，以防冤假错案被非法证据的表象所遮蔽；"坚守"就要严防死守，敢于依法发表并坚持正确意见，发

* 最高人民检察院前副检察长。本文转载于《检察日报》2013年7月8日第6851期。

现领导的决定可能产生冤假错案的,要向上级甚至越级报告,以防悲剧的酿成。明知上级的决定会产生冤假错案仍予执行,也不向上级报告的,要依法追究责任;“坚守”就不能让办案人员长期超负荷办案,否则不仅案件质量难以保证,冤假错案难以避免,还会严重影响办案人员的身心健康和学习充电。因此,在案多人少矛盾十分突出的地方,要争取党委、政府支持,招录一些检察辅助人员。人案矛盾突出的地方大多经济较为发达,大学毕业生很愿意去但岗位不足的地区,只要党委、政府同意,就完全有条件招录到有较好素质、能够胜任检察辅助工作的人员。

二、要明确案件质量的内涵

有的同志认为,坚守防止冤假错案底线,就要宁漏勿错。我不同意这种认识。所谓公正司法,就是受到侵害的权利一定会得到保护和救济,违法犯罪活动一定会受到制裁和惩罚。也就是说,公正司法包括防漏。案件质量的内涵是事实清楚、证据确实充分、定性准确、处理适当、程序合法,这就必须做到不错不漏。因为如果错了,犯罪嫌疑人、被告人就感受不到公平正义;如果漏了,案件的被害人就感受不到公平正义。当然,根据疑罪从无原则,对疑罪作无罪处理有可能造成“漏”,但这种依法不得已的“漏”,与指导思想上防止“漏”,二者并不矛盾。因此,我们既要坚守防止冤假错案底线,又要坚持“两个基本”,防止纠缠细枝末节,宽纵犯罪。

三、要明确“冤假错案”的标准

我理解,冤案是客观上存在刑事案件,但被追诉人不是犯罪人;假案是客观上不一定存在刑事案件,进入诉讼程序的案件或被追诉人是假的。冤案和假案的共同点在于,都把没有犯罪事实的人当做犯罪嫌疑人或被告人来追究,通俗地说,就是“把人搞错了”。错案可以有狭义和广义之分,狭义的错案与冤案假案相同,都是指“把人搞错了”。广义的错案还包括将犯罪事实不清、证据不足的疑案作为犯罪来追究,因为这类案件不符合起诉、审判的法定条件,但当作符合条件的案件来起诉、审判,从法律规定来衡量也属于错案。一般所说的冤假错案,首先是指“把人搞错了”,同时,也包括把疑案当做犯罪处理。因为在疑案中,可能有真犯罪的,也可能有未犯罪的,如果把疑案作为犯罪处理,就会使部分犯罪嫌疑人、被告人蒙冤。例如,100个疑案中,即使只有5%是冤的,如果都作为犯罪处理,就会使5个人蒙冤,这就没有守住防止冤案假案的底线。因此,为了守住防止冤案假案(把人搞错了)这个底线,就必须坚持疑罪从无,守住不把疑案当做犯罪来处理这个底线。

“不把人搞错”,这在公众看来似乎很简单的事,为什么到了司法机关就这么难,需要我们去苦苦追求?一是因为刑事诉讼的证明是回溯性的证明,它通过收集到的证据去“回复”和“再现”以往的犯罪事实,而这种“回复”、“再现”的过程非常复杂,受很多因素的制约,真相容易被掩盖和歪曲。二是因为人有没有搞错,某犯罪嫌疑人、被告人是不是真犯罪,只有他自己知道(如果犯罪嫌疑人、被告人不是真正的犯罪人,那犯罪人也知道),而司法人员并不知道。司法人员看到的只有在案的事实和证据。由此在诉讼证明理论上,就有了客观真实与法律真实、客观事实与法律事实的区别。客观事实司法人员没有看到过,司法人员只能凭在案证据所“再现”的法律事实来认定案件,而这种法律事实只有与犯罪人知道的客观事实相符,人才不会搞错;如果不相符,就会出现冤假错案。因此,在司法证明上,要以客观真实为目标,以法律真实为标准。

四、要明确检察机关守住防止冤假错案底线的具体工作标准

对检察机关的批捕、起诉工作应该提出什么标准,才能守住防止冤假错案的底线?比如,能不能要求凡是批捕、起诉的案件都要做到100%判决有罪?我认为有罪判决率低肯定不好,但也不能提100%判决有罪的要求。

先讲起诉。虽然起诉和审判的标准都是“犯罪事实清楚,证据确实、充分”,但是,在事实清与不清、证据确实充分与不确实充分之间,并不存在一条一看就清楚、一摸就明白的界限,难免存在一定的“模糊地带”。就多数案件而言,这条界限比较容易划清,但也有少数案件处在清与不清、确实充分与不确实充分的模糊地带上,加上不同的人有不同的认识,因而就会出现有的人认为事实清楚、证据确实充分,有的人却认为事实不清、证据不确实充分的情况。如果提出诉后要100%判决有罪的目标,公诉人员就会把保险系数留得过大,只起诉那些事实证据不存在任何不同认识、明显构成犯罪的案件,而将处于模糊地带、存在不同认识的案件作不起诉处理,从而造成打击不力。正因为如此,世界各国都对检察机关不起诉规定了严格的制约措施,以防止该诉不诉。同时,许多国家还认为,检察机关作为控方,在追诉犯罪上应该保持一定的张力,有的还将起诉标准规定为低于审判标准。为了保持这种张力,一些国家对诉后有罪判决率根本不作统计,以防止检察官为追求有罪判决率而该诉不诉。我国检察机关应当严格按照法定起诉条件即"犯罪事实清楚,证据确实、充分"来决定起诉或不起诉。因为犯罪事实清楚、证据确实充分的,就能排除合理怀疑,从而就能防止冤假错案。对于诉后判无罪的案件,我们要高度重视,认真分析。如果认为判决确有错误,应当依法提出抗诉;如果认为判决正确,就要认真总结教训,办案人员存在过错的,还应追究其责任;如果认为判决有道理,而检察院的起诉也有道理,则应加强研究,并与法院沟通,以便统一宽严尺度和证据标准。

对于批捕,基于以上相同的道理,应根据审查批捕当时在案的事实和证据,严格按照法律规定的条件来决定捕或不捕。凡是符合逮捕条件而批捕的,即使后来被判无罪或者徒刑以下刑罚,也不属于错捕;对不符合逮捕条件的予以逮捕或对符合逮捕条件的不予逮捕,就是错捕或错不捕。对此,需要说明以下几点:

1. 这里的事实和证据是"审查逮捕当时的事实和证据",而不是诉讼最终查明的事实和证据,也不是看案件最终是否作了有罪判决。因为逮捕是在侦查初始阶段为了保证诉讼顺利进行而采取的强制措施,随着侦查的深入和诉讼程序的推进,原来的事实、证据以及犯罪嫌疑人的社会危险性可能发生变化;逮捕的事实、证据条件是"有证据证明有犯罪事实",而不是"犯罪嫌疑人已构成犯罪",故不能要求逮捕的案件都被判有罪。对于捕后被判无罪的案件,我们同样要高度重视,认真分析,看当时在案的事实和证据是否符合逮捕条件。

2. 这里的事实和证据是"在案的事实和证据",而不仅仅是"在卷的事实和证据"。当前披露的重大冤假错案,如凭当时在卷的事实和证据,估计多数都符合逮捕条件。但这些案件有个共同的特点,就是犯罪嫌疑人都因遭到刑讯逼供而作了有罪供述,而批捕人员对刑讯逼供却没能发现,或者虽然发现了但没有引起足够重视。"在案的事实和证据",除了案卷里的事实、证据外,还应包括犯罪嫌疑人等所知道的事实和证据。审查逮捕时除审阅案卷以外,如果该注意的问题注意到了,该发现的问题发现了,该讯(询)问的犯罪嫌疑人、证人作了讯(询)问,也没有发现与卷内相反的事实和证据,那就不属于错捕;如果该注意的问题没有注意,该发现的问题没有发现,该讯(询)问的犯罪嫌疑人、证人没有问,结果被判无罪,那就属于错捕。也正因为如此,修改后的《刑事诉讼法》第86条规定了审查逮捕应当讯问犯罪嫌疑人的三种情形,还规定"可以询问证人等诉讼参与人,听取辩护律师的意见;辩护律师提出要求的,应当听取辩护律师的意见"。

3. 这里的错捕是衡量批捕人员工作质量的错捕,而不是衡量应否对犯罪嫌疑人、被告人赔偿的错捕。衡量应否对犯罪嫌疑人、被告人赔偿的错捕,应当以诉讼的最终结果为标准。如果案件最终被撤销、不起诉或判无罪,只要不具有免赔的情形,就都属于错捕,应当予以刑事赔偿。

法官的思维和表达

胡仕浩*

一、法官思维和表达的重要性

党的十八大不仅提出"法治思维"和"法治方式"的重要命题,而且将司法公信力提到空前高度,确定为全面建成小康社会的目标之一。新一届的中央领导集体对依法治国理政、全面推进依法治国方略作了一系列的重要论述,习近平总书记在中央政治局第四次集体学习时特别指出:"要努力让人民群众在每一个司法案件中感受到公平正义,所有司法机关都要围绕这个目标来改进工作,重点解决影响司法公正和制约司法能力的深层次问题。"最高人民法院院长周强强调:深入贯彻落实习近平总书记提出的目标要求,是全国各级人民法院当前面临的首要政治任务,人民法院要紧紧围绕这个目标,不断强化工作措施,大力加强自身建设,努力实现司法公正。

作为法官群体,为了依法履行好自己维护司法公正的神圣职责,树立法治思维是我们的职业要求,公正裁判案件是我们的职业目标。培养正确的法治思维,确保每一个案件的处理做到依法有据、合情合理,是实现个案公正到司法公正的必由之路。在当今的法律语境下,我觉得应当注意在探讨法官的思维和表达中的一些问题,提高法官的思维表达水平,是强化自身能力建设的一个重要方面,对于促进司法公正也具有重要的意义。

(一)法官正确的思维表达是公正司法的出发点

大家都知道,司法公正确实不能只是一个抽象的概念,它必须通过司法

* 最高人民法院赔偿委员会办公室副主任。本文是作者在北京市第二中级人民法院挂职担任党组成员、副院长期间于2013年5月在该院"法官大讲堂"上的演讲稿。

制度、诉讼程序、诉讼活动、裁判结果等形式来加以体现。在每一个活生生的、具体的案件的处理过程中，法官断案的法律思维、行为举止，包括诉讼指挥、证据调查、法律释明、司法调解以及法律文书的制作水平，都构成影响司法公正的重要因素。法官的法律思维不仅是法官审理案件的方法论，也是每一个具体案件得到公正裁判的出发点。

我举个例子，从中可以看出一件民事纠纷的处理，不同的人有不同的思维模式。这个历史故事的主人公虽然不是按照法律思维去办事，故事不是依法维权的法治故事，只是一个邻里相让的道德故事，但仍然体现了思维对结果的导向意义。这个故事就是发生在安徽桐城的“六尺巷”的故事。据《桐城县志》记载，清代康熙年间，文华殿大学士兼礼部尚书张英的祖宅与吴老板家毗邻，张家居南、吴家住北，吴家看到张家人丁兴旺、儿子读书个个榜上有名，就想把自家的地界往南扩一扩，多占福地多沾福气，还要在两家之间圈一道围墙，拢住福气。由于两家的房子都是祖上传下的产业，宅基地的大致界限有，但那时候的政府没有开展颁发土地证、房产证、规划证、施工证，以及画设计图、施工图这一类业务，书证物证都没有。张家说吴家多占了土地，吴家不承认，公说公有理，婆说婆有理，谁也不肯相让。这本来只是一件普通的民事纠纷，但由于争议牵涉到张英这位当时的“中央”领导，县官和村官都不愿沾惹是非，谁也不来裁决。按照今天的说法就是此案告状无门、不予受理。纠纷没人解决，张家人只好飞书京城，让张英向地方官打招呼，通过“组织”摆平吴家。谁知张英大人接信后写了一首诗作为解决办法，诗曰：“一纸来书只为墙，让他三尺又何妨；万里长城今犹在，不见当年秦始皇。”家人一看最高领导发话了，要“让他三尺”，不得不服从，于是主动向邻居让了三尺，垒起张家围墙。邻居见领导家都让了三尺，于是也退回三尺砌好吴家围墙。后人称他们让出的地方为“六尺巷”。故事流传至今，后人诸多评说，折射出许多做人处事的道理，让人们津津乐道。与我们今天讨论话的题相关的就涉及对一个民事纠纷如何处理的领导思维、干部思维、群众思维以及法律思维、道德思维等思维模式。这个案例中的地方官员（包括司法官员）害怕权贵，不敢依法办案，对纠纷不予受理，使民事纠纷一开始就不可能在法制的框架内解决，不可能成为司法公正的范例。但是，这个案例中的各级干部，也不是按照老百姓的思维借助行政干预保护特权一方的利益。

因为一方当事人后台的高级领导(张英)的谦让,导致双方当事人的互谅互让,成就一段邻里互让佳话,一方面体现出当时个别领导的道德修养、文化修养;另一方面也反映出他处事的政治智慧和法律思维,不把事儿闹大、不让地方政府或司法机关去制造司法不公,才使这个案例体现出的公平正义有了出发点。

我到二中院工作以来,经常遇到一些案件的当事人申请法官回避,其中反映出的就是,当事人总希望审理案件的法官是一个没有成见、没有偏见的法官,这是当事人的法律思维,也折射出法官能否一开始就站在客观公正的立场上接手案件、思考问题。从实际情况看,法官在与当事人的接触过程中(如庭审、谈话、调查询问、通知开庭等)所表达出来的语言、情绪和行为给当事人留下的印象,对当事人打官司的心理预期(即司法公正的心理预期)具有重要的影响。因此,我认为法官处理个案的思维表达,确实构成了诉讼当事人和社会公众理解的影响裁判结果并进而影响司法公正的出发点。

(二)正确的法官思维表达是公正司法的落脚点

司法公正包括程序公正和实体公正。在程序公正方面,法官的言谈、举止、仪容,是一种行为表达和情感表达,在实体公正方面,主要体现在裁判文书制作,也就是书面表达,裁判的过程要公开、裁判的结果要公开,法律文书中必须要清楚明白地写清楚纠纷的来龙去脉、争议的焦点所在、查明的事实证据、裁决的法律依据。言谈举止失当、法律思维混乱、文书逻辑不清、错别字连篇的裁判文书,即使裁判结果再正确,也不能体现司法公正。

我举一个非常典型、影响巨大的案例——“彭宇案”来说明这个问题。

1.案情简介

原告徐某某(老太太)诉称:2006年11月20日上午,她准备乘坐公交车,被从车上下来的被告撞倒,导致左股骨颈骨折,经住院手术治疗,定为八级伤残,要求被告赔偿13万元。

被告彭宇(小伙子)辩称:他当时是第一个下车的,下车后发现原告摔倒,为了做好事对其进行帮扶。如果由于做好事而承担赔偿责任,则不利于弘扬社会正气,请求驳回原告的诉讼请求。

法院查明:事发现场没有目击证人看见二人相撞;事后因当事人报警,南京市公安局公交分局城中派出所对当事人进行了调查询问,彭宇承认是徐老太撞了他，但彭宇签名的询问笔录原件被民警丢失，只有徐老太的儿子当时用手机拍下来的照片；彭宇和徐老太的亲友一起将徐老太送到医院并支付了200元。

2. 法官观点

关于原、被告是否相撞，判决书认为：

“1. 根据日常生活经验分析，原告倒地的原因除了被他人的外力因素撞倒之外，还有绊倒或滑倒等自身原因情形，但双方在庭审中均未陈述存在原告绊倒或滑倒等事实，被告也未对此提供反证证明，故根据本案现有证据，应着重分析原告被撞倒之外力情形。人被外力撞倒后，一般首先会确定外力来源、辨认相撞之人，如果相撞之人逃逸，作为被撞倒之人的第一反应是呼救并请人帮忙阻止。本案事发地点在人员较多的公交车站，是公共场所，事发时间在视线较好的上午，事故发生的过程非常短促，故撞倒原告的人不可能轻易逃逸。根据被告自认，其是第一个下车之人，从常理分析，其与原告相撞的可能性较大。

如果被告是见义勇为做好事，更符合实际的做法应是抓住撞倒原告的人，而不仅仅是好心相扶；如果被告是做好事，根据社会情理，在原告的家人到达后，其完全可以在言明事实经过并让原告的家人将原告送往医院，然后自行离开，但被告未作此等选择，其行为显然与情理相悖。

城中派出所对有关当事人进行讯问、调查，是处理治安纠纷的基本方法，其在本案中提交的有关证据能够相互印证并形成证据锁链，应予采信。被告虽对此持有异议，但并未提供相反的证据，对其抗辩本院不予采纳。根据城中派出所对原告的询问笔录、对被告讯问笔录的电子文档及其誊写材料等相关证据，被告当时并不否认与原告发生相撞，只不过被告认为是原告撞了被告。综合该证据内容并结合前述分析，可以认定原告是被撞倒后受伤，且系与被告相撞后受伤。

2. 被告申请的证人陈二春的当庭证言，并不能证明原告倒地的原因，当然也不能排除原告和被告相撞的可能性。

3. 从现有证据看，被告在本院庭审前及第一次庭审中均未提及其是见义勇为的情节，而是在二次庭审时方才陈述。如果真是见义勇为，在争议期间不可能不首先作为抗辩理由，陈述的时机不能令人信服。因此，对其自称是见义勇为的主张不予采信。

4. 被告在事发当天给付原告二百多元钱款且一直未要求原告返还。原、被告一致认可上述给付钱款的事实,但关于给付原因陈述不一:原告认为是先行垫付的赔偿款,被告认为是借款。根据日常生活经验,原、被告素不认识,一般不会贸然借款,即便如被告所称为借款,在有承担事故责任之虞时,也应请公交站台上无利害关系的其他人证明,或者向原告亲属说明情况后索取借条(或说明)等书面材料。但是被告在本案中并未存在上述情况,而且在原告家属陪同前往医院的情况下,由其借款给原告的可能性不大;而如果撞伤他人,则最符合情理的做法是先行垫付款项。被告证人证明原、被告双方到派出所处理本次事故,从该事实也可以推定出原告当时即以为是被被告撞倒而非被他人撞倒,在此情况下被告予以借款更不可能。综合以上事实及分析,可以认定该款并非借款,而应为赔偿款。"

关于责任承担,判决书认为:

"本案中,原告赶车到达前一辆公交车后门时和刚从该车第一个下车的被告瞬间相撞,发生事故。原告在乘车过程中无法预见将与被告相撞;同时,被告在下车过程中因为视野受到限制,无法准确判断车后门左右的情况,故对本次事故双方均不具有过错。因此,本案应根据公平责任合理分担损失。公平责任是指在当事人双方对损害均无过错,但是按照法律的规定又不能适用无过错责任的情况下,根据公平的观念,在考虑受害人的损害、双方当事人的财产状况及其他相关情况的基础上,判令加害人对受害人的财产损失予以补偿,由当事人合理地分担损失。根据本案案情,本院酌定被告补偿原告损失的40%较为适宜。关于原告主张的精神损害抚慰金问题。本次事故虽给原告的精神上造成了较大痛苦,因双方均无过错,故原告要求赔偿精神损害抚慰金15,000元的诉讼请求于法无据,本院不予支持。"

3. 该案社会反响

2007年9月,一审宣判后,双方当事人均提出上诉。同时有人把一审判决书贴到了互联网上。于是舆论一片哗然,都在传播这个现代版的"农夫与蛇"的故事,都在议论"做好事的风险责任",指责一审法官"想当然"判案,让国人的道德观倒退了50年。

二审法院受理之后,官方迟迟没有审判信息的披露,当事人也不在媒体上发声，社会公众仍在持续热议并期待该案二审结果。2008 年 3 月 15 日，江苏省高级人民法院院长公丕祥在全国“两会”新闻中心举行的新闻发布会上首度披露该案双方已庭外和解，二审准许当事人撤回上诉。

尽管二审结果公布了，但 90% 的网民仍然坚信彭宇被冤枉，社会上对该案的处理仍然是一片指责声。到 2012 年全国两会前，南京官方又重提“彭宇案”。据 2012 年 1 月 16 日《新华网》报道：近日，南京市委常委、市政法委书记刘志伟在接受《瞭望》新闻周刊专访时称，舆论和公众认知的“彭宇案”并非事实真相，彭宇亦承认与徐老太碰撞。这起普通民事案件不应成为社会“道德滑坡”的“标志性事件”。

刘书记还提出，“彭宇案”被“误读”的原因是：派出所的询问笔录丢失，原被告双方和解协议中的“保密”条款使舆论平添猜测，法官在一审判决中对原、被告相撞事实认定的一些推理分析，偏离了主流价值观，引发舆论哗然和公众批评，导致社会舆论普遍不认同一审判决结果。

4. 评价与思考

我认为，“彭宇案”虽然不应成为社会“道德滑坡”的“标志性事件”，但还是要作为我们讨论法官思维表达问题的典型案例。裁判结果不仅体现法官的思维表达，更承载了社会期待，成为司法公正的形象载体。结合本案，我从社会各界特别是专家学者的评论中，抽出几条推荐给大家作为今后工作的参考：

(1) 正义要以看得见的方式实现。人们关注彭宇案，实质是对社会道德、社会前途的关心，涉及此类案件应当通过审判活动和裁判文书公布真相，维护社会正义。

(2) 真相不可以调解。能调则调、当判则判，唯有事实真相不可以调解，不能借口“保密”向公众隐瞒真相，否则，即使是调解结案，也不能“案结事了”。

(3) 裁判应当体现惩恶扬善的功能。该案究竟是彭宇下车撞倒老太太，还是“见义勇为”做好事？这个争议涉及公众关心的社会价值观，需要司法予以澄清和维护，裁判结果应维护社会道德与信任，体现惩恶扬善、维护公平正义的功能。

(4) 法官断案必须依法推定。本案因警方丢失询问笔录，对造成当事人举证困难有着相当的责任。但是,法官把所谓的、根本不值一驳的“常理”堂而皇之地写成判决依据,无视证据规则,“想当然”推定事实,滥用自由裁量权,是导致“彭宇案”不断释放负面效应的主要根源,不仅有损司法公信力,客观上加剧道德诚信危机。

(5)法院应积极回应公众期盼。媒体不能把一个偶然的事件“放大”成为一种现象,“绑架”司法,左右裁判。法院也应当积极地、理性地回应公众质疑,充分还原真相,回应媒体和公众的期待,确保报道客观公正,防止出现背离事实真相的不当炒作,误导公众。

(三)法官正确的思维表达是公正司法的着力点

司法公正需要制度层面的保障,也需要技术层面即司法能力的保障。我们从前面一段习近平总书记的重要讲话和上一个案例里,可以得出一个论断,就是“没有个案公正就没有司法公正”,“裁判过程不符合法律思维,裁判的结果就得不到社会认同,就不可能有司法公信”。法官办案就是“三点式”的思维过程——了解争点、归纳焦点、亮出观点,这是法官办案的技能,是通过司法训练和司法实践可以提高的。每一个案件的裁判文书都是一个完整的法律故事,每一个故事讲的是否完整、准确、有条理,故事所阐释的法律道理是否令人信服,故事的结局是否体现了公平正义,关键在于思维表达的能力和水平。法官的表达,也是一种政治立场、法律立场和情感立场的表达,无论是言行举止,还是法律观点的逻辑思维,还是裁判结果,都代表着司法公正的形象。所以,提升法官的思维表达能力应当成为当前促进司法公正、提升司法公信力的着力点。

当然,法官外在形式的表达,比如行为举止方面是否体现司法公正,要通过规范司法行为、整顿司法作风来实现。举个例子,河北秦皇岛中院曾发生的一起国家赔偿案件申诉人伤害法官的事件。这起事件在《新京报》上曾有报道,叫做秦皇岛中院的“杨佳案”,讲的是一名男子替父申请国家赔偿遭拒、刀捅4名法官获死缓的事。引发这起恶性事件的原因,据行凶者王某讲,他到法院替父申请国家赔偿,虽然屡屡被驳回,但他新写的申请书只有一页多一点,接待的法官只翻了一下,不接收材料。他反复要求法官再看看材料,法官不同意,“我觉得她很不耐烦,我说啥她也不听,我觉得她根本就没把老百姓的事当事办,我也没地方说理,我就产生了用刀教训她的想法”。

这个犯罪动机折射出法官对待当事人的语言表达、情感表达，包括仪容仪表（穿着打扮），都非常重要，就是老百姓对司法公正的感受。当然，这个问题属于最高人民法院今年4月8日下发的《关于在全国法院开展改进司法作风教育活动的通知》（法〔2013〕73号）所要解决的问题，限于今天的话题，就不展开说了。

二、法官思维的职业特点

一个自然人，作为社会活动的主体，总会碰到形形色色的问题和社会现象。面对不确定的问题，要通过信息接收、分析思考，形成判断，找出解决问题的思路。不同职业的人自然具有不同的思维。最近在互联网上有两个反响较大的例子，都体现了事件主人公特有的职业思维。

一个是河北沧县的"红豆局长"例子。该县的环保局局长面对媒体质疑小朱庄的地下水变红色与当地一化工厂污染有关的问题，回答说该厂排放达标，并抛出"水煮红小豆理论"——"红色的水不等于不达标的水，你有的红色的水，是因为物质是那个色的，对吧，你比如咱放上一把红小豆，那里面也可能出红色，对吧，咱煮出来的饭也可能是红色的，不等于不达标"。局长的雷人语言，经央视报道，一夜走红，被网民戏称"红豆局长"，在清明节放假期间被当地领导加班开会决定免职。网上评论说，红豆局长可能不懂环保专业，但懂得环保职责，害怕担责的"领导思维"，回避问题的"问题思维"惹了祸。因为他当局长好些年了，放任企业排污并没有直接被免职。当然也有人说，他所说的话逻辑思维是成立的，但是他立场站错了，所以话就错了，被免职。

另一个例子是华润怡宝状告农夫山泉侵权的事件（据中广网4月15日报道，已起诉到深圳市南山区法院）。概况是，互联网上有人说农夫山泉瓶装饮用水质量不如自来水，多项指标不合格，并在网上发布了农夫山泉水源地严重污染的图片。农夫山泉回应，我的瓶装水质量高于国标，严格按照浙江的标准生产，并指责华润怡宝在背后捣鬼，进而起诉。媒体评论说，这一场"口水仗"，就像异地高考的辩论，农夫山泉说我在浙江高考，考了600分，达到本地上大学的分数线，国家的分数线是500分，所以他还超过国标，尽管广东的分数线是700分，但广东不能说他不合格。广东说，你要到广东上学就是不达标。这就是思维不在同一轨道上、标准不统一所带来的争论，让消费者的思维也乱了。这是利益相关的企业在市场竞争中兜圈子、打嘴仗、回避问题的一种思维,它不能从根本上解决争议。

法官的职业要求是不能拒绝裁判,不能回避问题,无论什么纠纷,一旦真的打官司了,就要统一到法律思维上,允许当事人各说各的事、各讲各的理,但法官只能要按照法律规范来想问题、找办法、作结论。

由于多数案件的当事人并不是学习法律的出身,所以,即使他们到法院来打官司,表达问题的观点、立场,往往也很难从法律思维出发。这也就像我们各位法官在日常工作中经常感受的,我们和律师沟通问题比较容易,向合议庭、审委会汇报案件很有效率,而和当事人沟通的时候往往就比较困难,主要是思考问题的立场和方式不同。当事人诉讼的目的就是维护自身利益,单向思维,只考虑自己的利益,有的诉讼代理人由于"屁股决定脑袋",尽力维护自己所代表的一方当事人的利益,有时被人称为"钻法律的空子""替坏人说话",但是法官则要站在公正的立场上思考法律问题、平衡双方利益。比如,前几天,我们二中院内网转载的上海高院副院长邹碧华的一篇文章,文章中转载了某律师的微博《法庭奇遇》:"法庭辩论阶段,我先说了本案的基本观点,然后准备展开。刚刚引用一个法条,法庭说法条不用说了。我于是说司法解释,法庭再次打断说司法解释不用引用了。于是我只好进行法理论述,法庭再次打断说,这不是课堂,不用讲法理,可以直接讲辩护观点。我说我的观点一开始就说了,一句话的结论"。邹院长的举例是为了说明法官对律师应有理解和尊重,但我觉得这样的例子也反映出法官的法律思维出现了偏差。

作为法官思维的主体——法官,是社会群体中的特殊人群。"百度"上关于"法官"词条的解释为:"法官是拥有娴熟法律技艺、具有强烈民族精神和丰富知识在司法机构中审判人员的通称,司法权的执行者。在不同法系中法官的角色不尽相同,但要求都是不偏不倚、不受他人影响或干扰、大公无私地根据法律判案。"

在老百姓的心目中,法院是公正的殿堂,法官是正义的化身。外国的法律谚语说:"法官是法律帝国的王侯"、"法官是会说话的法律",中国古代称法官为"青天",都是对法官寄托了崇高的评价和期盼。我认为,法官的职业特点有:

1. 法官是法律人、法律专家，站在公正立场的人。任何疑难复杂的案件，法官都能够依法、秉公而断。

2. 法官是大权在握、一言九鼎的人。法官的权威一方面是他们公正，另一方面是他们有司法权(以国家的强制力作后盾)。

3. 法官是谨言慎行、特立独行的社会精英。西方有人说，法官不是人，是人之上的神。法官职业神圣，工作神秘，了解别人隐私和社会阴暗面，接触三教九流，但又刚直不阿，卓尔不群，保持独立人格。

当然，现行有一种说法，说法官是“弱势群体”，这是不少法官特别是一线办案的法官对现实状态的感觉，让人忧思。我认为，法律语境中的“弱势群体”，包括经济贫困群体，也包括权利贫困和能力贫困群体，是社会中一些生活困难、能力不足或被边缘化、受到社会排斥的散落的人的概称。尽管法官目前的地位不高、待遇不高、压力很大、烦恼很多，但还不能被称为弱势群体，要不然我们的思维就混乱了。

法官的思维是什么？法官的思维是指法官在对具体案件的审判中，以客观、中立的思维视角和独立、公正的价值追求，按照诉讼程序和司法认知的特有规律，运用法律的方法和技术解决诉讼争议的一种思维方式。法官思维是法官审判案件的方法论。它的特征有：

1. 法官思维是一种法律职业思维或者是法律职业思维中的一种。这种思维能力是任何一个法官所必须具备的基本素质。它不能混同于领导思维、行政思维，也不能混同于大众思维，即断案不能依据行政命令，搞行政服从，也不能凭着朴素感情和感觉。法官思维作为一种职业思维，在进入职业状态的时候，就应该高度注意，你现在的身份不是一个普通老百姓的身份，是在进行一项职业的活动，就要从法律的视角思考问题。

2. 法官思维的对象是需要裁判的具体案件。今天讲的是技术层面的法官思维，即断案的法律思维，不是法官在法院工作如何为大局服务的政治思维，也不是如何为人民司法的宏观思维，而是如何对具体案件作出公正裁判的微观思维。法官的任务是解决具体的讼争，所以有西方学者认为，“法官离开了法庭就不再是法官”，只有身穿法袍、手持法槌、头戴假发，端坐于法台之上(坐堂问案)的才是法官。一般说来，法官只考虑具体案件事实认定和法律适用，离开具体案件，法官的思维就没有拘束力。我们有时候鼓励法官做一些经验总结和法理研究,是要从案件里面得出一些经验性、理论性的东西,但是得出再多的理论性的东西对于这个案件本身已经不具有拘束力了。正所谓案例解析不能等同于判决所形成的判例本身。这是一个差别。另外,现在社会上也有一种评说,叫做"法官到处讲课越来越像教授,教授到处评案越来越像法官",但这些活动的思维都是学术性思维,与法官断案的职业思维还是不完全一样的。

3. 法官思维的内容是法官断案的整个过程。我们不能够把法官思维仅仅停留在只考虑某一点,比如裁判说理,法官的整个工作过程都贯穿法律思维。从程序操作到实体裁决,从事实认定到法律选择,从法律的适用方法到庭审的技术把握,以及裁判文书的制作,任何一个环节都离不开这种思维方式。作为法官来讲,强调法律的思维,就是告诉他职业思维是一种工作的状态,通过这种思维把法官和普通的百姓分开。

4. 法官思维要体现法官的独立见解。法律规定,法官就是依法独立审判,合议庭成员评议案件的表达权、表决权是平等的、独立的,严格实行少数服从多数的民主集中制。我们讨论案件时会发现,每个法官对于案件的分析意见都会不一样,有的人看到的是这一点,有的人看到的是那一点,都有独到的见解。最近,我们讨论一个很有意思的国家赔偿案件,案情是:某铁路公安派出所夜里11点多接到报警,说有人盗割铁路电缆,出警后在一个铁路桥上截获了一个犯罪嫌疑人,给他戴上手铐,留下一个民警看着,其余的人继续向前搜寻有没有同案犯。这时发生情况了,嫌疑犯掉到几十米的桥下,死了。民警说嫌疑人是逃跑时掉到桥下摔死的,家属说是被推下去摔死的或者被打死后推下去的。因为事发月黑风高的夜晚,没有其他证人和现场录像,当时也没有给警察配发现场执法记录仪,现在嫌疑人非正常死亡,家属要求赔偿,这个案件是行政赔偿、刑事赔偿,还是民事赔偿?赔偿办和行政庭的同志和我一起研究多次,很多人都有不同的见解,每一种观点都有道理,体现了法官思维的独立性。

我们在工作中还会发现,公安机关有很多职权,但对平等主体之间的民事纠纷、经济纠纷无权干预和裁决,而公安机关往往会主动或被动地介入一些纠纷,我们在法律上怎么认定它?就像"彭宇案"中派出所民警对当事人的调查询问是否合法?询问笔录能不能作为民事诉讼的证据?民事审判中如何看待？这就需要揭开表象，抽出本质的法律关系，按照法律的视角、法律的思维方式，确认行为性质是不是越界，是不是属于超越职权的不法行为。

所谓独立性，还包括每个法官对一个案件的认识角度不仅会有差异性，而且基于其理性的判断，法官的思维还具有一种坚定性，要允许法官保留自己独立的见解。这种理性的坚定也体现了法官独立的人格和操守，体现了法官的人格魅力所在，对于每一个案件的公正处理非常重要。

5. 法官思维要体现法律人的共同规则。我们讲法官思维，不能只强调其独立性，也要强调其作为法律人职业思维的共同性。法律是解决矛盾纠纷的普遍准则。制定法律的人，要尽可能把某种社会现象上升为最为抽象的准则，以能够运用于全社会。实施法律的人，即每个法官，对于法律的理解要大致相同，基本的共识是必须有的。对于法律的职业人来讲，有一个最基本的要求：同样问题同样处理，就是通常所说的"同案同判"。我们不敢想象对于一类案件，南京的法官和北京的法官判的完全不一样，天津的法官再来创造一个新花样。比如说，我们曾经遇到一个案子，三个不同媒体的记者串通起来向一个企业要了几十万元钱，每人写了篇宣传文章，然后就把几十万元的"广告费"私分了。这种披着广告外衣，实际搞"有偿新闻"，私分巨额广告费的行为算不算犯罪呢？三个地方的司法机关裁判不一致，两个认为是贪污，有一个认为不是犯罪，最终案件的公正处理还是由他们共同的上级司法机关依照刑法的规定确认是否构成犯罪，要统一认识。所以，我们讲法律的思维一定是一种职业共同体的思维，是一种群体性思维，要求我们对法律的基本概念和基本原则，对每部法律的基本精神的理解必须是一致的。

三、法官如何思维

（一）按照法律的规范要求思维

法律是社会生活中的行为规范，规范性是法律的本质属性。法律的规范性，既是公民、法人的行为规范，也是法官的裁判规范。立法机关制定法律有两方面的作用：一方面的作用是指引法官裁判案件，为法官树立裁判的标准；另一方面的作用是约束法官裁判案件。法官裁判案件，必须遵循法律规范，不能背离法律规范，不能任意裁判。比如，我们今天反复讲的"彭宇案"，承办法官就不是严格按照规范性思维去分析的，判决书"本院认为"的第一段讲证据认定符合法律思维,第二段讲了三段生活经验,就是一个错误的常识,包括为什么扶起跌倒的老人、为什么陪着送到医院、为什么掏出200元钱,要找人证明、要写借条等,被大家一致认为违背常理,就不符合法律思维的要求了。

法律规范的作用不仅在于指引法官和约束法官,当然也指引律师和约束律师。"律师是帮助法官处理案件的人",这个观点是在西方法学著作中提出的。我觉得很有道理。律师代理案件,在接受了当事人的委托之后,他先要弄清事实、准备证据,然后提出法律适用建议,建议法官采用。律师所提出的法律意见,将成为法庭辩论的焦点。所以法官审理案件和当事人及其代理律师所参与的诉讼活动,整个思维过程是围绕合法不合法、法律有没有规定以及是怎样规定的来进行的,不能离开法律规范进行思维,法官思维首先要以规范性思维作为基点。

实践中,有的案件除了考虑规范性思维,也需要运用或参考生活常识,但也不能把法律摆在一边,或者是把二者的顺位颠倒。比如,有学者批评过一起国家赔偿案件,叫"麻某某处女嫖娼案"。案发陕西某县,麻某某到她姐姐那去玩,在她姐姐发廊里面看电视,警察把她当做卖淫女抓起来,关了两天。麻某某为争回自己的清白,向法院起诉。法官带她到医院做了2次处女膜检验,最后以"处女膜完整"的检验结果来证明她不是卖淫的。这种思维模式就不是法律的正常思维。专家说,应当是公安机关证明其行政处罚的合法性,而不是受害人自证清白。专家质问,处女膜只因为卖淫而破裂吗?有"处女嫖娼"的法律规定吗?这种办案思维是法官的一种悲哀,不是正义的审判。

批评麻某某这个案子的专家还批评过另外一件民事案子,认为不符合法律的规范性思维。案子是2002年重庆发生的一高楼飞出烟灰缸砸伤行人的案件,法院判决住在该楼内的20多户居民共同赔偿。专家批评意见的核心是不能适用侵权法上的公平责任原则,专家说,"公平原则的前提是双方当事人都是无过错的,且都要有一定的民事行为,而那20户居民中有一个是有过错的,剩余19户居民也没有扔烟灰缸的行为",所以,如此判案不符合法律规范。否则,马路上死个人,经过的人、住在边上的居民都要承担责任(因为他们不能证明自己无责任)简直不可想象。这个案例争议很大,专家的说法很有道理,但是现在的侵权责任法第87条规定,此种情形下,不能证明自己无过错的特定居民要承担补偿责任。这项立法成果也是经过多年的司法实践,经过若干起类似案例的不同裁判结果的争论,最后形成的折中方案,不管怎么说,它填补了法律漏洞,也体现了迫不得已情形下如何体现法律的公平正义。当然,这个案件的处理之所以有这么一个效果,也是因为它体现法律思维的另一个原则"目的性思维",我们在后面要讲。

行政庭遇到一个类似的案子,当事人告的是政府信息公开。顺义区某小区某单元楼1层102号的住户,春节期间到外地度假,家中20多天没人居住,但发生下水道污水倒灌事件,"水漫金山",家具、地板被泡,墙壁受潮发霉,有财产损失。物业疏通管道时发现,是该单元的住户往下水道里扔卫生巾造成堵塞引发返水。102号住户起诉要求物业赔偿,法院判决说这不是物业的服务不到位的责任,不是物业服务合同违约,是邻居的不当行为造成损害,属于侵权赔偿案件。因为先前起诉了物业,所以物业不告诉他楼上的邻居姓甚名谁,侵权案件无法起诉。他只好向区住建委申请信息公开,查询楼上住户是谁,以便向法院起诉。住建委的法律思维是"禁止以房查人",告知书说,你申请公开的信息涉及第三方隐私,第三人不同意公开,所以信息不能公开。受害人于是将住建委告到一审法院。一审法院也认为涉及公民隐私权的保护,不告诉楼上住户的信息是对的。上诉到二审法院,我们讨论这个问题,站在哪个角度思考这个案件所存在法律问题呢?后来我们一致认为从民事权利平等保护的角度,102号住户作为相邻关系的一方主体,作为民事侵权的受害人,有权知道在这种特殊情况下他的楼上邻居是谁。法院应当站在中立的立场、从平等保护的角度来裁决这个案件,于是判决住建委应当依法告知楼上住户的姓名。至于实际的侵权人是谁,那是民事审判解决的问题,不能在行政诉讼中不保护公民的合法权益。

(二)按照程序正义要求思维

法官的日常办案,我认为可以概括为:听讲(听讼)、判断、裁决这么几个环节。西方有句法律谚语叫做"多嘴的法官是无能的法官",能不能注意倾听,听当事人把话讲完,是程序正义的一个重要方面。只有兼听则明、平等保护的心态,才能有正确的思维判断,才能达到公正判决的结果,实现司法公正的目的。

诉讼程序的独立价值要求法官要求必须用正当程序的要求去思考和判断法律问题,养成听取不同意见的习惯,并从对立的意见中设法找到最佳的解决方案。只有确保诉讼参与人平等的诉讼地位,平等地行使陈述权、质证权和辩论权,才能确保法官内心确信的合理性和正当性,也才能有助于当事人心悦诚服地接受和承认法官所作出的裁判。前几年,海淀法院宋鱼水法官创造的“辨法析理,胜败皆服”的审判理念,就是这个意思。当然,也有人提出,“辨法析理,胜败皆明”更符合当前能够实现的目标。

我们注意到,前些年一度流行这样的理论,似乎法官没有办法了解客观真实,只能满足于法律上相对的真实,法官裁判案件不可能实现实质的正义,只能满足于形式上的正义、程序上的正义。这种错误理论一度导致裁判实践中出现死抠条文、死抠程序、死抠证据和死抠举证时限、举证责任分配规则的倾向,导致法院判决背离社会正义,产生了一些不公正的判决。

有一个死抠举证责任的例子。即山东某法院判的“捎钱人归还借款案”。原告张三与信用社主任李四是朋友,李四打电话向张三借1万元,张三同意,李四派信贷员王五去取。王五拿钱时写了一张收条:“今收到现金10,000元(壹万元),王五代李四收,某月某日。”王五拿走后,张三电话询问李四,李四称已收到该款。此后因李四一再借故拖延还钱,张三向法院起诉。在法庭上,法官要求王五必须证明把该笔借款交给了李四这一事实,因李四举不出证据,于是法院判决:第三人王五偿还原告张三1万元,被告李四不承担任何责任。判决书写的理由是:第三人王五称从张三处拿回该款就交给了被告李四,却未能提供相应的证据,对其主张不予支持,应认定该款仍在王五手里,因此应由第三人王五承担还款责任,被告李四没有还款义务。一个民法专家评析说,本案的关键事实是,原告张三与被告李四是相互信任的朋友,事先在电话中就借款达成合意,李四与王五是上下级关系,王五替李四取款,收条已经写清楚。问题在于,王五把这笔钱交给李四时,李四会不会出具收条?王五敢不敢问李四要收条?假设你是一位审判员,领导让你替他从朋友、亲属或者家里取一件什么东西,或者取1万元现金,当你把取的东西或者现金交给领导时,要不要领导打收条。怎么能够死抠证据规则,单凭第三人王五举不出证据证明自己已经将借款交给李四,就认定这笔钱被捎钱人王五扣留了?审理本案的法官为什么就不要求李四对自己没收到钱的主张举证呢？根据“谁主张，谁举证”的原则，该判决违背程序公正。

（三）根据法律规则推理

很多人想到法官，总会认为法官解决纠纷的能力和水平比其他人高，总会联想到法官应该是最聪明、最有智慧的人，特别是基于古代法官的断案传奇故事。其实上，那是因为古代的法官多数兼有破案的职能。比如，《圣经·列王纪》上曾记载了这样一个故事：一日，两妓女争夺孩子，久执不下。所罗门王令人将孩子一劈为二，各与半。一女愿劈，一女不愿，宁送子与彼。所罗门王遂判决孩子归后者。这个故事充分体现了所罗门王的断案智慧。再如，我国宋代的包拯被称为包青天，其执法断案的故事也有高超智慧和推理的运用。史载包拯刚到天长县当知县时，县里发生一个奇怪的案件：有个农民夜里把耕牛拴在牛棚里，早上起来，发现牛躺倒在地上，嘴里淌着血，掰开牛嘴一看，原来牛的舌头被人割掉了。这个农民又气愤又心痛，赶到县衙门告状，要求包拯为他查究割牛舌的人。这个无头案该往哪里去查呢，包拯想了一下，就跟告状的农民说，你先别声张，回去把你家的牛宰了再说。农民本来不敢宰耕牛，因为按当时的法律，“私杀者要判一年徒刑”，但是，割掉了舌头的牛也活不了多少天，加上县官叫他宰牛，也用不着怕犯法，那农民回家后，果真把耕牛杀掉了！第二天，天长县衙门里就有人来告发那农民私宰耕牛。包拯问明情况，突然沉下脸，吆喝一声说，好大胆的家伙！你把人家的牛割了舌头，反倒来告人私宰耕牛！那人一听就呆了，伏在地上直磕头，老老实实供认是他干的。原来，割牛舌的人跟那个农民有冤仇，所以设计陷害，先割了牛舌又去告发牛主人宰牛。打那以后，包拯善于审案的名声就传开了，在普通民众的心目中，包公既是秉公执法的法官，又是明察秋毫的侦探，正因他两者兼具，所以才被老百姓视为当之无愧的青天。

现在的法官没有破案的职责，我们经常讲，打官司就是打证据，通过证据确认事实，要求当事人“谁主张，谁举证”。所以，我们法官很重视程序法、证据法，重视运用举证规则。但要注意一个非常重要的问题，如果当事人的举证使案件事实处于真伪不明的状态时，法官如何断案。大家都会说，很简单，证据规则啊，举证责任的分配责任，负有举证义务的当事人败诉。要是真能这么简单就好了。在刑事审判里，我们强调“无罪推定”，在证据规则上要“排除一切合理怀疑”，要“疑罪从无”，而不是“疑罪从轻”、“疑罪从宽”，但执行起来很难。在民事审判里,我们强调"优势证据规则",根据证据证明的"高度盖然性"规则判案,但仍然有一些案件的事实需要法官通过法律推定的方法予以认定。

第一类是从"日常生活经验推定的事实"。这个在最高人民法院"行政诉讼证据规定"和"民事诉讼证据规定"这两个司法解释中都有,也就是教科书上所说的"经验法则"。比如,我们前面举到的"彭宇案"争议的二人是否相撞,法官的自由心证开始由两条思维线索形成:一是根据现有证据,二是根据被告自认,分析二人相撞的可能性较大。这两项思维法则之逻辑推理并没有什么问题,符合思维法则的要求。但是,承办法官为了形成内心确信,又根据三项经验法则进行论证:一是"如果被告是见义勇为做好事,更符合实际的做法应是抓住撞倒原告的人,而不仅仅是好心相扶"。二是"如果被告是做好事,根据社会情理,在原告的家人到达后,其完全可以在言明事实经过并让原告的家人将原告送往医院,然后自行离开,但被告未作此等选择,其行为显然与情理相悖"。三是"根据日常生活经验,原、被告素不认识,一般不会贸然借款,即便如被告所称为借款,在有承担事故责任之虞时,也应请公交站台上无利害关系的其他人证明,或者向原告亲属说明情况后索取借条(或说明)等书面材料。但是被告在本案中并未存在上述情况,而且在原告家属陪同前往医院的情况下,由其借款给原告的可能性不大;而如果撞伤他人,则最符合情理的做法是先行垫付款项"。这三项"经验"最后被批驳的体无完肤!根本原因是不符合法理、不符合经验法则的要求,不符合一个理性的普通人的预期,不符合公众的正义感。因为,事实推定不像加减乘除运算那样无须考虑其前提,其必须有间接证据支撑。除此以外,它还必须受到思维法则、经验法则、自然法则以及证明标准的限制。

第二类不需要举证的事实,就是"难以举证的事实"。这类事实很难甚至不可能通过证据加以证明,最典型的就是精神损害的事实。精神损害是否存在及精神损害的严重程度,当事人很难举证甚至不可能举证,属于难以举证的事实,应当由审理案件的法官直接根据社会生活经验予以认定。

比如,上海发生的一个新房装修时工人在屋内上吊自杀的损害赔偿案。原告是一对准备结婚的小夫妻,委托某装饰公司装修新房。施工结束时,二人去看新房,打开房门一看,屋里房梁上竟挂着一个上吊自杀的民工,准新娘当时晕倒。房子是准新郎的,他起诉装修公司调换同等的其他房屋,或者赔偿他自己换房的损失包括精神损害。理由是:女朋友受到极大刺激,天天做噩梦,坚决要求换房才能结婚。自己也感觉受到很大损害,坚决不同意接收原房。一审判决认为:涉案房屋内虽然发生死人事件,但房屋的使用功能不受任何影响,原告不存在任何损失,判决驳回其诉讼请求。这个一审结果引发很大争议,一是法律关系不清,将侵权行为和合同关系混为一谈,二是判断标准显然违背公序良俗,原告的损害肯定有,但确实难以举证证明。经过一番周折,二审改判被告赔偿原告的损失十几万元,得到一致认可。

再如,著名的"赵作海案件"。赵作海因再审改判无罪申请国家赔偿,除要求人身自由权、身体健康权的赔偿外,并要求赔偿精神损害。当时有人说了,赵作海就一个农民,在里面(指监狱)相当于上班来着,他得到的赔偿却比一个农民种10年田的收入还强,哪来的精神损害。事实上,冤案造成赵作海妻离子散、房倒屋塌、子女失学以及其身陷囹圄的痛苦,是不言而喻且无须证明的。最后的赔偿金里包含的15万元生活困难补助,体现的就是精神损害赔偿(当时的国家赔偿法修改决定还没有生效)。

(四)遵循法律思维的逻辑

法律规范是按照一定的逻辑关系来安排的,因此适用法律也要遵循一定的逻辑顺序,这就是法律的逻辑性。制定一部法律,几百个法律条文甚至上千个法律条文,总要有个编排顺序。这个编排顺序,以什么为标准?是法律的"逻辑性",而不是条文的"重要性"。因为所谓"重要性",是主观的价值判断问题,一项规定之是否重要及其重要程度,将因人、因时、因地而有不同。例如,合同法按照合同的"成立"、"生效"、"履行"、"变动"、"责任"的顺序编排,究竟"合同成立"重要,还是"合同生效"重要,还是"违约责任"重要?是很难判断、很难有统一意见的。而合同先成立才谈得到生效,生效以后才能谈到履行,不履行才发生违约责任,这就是合同本身的逻辑。

学术界关于法律的逻辑性有争论,有的学者不赞成法律的逻辑性,认为立法不讲逻辑性也没有关系。这种观点没有注意到法律之所以要有逻辑性,是由法律适用所决定的。当一个案件的事实查清以后,就要寻找所应适用的法律规范,但又往往发现法律上与本案有关的不只是一个法律规范,而是有好几个法律规范。例如,审理一件拍卖的案件,要判断合同是否成立,法律上就有好多规范。除拍卖法的规定外,还有合同法买卖合同一章的规定,还有合同法总则关于合同成立、生效的规定,此外还有民法通则关于法律行为的成立、生效的规定。如果把这些有关的法律规范都引用到判决书上,你就会发现写乱套了。那就只能从中选用一个法律规范以裁判本案。究竟应该选用哪一个法律规范?基本原则叫做“特别法优先适用”。

这个法律适用规则也提示我们,立法的逻辑和适用法律的逻辑,方向是相反的。立法的逻辑是从一般到特殊,越是一般的规则越是在前,越是特殊的规则越是在后。而适用法律,则把这个逻辑关系颠倒过来,是从特殊到一般,越是特别的规则越优先适用,越是一般的规则越靠后适用。这就说明了制定法律,例如编纂民法典,为什么一定要有逻辑性?因为只有法律具有逻辑性才能正确适用,所以说法律的逻辑性是法律的生命线。

有一个婚姻关系中的违约金条款如何适用的案例,办案的法官就是按照法律的逻辑性作出了令人满意的判决。案情是:一对男女结婚时订了一个合同,约定:婚后任何一方有第三者应支付给对方违约金25万元。后来一方真的有了婚外恋,另一方起诉到法院,要求离婚并赔偿25万元。很明显,这是一起婚姻纠纷案件,应适用《婚姻法》,但《婚姻法》没有违约金制度,违约金制度是合同法的规定,而《合同法》第2条第2款明文规定:结婚、离婚和遗赠扶养协议等不适用合同法。可见本案如何处理遇到很大的难题,即缺乏据以裁判本案的特别法规范。承办该案的法官从法律的逻辑性入手,认为合同和婚姻分别是财产法上的行为和身份法上的行为,但二者均属于法律行为,本案应适用《民法通则》关于法律行为的规则。法官所作的裁判认为,根据《民法通则》第55条的规定,本案当事人在婚姻关系约定违约金条款的意思表示是真实的,没有任何一方主张受到欺诈或者胁迫,本案的违约金条款不违反法律强制性规定,也不违反社会公德。因此,本案违约金条款有效,判决被告向原告支付违约金25万元。

这个案例告诉我们,社会生活总在不断发展变化,面对那些稀奇古怪的案件,法官可以根据“特别法优先适用”的基本原则,没有特别法规定的,直接适用一般法的规定。可见,法律具有逻辑性,不仅不会使法律变得僵化,反而会使法律具有弹性,使法官能够合理裁判法律上没有具体规定的各种新类型案件。

（五）符合法律的目的性思维

立法机关制定法律，总有其特定目的。我们在理解法律、解释法律和适用法律时，必须了解法律规则所要实现的目的。只有掌握了法律的目的，才能够正确地解释和适用法律。比如，在我们的许多法律关系里，主体的地位实际上存在差别，是不平等的，那么我们立法的时候往往是注重到了以不平等求平等，即侧重于对某一方特殊主体的保护，这就是法律的目的。举例说，《消费者权益保护法》和《产品责任法》就是侧重于对消费者、使用者的保护，所以规定了双倍赔偿、严格责任等制度，但是，任何法律都是不断完善的，不可能一成不变，遇到的实际案例，往往就需要根据法律的目的性来理解和适用，例如，海淀法院多年前曾经判决过一个精神损害赔偿的案件——"贾某某案"，这是"精神损害赔偿"的第一例。贾某某是一个花季少女，在某餐厅用餐时，餐厅提供的卡式炉发生爆炸，造成其头面部大面积烧伤，落下终身残疾，精神上的创伤无须证明。但当时直接判决精神损害赔偿没有法律依据，于是判决书的主文写的是残疾赔偿金，赔偿10万元，相当于精神赔偿。虽然今天的"残疾赔偿金"的概念已不是那么理解，精神损害赔偿也有了明确规定，但当年的这个判决符合法律目的，法律效果和社会效果都非常好，案例被《最高人民法院公报》刊登，精神损害赔偿也走入法律的视野。再如，在《劳动合同法》出台前，实践中有两个法律问题：一是用人单位与劳动者约定巨额辞职违约金的如何处理；二是订立竞业限制条款但用人单位不支付补偿金如何处理。当时的做法就是注重保护劳动者，因为他是弱势一方，只有不平等的保护才能真正体现立法的目的。

又如，北京法院审理的张某某诉某公司著作权侵权案为例。被告主张未经作者同意而将其小说《北方的河》、《黑骏马》上网不构成侵权，属于《著作权法》第32条第2款关于合理使用的规定。该款规定："作品刊登后，除著作权人声明不得转载的外，其他报刊可以转载。"关键在于，对于本条"作品"这一法律概念的理解，如果拘泥于文义解释，则无论什么作品，只要在报刊刊登而作者未事先声明不得转载，其他媒体即可任意转载。这样理解显然不符合著作权法和该条的立法目的。因此，原告方面以《著作权法》立法目的为依据，主张该款所谓"作品"不包括"长篇小说"。法官采纳了这一解释，判决书写道："并非所有在报刊发表的作品都适合于转载，那些篇幅较长、能够独立成书的小说不应当包括在内”。这一判决对“作品”这一概念的外延进行了限缩解释,符合法律目的。

需要注意的是,法官对法律的适用包含了对法律的解释,无论是具体的解释,还是抽象的解释都是如此。解释法律如何体现目的性思维,就是两种以上的解释如果都有法律理由,就要根据法律的目的来考虑哪种方案更合适。比如,按照《最高人民法院关于建设工程价款优先受偿权问题的批复》的规定《合同法》第286条所规定的承包人的优先受偿权,应当优先于该建设工程上的银行抵押权。《最高人民法院关于合同法的解释(一)》对代位权行使结果的平等受偿和优先受偿问题,解释为直接由行使代位权的债权人优先受偿。如此解释都是以立法目的作为判断标准,采用了目的解释方法。总之,法官的思维方式不能是工匠型的,法律的原则性和灵活性之间必须贯穿法律的目的,这样的法官思维也才能体现案件裁判法律正义。

(六)防止用道德思维代替法律思维

我前面讲的《圣经》记载的所罗门王关于“二女争子”的断案故事,一方面是智慧,另一方面也是思维的角度对了,符合法律思维。如果站在道德思维的角度,怎么能说“把孩子劈为两半”呢?应该是“轮流抚养”啊。因为我们现实中就有这样判的,比如离婚后孩子轮流抚养、房子共同居住的,甚至还有法官自己买了一个物品替被告还给原告解决纠纷并被当成“模范事迹”宣传的。这都不符合法律思维。

实践中,有的法官特别愿意体现“为民做主”的青天形象,或以“惩恶扬善”的语言来体现真善美,显示出办案对道德思维的偏好。这与中国的司法传统有关系。比如,刑事裁判文书里面,“丧心病狂”、“狗急跳墙”、“流窜到本地作案”、“此人罪大恶极”、“不杀不足以平民愤”等词语,是经常出现的文字,都有太强烈的感情色彩,不是中性的。判决是客观地去陈述一个事实,站在中立的立场作法律判断,不需要过多描述性的语言,更不需要根据个人的好恶加上自己的判断。虽然刑事判决中适用感情色彩浓厚的语言,裁判的立场很鲜明,文书“惩恶扬善”功能很突出,尤其在公判大会上念起来也很过瘾,但终究是显得不够理性,道德思维的特性显得过于明显。

(七)防止简单的机械思维

法官裁判案件,不能像复印机那样工作,简单地重复事实和法律就能形成判决。判决是否恰当，法官的能动思维起着关键作用。如果机械地、刻板地理解和适用法律，势必会闹出司法笑话。

有一个外国法官的冷笑话，说有一个富翁是个吝啬鬼，但他的儿子特别奢侈、能花钱，因为爸爸不给他钱，他就四处借钱。儿子跟债主都是一句话：你只要把钱借给我，我爸爸一死我就是继承人，我有的是钱还给你们。可是老财主总也不死，欠债老也还不上，这可怎么办呢？儿子就跟债主们商量，就当老财主死了，大家一起把他活埋了吧。儿子和债主们订好棺材，抬到门口，要把老财主装在棺材里活埋，老财主喊："救命，救命！"这时候那个机械的法官正好路过，老财主要求法官主持正义。老财主说："他们要把我给活埋了，现在我活得好好的，他们非要说我死了。"儿子说："我们活埋他吗？他已经死了，不信我有证人。"债主们都是他的证人，他们一致说埋的是一个死人。法官就对财主说："这么多证人证明你不是一个活人，我怎么能够判决你活着呢？"这个笑话讲得很极端，法官的荒唐之处在于他不能相信他所看到的事实，却要相信证人的证言，认定老财主已经死了。法官的职业思维，要求他在庭上对不是亲眼目睹的事情，只能用证人证言等证明方法来判断案件事实。已经亲眼目睹了，还要相信证人证言，就是荒谬的职业思维了。

还有一个民事赔偿的案子。说有一对捡垃圾的夫妇捡回一个弃婴养到8岁，不幸遇到车祸死了，因为车主全责，法院判决赔偿8万元的赔偿金。为这8万元的赔偿金，孩子的亲生父母到法院来起诉，索要这8万元赔偿金。理由为他们是孩子的亲生父母，捡垃圾的夫妇把孩子捡回去了，但不符合收养法的规定，没有办理领养手续，所以不是孩子的合法监护人，亲生父母是法定监护人，这8万元钱应归亲生父母。法院完全支持了原告的诉讼请求。也有专家评论说，不要说是捡个孩子养8年，就是不当得利、无因管理，还有一点权利吧？把一个孩子抚养到8岁，付出的精力、辛苦和费用，人人皆知，8万元赔偿金一分不给抚养人，说是因为没有按照收养法办理领养手续，属于违法行为，这才是对法律的机械适用。

四、法官如何表达

有人认为，法官表达，特别是文书制作是法官思维的一部分，我很赞成这个观点。思维是表达的思想基础，表达是思维的外在表现。法官表达包括言辞表达（口头表达）、书面表达，也包括行为表达、情绪表达（情感表达）。

书面表达是我们今天探讨的话题。主要讲裁判文书如何表达的问题。

当前裁判文书表达中存在的突出问题有:(1)违背格式要求(自创格式);(2)无话可说(或者废话太多);(3)说理不透(语言笼统、含混、干巴);(4)缺乏焦点、亮点(中心问题不突出);(5)逻辑思维不连贯(层次不清、前后矛盾);(6)字词使用不规范、语气不协调、低级错误(错别字);等等。针对这些突出的问题,提出以下五点建议:

(一)按照法律文书的格式要求表达

规定法律文书的格式,不仅是作为机关公文需要样式的统一性,更是为了体现法律文书的规范性、严肃性。最高人民法院对法院诉讼文书的样式早有规定。但是,规定出台的时间比较早,1992年出台以后,刑事和行政诉讼的文书样式陆续有一些修订补充,仍有一些样式不适应实际需要,于是在这个倡导改革创新的时代,一些法官创造了许多新的形式,比如,在判决书中写上法官后语、公开合议庭不同意见、附录法条、附录图片、添加引注、添加封皮并使用国徽图案以及使用填充式文书等。

我认为,"法官后语"、"公开合议庭不同意见"、"添加引注"这几种情况还是慎用为好,主要理由是不合规范,当然也包括文书的此类创新会引起许多不必要的争议和负面评价,表面上增加了文书的文采和说理,实际上增加了法官表达的法律风险。限于时间,我以"法官后语"为例。

"法官后语"是写在判决书尾部的一段对当事人有教育意义的话,主要是对当事人进行道德教育,包括法官的道德评价、道德情感、道德理想等具体内容。有据可查的"发明权人"是上海市第二中级人民法院,他们从1996年开始创新使用"法官后语",目的是崇尚与时俱进的先进文化,倡导健康文明的社会道德,激活表面严肃的法律理性,体现判决的道德关怀,扩展裁判的社会效果。从我阅读到的材料看,确实有的"法官后语"写得还不错,有一定的道德教育意义和化解矛盾的效果。但我仔细研究"法官后语"这个现象以后,发现赞成的意见不如反对的意见更有道理。比如,上海法院判的一起公婆与儿媳争"死亡补助金"的案子:两个老人的儿子车祸死亡,儿子单位给家属补助9万元,儿媳妇拿了81,000元(90%)、父母得了9000元(10%)。老人认为应当均分,起诉到一审法院被驳回诉讼请求,上诉二审法院后改判儿媳妇再给付老人1万元,并附加"法官后语"写到:"老年丧子,中年丧偶,少年丧父，实为人间悲剧。本案当事人所遭遇的处境令人同情，但为分割黄某的死亡补助金而引发纷争，使亲属间的感情受到伤害，甚感遗憾。吴某、黄某涉讼求自身权利，并以寄托对儿子黄某的思念，心情可以理解；但对同样遭受不幸的儿媳周某和孙子今后所面临的生活艰难则缺乏应有的同情与体谅。法律虽然可以公正地处理当事人之间的财产纠纷，但金钱毕竟无法替代感情。摒弃前嫌、真诚以待、敬老爱幼、相互帮助、重修亲情，是本案当事人乃至吴某、黄某的其他子女今后应深思的问题，也是需共同努力的目标”。据报道，周某在看完判决书后十分感动，对法官的良苦用心表示理解和感谢，主动到二审法院交纳了1万元。但死者的父母是什么态度？报道者没有说，应该不是非常感动，也没有到法院表示感谢。这种法官后语，即使写得再好，其实判决结果也是一方当事人满意，另一方并不满意，因为人家有法律上的权利，判决书不去讲法律上的道理，却去从道德层面谴责死者的父母，我认为并不可取。作为死者的父母，按照常理思维，即使是非常气愤，面对未成年的孙子只能是忍气吞声罢了吧。这就像离婚案件中的爷爷奶奶对孙子的抚养权和探视权一样，有就是有，没有就是没有，没有理由在判决中写上一段话去谴责孙子的母亲(曾经的儿媳妇)。另一个上海法院判的案例——陈某诉上海电信账务中心损害赔偿案。案情是：上海电信账务中心在陈某办理了电话移机手续后仍将账单寄往旧址并在补单时遗漏了两个月的账单。对此，上海电信仅用语音方式通知了陈某，陈某以需要收到账单为由拒付这两个月的电话费，上海电信遂对陈的电话予以停机。陈某诉诸法院要求上海电信赔偿停机损失。按照有关规定，上海电信可以用语音方式发出通知，也有权利停机，原审及二审均未支持陈的诉请。但上海电信账务中心的工作存在缺陷，于是法官在“法官后语”中写到：“上海电信账务中心虽然在本案中无须承担法律责任，但必须指出，类似上海电信账务中心，相对于用户具优势地位的服务性企业应当认真审视其向用户提供的服务中存在的缺陷与不足。在市场经济不断发展的今天，服务性企业与用户在法律上的平等地位要求前者尽快转变观念，完善服务。其在工作中的不足之处没有任何理由可被忽略，而应主动宣传业务知识，征求用户意见，了解用户的需求。对用户提出的批评、建议或申诉应给予相当的重视，以积极改进自身的工作质量”。据说，上海电信账务中心收到判决书后非常重视，立即致函法院:“读完贵院此份判决书的法官后语,深受感动,感谢贵院利用法官后语这一形式积极向我们提出建议。虽然这次胜诉,但我们将引以为鉴,举一反三,找出薄弱环节,制定预防措施,确保我们的服务工作再上一台阶”。同样,我不知道该案的原告对此“法官后语”是否也称赞有加,但我觉得此种情况下的后语内容,如果以“司法建议”的形式表达出来可能会更规范,效果更好。因为这种“后语”的表达,在判案的思维逻辑上已经产生了矛盾,前面说上海电信可以停机,后面说对用户的服务有缺陷,作为一个服务合同的纠纷,法官的思维和表达不能持两个立场。目前的主流观点认为“法官后语”在婚姻家庭案件中有一定的教育意义,但对此外的其他案件还是认为不能推广使用。因为有的学者早就说过“法律是经过装饰的道德”,民法中的许多规范体现了社会主流道德观的要求,法官的本职还是依据事实和法律把判决理由说通说透,没有必要舍近求远去添加道德说教增加判决的说服力,要保持裁判文书的统一性、规范性和严肃性。

(二)按照法官思维的逻辑结构表达

前面在思维部分讲了很多思维的逻辑性问题,不再重复。表达逻辑有问题的,举个刑事判决书为例,判决书在叙述被告人辩称时说“其没有杀王某(被害人),也没有放火,是在公安机关对其刑讯逼供的情况下做的有罪供述。”但在“本院认为”部分却称“被告人高某虽然能坦白其所犯故意杀人罪、放火罪的犯罪事实”,根据上下文,上述的说法显然是自相矛盾的。这种矛盾显然是文书表达的一个重大瑕疵,前后矛盾的表达,人们有理由怀疑法官是不是真的弄清了案情,判决书的公信力也将大大地受到质疑。

(三)按照法言法语的规范要求表达

裁判文书是法官对当事人诉讼请求的法律回答,是当事人打官司的书面结论,要体现文书的严谨规范和司法权威,必须要按照法言法语的规范要求来表达,即在裁判文书的表达方式上,不应当是新八股文,不应当是理论调研文章,也不应当高深难懂。有人说法言法语有三个功能:交流、转化、阻隔,即裁判文书应当是绝大多数百姓能顺利读懂的、按照法律逻辑说事论理、具有一定的专业性和理性思维的作品。

裁判文书的叙事、说理要规范、严谨、准确、客观,语言要中性、平和,少用或不用描写和抒情。因为制作裁判文书是为了严肃执行,而不是用来欣赏。它重在达意,而非传情;旨在服人,而非动人。

叙事的基本要求:贵在求实,最忌虚妄;叙事寓理,法在其中;讲究分寸,注重界限;运用直叙,不用曲叙;多作概述,间有详述。比如,刑事法律文书叙述要包括案件发生的时间、地点、动机、目的、手段、行为、过程、后果、被告人事后态度和涉及的人和事十个方面要素,民事案件和行政案件叙述的要素包括:当事人之间的法律关系,发生法律关系的时间、地点及法律关系的内容,被诉行政行为的内容,产生纠纷的原因、经过、情节、后果和因果关系等。

说理在法律文书中一般称为裁判理由,对叙述的案件事实进行法律评断。它上承事实、下启结论,要前后一致,是法律文书的灵魂。裁判文书说理与其他说理文章的要求相同,重点把握论点、论据、论证三个要素,做到论点精确合法,论据充分扎实。事实、证据这两项论据,在说理中要高度概括,引用的法律要写全称,法律条文有款项的,要引至适用的款项,论证则着重分析、突出案件特点,表现案件个性。总的要求:立场公正,不偏不倚;切事分析,不作泛论;依法说理,不离准绳;平实简明,分析透辟;周密严谨,坚如磐石。法律文书的说理,必须严谨,逻辑性强,没有任何漏洞,做到滴水不漏。

(四)按照受众的客观条件表达

写文章,做讲话,都是给别人看的、给别人听的,一定要让别人明白,尤其是法官的表达,决不能"以其昏昏使人昭昭"。有位老先生说得好,要想把文章写得好,经常看看15岁以前(初中生)读过的书,搞明白人家的文章是怎么写的就行了。写裁判文书也是这样,多数裁判文书是写给人民大众看的,要考虑到当事人和社会公众的法律知识和文化程度、专业水平,表达要尽量做到通俗易懂,不能故作高深、桀骜难懂。据我所知,美国政府要求其工作人员向公民发布的政府文件或宣传材料,必须具有最大的可读性,阅读指数不能超过6级(初中毕业水准)。他的考虑就是:如果一部分选民看不懂政府的材料时,想想政府会面临着什么样的结果。我们强调改进文风,应当说不是今天才开始的,早在1942年,毛主席在延安干部会议上的著名演讲《反对党八股》就是讲文风问题,20世纪60年代初,最高人民法院下发过《关于改进审判文书的文风问题》的指示,对裁判文书的叙事、判断、论理、语言文字等方面都提出新的要求,近些年来,在最高人民法院公布的三个“五年改革纲要”以及加强基层建设的一些文件里,仍然是反复强调人民法院的裁判文书的制作既要提高自身质量也要注意社会效果,为人民群众所接受和信赖。

(五)杜绝低级错误的表达

裁判文书上面的错字、别字、漏字、赘字等低级错误,不仅会给当事人和文书阅读者造成法官马虎办案的印象,更会使人们对审判公正产生怀疑,进而损害法院的公正形象,损害司法的严肃性,甚至动摇人们对司法公正的信心。我记得最高人民法院领导曾经公开讲过几起因为低级错误引发的影响司法公信力的事件,如通知当事人“2月30日”开庭,通知当事人晚上零点开庭,把“人民法院”打印成“人民币法院”,等等。2009年6月,最高人民法院发出过《关于进一步提高裁判文书质量的通知》,要求建立文书校核制度、评查制度和差错责任追究制度。从实践来看,某高级人民法院曾组织对辖区内1万余份民事裁判文书进行集中评查,发现差错文书占16.4%,大多属于稍加注意即可排除的低级错误,按比率高低依次为:文书不符合技术格式要求、错别漏赘字、标点符号明显错误、病句、当事人名称不统一、法律援引不当、文书结构缺项、主文模糊或有歧义、漏判超判、遗漏诉讼费用等。另据了解,2012年最高人民法院开展“两评查”活动,要表彰一批优秀裁判文书,各个高院遴选上报的文书有近10%被淘汰,排在第一位的就是低级错误。应当说,工作中万无一失是很难做到的,这就是国外的一个著名理论“墨菲定律”。但是,如果我们不是以此为借口,而是本着严谨认真、精益求精、警钟长鸣、防微杜渐的态度,减少和杜绝低级错误也是完全可以做到的。

总之,办案子、写判决,是我们的日常工作,正确的思维和表达是我们一辈子要做的事。提高思维表达能力,有人说四个途径:拜师、交友、读书、听讲。只要我们拜长者为师、拜学者为师,交诤友、交书友,多读书、读好书,多听演讲、认真实践、不断总结,就一定能够不断提高思维表达能力。

【理论研究】

刑事赔偿：美国法的经验与中国制度的完善

杨临萍　何　君

《中华人民共和国国家赔偿法》（以下简称《国家赔偿法》）于1995年1月1日起施行，该法中确立的刑事赔偿①制度经过近二十年的司法实践，取得了显著的发展，在落实宪法尊重和保障人权的基本原则，促进国家机关依法行使职权，坚守公平正义的司法底线等方面发挥了重要的作用。但是，我国刑事赔偿制度中赔偿程序、赔偿范围、赔偿标准、"赔补抚"机制等，亟须通过比较研究予以进一步完善，从而实现刑事赔偿制度权利救济的核心价值。

一、美国刑事赔偿立法概况

美国传统的法律制度来源于英国，刑事赔偿制度深受英国"国王不能为非"的原则影响，并将其演变为国家"主权豁免"原则，该原则在赔偿上主要表现为主权者自己不表示同意时不能作为被告。1821年，首席大法官马歇尔在科亨诉弗吉尼亚案的判决中，宣称美国联邦不能作被告，通过判例进一步确立了"主权豁免"原则。此后，美国法院一直遵循该原则。故较之于大陆法系国家的刑事赔偿制度，联邦和各州的刑事赔偿发展较为滞后。

随着民主法治的发展，最早排除"主权豁免"原则而确立赔偿责任的，是赔偿个人财产因公共用途或者"名胜"而被征用的土地所有人。因为富有的土地所有人游说制定财产赔偿法律，构成了比被错误定罪者更为有力的游

① 为便于行文论述及读者阅读，本文对冤狱赔偿（法）、刑事补偿（法）、刑事赔偿（法）不作严格的区分，而统一称为刑事赔偿（法）。

说团体,而被错误定罪者通常贫困潦倒,在政府中没有足够的代表①。1887年通过的塔克法案(Tucker Act)承认了公民对政府的致害行为可以提起诉讼,"联邦索赔法院(The United States Court of Federal Claims)有权管辖和审理根据宪法、国会法案、行政法规、与美国政府明示或暗示的协议或者清算或非清算损失并对起诉美国政府的案件进行判决"。1913年,加利福尼亚州和威斯康星州制定了被错误定罪者赔偿的法律,确立刑事赔偿制度,开各州刑事赔偿立法的先河。在联邦层面,直到1938年才制定了统一的刑事赔偿法《对于人民受联邦法院错误判决之救济法》,明确规定:"对于因不公正判决有罪或拘押所受侵害,或被判徒刑已全部或部分执行,因上诉或重新审理而认为对所判之罪不正确或事后认为无辜而获赦免者,允许其向国家申请赔偿。"1946年,美国国会制定了《联邦侵权赔偿法》(Federal Tort Claim Act,立法改革法的第四篇)。1948年司法典修改时,《联邦侵权赔偿法》列为美国法典第二十八编(司法编),该篇第1495条规定:"根据被不公正地宣判为对美国犯有罪行或被监禁的人要求赔偿损失的请求,索赔法院(Court of Claims Act)对宣判有管辖权。"2004年10月30日,美国国会通过的《无辜者保护法》生效(Innocence Protection Act),该法为无辜者提供了保护和救济的路径,不仅赋予定罪者通过申请DNA检测证明自己无罪的机会,对有可能判处死刑的被告人,保障其在诉讼的任何阶段都有权获得充分有效的法律服务,而且也提高对刑事冤错案的赔偿力度,增强国家的责任感。《对于人民受联邦法院错误判决之救济法》、《联邦侵权赔偿法》、《无辜者保护法》对美国联邦的刑事赔偿进行了较系统的规定。

尽管有公众的支持和联邦的敦促②,而且加利福尼亚州和威斯康星州早在1913年就确立了刑事赔偿制度,但美国迄今为止依然有23个州没有刑事赔偿的立法,包括乔治亚州、宾夕法尼亚州、密歇根州、堪萨斯州和其他州

---

① Adwin M. Borchard, *Convicting the Innocent: Errors of Criminal Justice*, Yale University Press, 1932, p. 390.

② 参议院司法委员会就《无辜者保护法》作出了相关说明:"没有此种支持,被错误定罪者可能永远没有能力确立能够允许他为社会做贡献的根基。为帮助修复被错误定罪打碎的生活,该法在赔偿问题上提高了联邦的上限,并敦促各州效仿。"U. S. Senate, The Innocence Protection Act of 2002, 107th Cong., 2d sess., S. 486, March 7, 2001, http://thomas. Ioc. gov/cgi - bin/cpquery/T? &report = sr315&dbname = 107&。

（这些州中的一些州当前正在考虑赔偿立法，但已延宕很久）。此外，美国制定刑事赔偿法律的各州，其法律规定往往存在于州索赔法院法中（如纽约州、伊利诺伊州），或者存在于民事诉讼法“以州为被告的特殊诉讼程序”部分（如缅因州、得克萨斯州、新罕布什尔州），或者存在于刑法典中，如加利福尼亚州在《加利福尼亚州刑法典》第4900～4906条，根据该法律的规定，对于判决羁押的人员，只有在错判杀人、抢劫、强奸等重罪且在州监狱受到监禁的情形下才能获得赔偿，而对于错判为商店行窃、扰乱社会秩序、酒后驾车罪等轻罪的人，即使被羁押也是无法获得赔偿的。错判人员应当在释放之日、宣布无罪、解除羁押之日或州长赦免之日起两年内向受害人赔偿和政府赔偿委员会（Victim Compensation and Government Claims Board）提出，并且承担一定举证责任（具体各个州的立法情况详见附表）。另有个别州，在有关公共财政的法律中对刑事赔偿作出规定（如田纳西州、马里兰州）①。

二、美国申请刑事赔偿的程序和途径

在制定刑事赔偿法律的联邦和各州，赔偿请求人通常根据刑事赔偿法律的规定申请赔偿；而对于不愿意根据刑事赔偿法律规定申请赔偿的赔偿请求人或者在法律缺位各州的赔偿请求人而言，他们可以根据“私人法案”（Private Bills）寻求救济或刑事赔偿侵权诉讼②寻求救济。

（一）联邦关于刑事赔偿程序的规定

联邦刑事赔偿程序③主要分为两部分，即先行处理程序和刑事赔偿诉讼程序。1966年以前，只要赔偿请求人申请赔偿数额不超过2500美元，当事人可以任意选择先行处理程序和刑事赔偿诉讼程序。赔偿请求人可以先向

① 张红：“美国刑事赔偿制度论要”，载《行政法学研究》2005年第4期。

② 刑事赔偿侵权诉讼的内涵为依据侵权法律的规定提起刑事赔偿，赔偿请求人需证明被请求人存在故意，并且被请求人可以主权豁免原则和相关免责事由为由免为其错误承担法律责任。具体如提起民权诉讼，不同于根据刑事赔偿法律提起的刑事赔偿诉讼。

③ 根据受理的刑事赔偿案件类型不同，由联邦地区法院和索赔法院分别受理，具体为，联邦地区法院对国家有管辖权（1974年《联邦侵权赔偿法》修改通过的内容），索赔法院对错误定罪与错误监禁而起诉美国为被告的案件有管辖权，无权管辖行政赔偿案件。联邦地区法院对根据法律和法规规定的金钱赔偿请求，数额在一万美元以下时，有共同的管辖权。此外，当联邦地区法院或索赔法院对不属于其管辖的刑事赔偿案件，赔偿请求人错误地向其提出时，收到后应当将案件已送至联邦地区法院或索赔法院。详见王名扬：《美国行政法》，中国法制出版社2005年版，第730、747、776页。受制于体系和篇幅，本文的内容主要为向联邦地区法院申请的刑事赔偿案件的程序。

赔偿义务机关申请赔偿,赔偿义务机关不赔偿或对赔偿义务机关的赔偿决定不满意时,再向法院申请赔偿。赔偿请求人也可以不经过先行处理程序,直接向法院起诉。1966年《联邦侵权赔偿法》修改后,先行处理程序成为刑事赔偿诉讼程序的必经前置程序。赔偿请求人未向赔偿义务机关申请赔偿,不能向法院起诉。即1967年1月18日,该修改决定生效后,赔偿请求人要求刑事赔偿,必须先经先行处理程序。具体程序为:赔偿请求人先向联邦国家机关提出赔偿请求,如联邦国家机关拒绝赔偿或逾期不予处理,或作出了赔偿决定但请求人不服,赔偿请求人有权在联邦国家机关拒绝赔偿之日或裁决送达之日起6个月内,向赔偿请求人居住地或侵权行为发生地法院提起诉讼。联邦法律鼓励刑事赔偿通过协商、调解解决。在先行处理程序中,赔偿请求人与联邦国家机关协商决定赔偿数额是解决赔偿问题的一种方式。双方达成协议以后,为了避免当事人的反悔,联邦国家机关必须取得赔偿请求人同意的明确意思表示。赔偿数额超过25,000美元,需要司法部长批准。在赔偿协议因司法部长不批准而不生效,以及联邦国家机关不遵守协议内容时,赔偿请求人可向法院起诉。

法院收到起诉立案,但在正式审理前双方当事人仍然可以协商解决赔偿问题。这时的当事人已经不是联邦国家机关和赔偿请求人,而是司法部长和赔偿请求人(案件起诉后,被告只能为美国,司法部长代表国家进行诉讼)。《联邦侵权赔偿法》第2677条规定,司法部长或其指定的代理人,可以通过仲裁、互让、和解,解决赔偿请求人根据第1346条所提出的任何请求。在司法实践中,司法部一向鼓励用协商和解的方式解决国家赔偿问题,近些年以来,刑事赔偿案件大约60%~75%都是通过和解解决的①。司法部一般将协商的权力委托于检察官,检察官进行协商赔偿的额度不得超过200,000美元。如果和解协议超过这个数额,必须把全部案卷和解决的建议呈报司法部的侵权赔偿处。侵权赔偿处经过审查以后,按照赔偿金额的大小,作出决定或呈报司长、副部长、部长决定。尽管鼓励协商和解解决刑事赔偿问题,但在某些特定的情况下不会进行和解,例如司法部对某类问题坚持国家不负赔偿责任的政策,或者某个案件出现新的法律问题、新的政策等。

---

① 王名扬:《美国行政法》,中国法制出版社2005年版,第765页。

法院在审理刑事赔偿案件时,适用联邦诉讼程序法的规定。除双方当事人主动进行和解以外,比较复杂的案件,法院在正式审理以前,往往通过预审程序。由法院召集有关各方举行审前会议(pretrial conference),以简化案情,并对双方当事人的纠纷进行调解,避免正式的审判程序。有的联邦地区法院,聘请退休法官专门作为调解员,开庭前主持调解,通常开庭前的调解,法院不备案,但无民事行为能力的人不适用调解除外。调解的结果要有政府财政委员会的批准,没有硬性的赔偿标准,但基本上会遵循先例。双方当事人达成和解协议后,按标准的格式签订协定,由检察官和赔偿请求人及其律师签字。赔偿请求人需在协议中承诺,对同一事项不再追诉美国和有关公务人员,并同意向法院提出撤诉的申请。和解金额的支付,按法院判决的赔偿金额支付方式,在财政部经常性不固定的拨款中支付。此外,调解的法官和判决的法官不是同一的;赔偿请求人向法院申请的赔偿数额,通常不得超过在先行处理程序中向联邦国家机关请求的赔偿额。联邦地区法院的判决作出后,美国不服一审判决的,必须先经司法部律师的同意才能上诉,司法部检察官办公室代表美国上诉,但侵权的联邦国家机关应提供相应的证据。

此外,在刑事赔偿诉讼程序中,只能以美国作为被告,但也并不局限于美国作为唯一的被告,共同被告制度也适用于刑事赔偿的诉讼。从赔偿请求人的角度而言,有时愿意同时起诉几个被告要求赔偿,特别是赔偿请求人不能确定诉讼的结果,究竟被告中谁应负赔偿责任或每个被告的承担责任比例。从法院的角度而言,共同被告制度可以避免同一案件,进行几次审理①。此外,在多因一果的刑事赔偿诉讼中,其他侵权人可以主张国家作为第三被告(third party defendant)参加诉讼②。法院作出生效判决后,司法部长证明该赔偿符合美国利益后,把判决书的副本递交联邦政府审计署,办理付款手续。法院判决美国赔偿的费用与各部的预算无关,由财政部的经常不确定的拨款中支付,付款支票由司法部交给承办案件的检察官,然后转交给赔偿请求人或其律师。检察官在转交付款支票时,必须从赔偿请求人律

① 王名扬:《美国行政法》,中国法制出版社 2005 年版,第 750 页。

② 王名扬:《美国行政法》,中国法制出版社 2005 年版,第 753 页。

师方面取得标准格式的收据。赔偿请求人在收据中承认对于同一案件,不再追诉政府和有关的职员。赔偿请求人收到赔偿款一般需要6到8周。

必须指出的是,法院作为侵权机关的先行处理程序与索赔法院判决的支付程序较之上述相关程序存在一些差异。首先,1988年《联邦侵权赔偿法》修改以后,侵权机关增加了司法部门和立法部门,并且法院是侵权机关时(通常其行为不属于司法程序的一部分),在先行处理程序中,赔偿请求人应当向美国法院行政局(Administrative Office of the United States Courts)提出①。其次,根据《联邦侵权赔偿法》第2517条第1款"除《1978年合同纠纷法》的规定外,所有由美国索赔法院对合众国作出的终审判决,应在该法院书记员或首席法官向联邦政府审计署递交判决证明后,自总财政拨款中支付。第2款此种判决的支付及其利息,应由合众国完全支付,即案件或纠纷中所涉及的事项所引起的全部赔偿和要求完全由美国支付。除非这种判决被认定为部分判决,在这种情况下仅限于规定事项由美国支付"的规定②,索赔法院的判决支付应由该法院书记员或首席法官向联邦政府审计署递交,并办理付款手续,而非由司法部向联邦政府审计署递交。

(二)州关于刑事赔偿程序的规定

对于州的法律规定了刑事赔偿的赔偿请求人而言,可根据州法律规定程序申请赔偿。各州法律规定的刑事赔偿程序,存在较大差异③。

第一,有些州采取诉讼程序处理刑事赔偿案件,在这些州里,法院审理刑事赔偿案件的程序与普通民事侵权诉讼的程序是一致的。如在采取诉讼程序处理刑事赔偿案件的新泽西州,赔偿请求人以州财政厅为被告,向法院提起民事诉讼。而有些州的法律对刑事赔偿案件的被告没有明确规定,赔偿请求人通常以州、对其实施逮捕(起诉)的警官(检察官)抑或是上述两者为共同被告,提起民事诉讼。至于诉讼中有权管辖的法院因各州而异,如在伊利诺伊州、纽约州和俄亥俄州,刑事赔偿案件由索赔法院管辖;其他有些州则由普通的地区法院或者高级法院管辖。较大比例州的法律还规定,出

① 王名扬:《美国行政法》,中国法制出版社2005年版,第739页。

② 马龙译、周忠海校:"美国法典",载《行政法学研究》1998年第3期。

③ 张红:"美国刑事赔偿制度论要",载《行政法学研究》2005年第4期。

庭的被告可以代表州与赔偿申请人达成和解协议。

第二,有些州采取非诉讼程序处理刑事赔偿案件。在采取非诉讼程序处理刑事赔偿案件的阿拉巴马州、新罕布什尔州、田纳西州、威斯康星州,赔偿委员会或者类似的独立委员会通常是享有管辖权的主体。其中,加利福尼亚州和北卡罗来纳州的法律规定了听证会的程序。《加利福尼亚州刑法典》第4902条和第4903条对听证会的程序作了规定,受害人赔偿和政府赔偿委员会(Victim Compensation and Government Claims Board)应当指定一个时间和地点为赔偿申请召开听证会,并至少在召开听证会之日前15日向申请人和检察长邮寄通知书。在听证会上,申请人应当提供支持赔偿申请的证据,检察长应当提供相反的证据。此外,阿拉巴马州和俄亥俄州采取"两步走"的程序,首先由一个机构决定是否应当给予赔偿请求人以刑事赔偿,如果该机构认为应当给予赔偿请求人赔偿金,再由另一个机构决定赔偿金的数额。

第三,有些州较为特殊,赔偿请求人可以在行政性决定程序和诉讼程序之间任意选择,如得克萨斯州。

大多数的州均明确规定了请求时限。一般以获得赦免状之日或者被释放、起诉书被驳回之日作为赔偿请求时限的起算点,期限一般为半年或者3年。提出赔偿请求的最短时限是6个月,如《加利福尼亚州刑法典》第4901条规定,赔偿申请应当在法院作出无罪或释放判决、颁发赦免状或从监狱释放后6个月内、州立法机关举行下一次会议至少4个月前向州监察委员会提出。提出赔偿请求的最长时限是5年,北卡罗来纳州规定赔偿请求人可以自颁发赦免状之日起5年内提出赔偿请求①。

(三)关于申请刑事赔偿的其他途径

对于不愿意根据刑事赔偿法律规定申请赔偿的赔偿请求人或者州没有刑事赔偿立法的赔偿请求人(联邦或者州的刑事赔偿法律没有将公权力侵权损害纳入赔偿范围也同样适用)而言,其可以通过私人法案(Private Bills)或刑事赔偿侵权诉讼寻求救济。

---

① 张红:"美国刑事赔偿制度论要",载《行政法学研究》2005年第4期。

1. 刑事赔偿侵权诉讼

刑事赔偿侵权诉讼与遵循刑事赔偿法律规定的程序申请赔偿是两种截然不同的程序。如前所述,被错误定罪与监禁者可根据美国法典第 42 编第 1983 条提起民权诉讼。尽管赔偿请求人通过诉讼所获得的金钱赔偿往往高于赔偿法律提供的赔偿,但是在所有案件中,前者不是个切实可行的选择,那是一场旷日持久的法律之战,并且不能保证该战役一经完结即能获得救济。如以联邦公务人员恶意起诉为由提起诉讼,赔偿请求人必须证明对他实施逮捕时并无正当的理由。如以错误监禁为由提起刑事赔偿侵权诉讼,赔偿请求人必须证明联邦公务人员违背其意愿对其故意实施了监禁。即使赔偿请求人能够提起刑事侵权赔偿诉讼,主权豁免原则将使检察官、法官等免于为其错误承担法律责任,故赔偿请求人很难通过这一途径获得赔偿。

此外,刑事赔偿侵权诉讼也更为昂贵,所得的部分赔偿将用于支付诉讼费用。近些年来,只有 28% 因 DNA 鉴定而被无罪释放者打赢刑事赔偿侵权诉讼,其他人则落败而归。成功依赖于被宣告无罪者有能力证明他被错误定罪是由故意的行为不端造成,并能指出应负责任的一方。因此,对于任何能够证明他没有实施犯罪而被错误关押的人而言,赔偿法律提供了统一数额的金钱协助,通常以被错误关押的年数决定赔偿数额。在提供足够救济的州,赔偿法律是最衡平的、全面的与道义性最强的赔偿形式。尽管赔偿请求人仍然需要等待,但与提起刑事赔偿侵权诉讼相比,被宣告无罪者通过州法律申请赔偿能够更快地得到赔偿。法律通常平等对待每一个符合条件的申请人,因而赔偿标准不依个人问题、种族、教育背景、政治联系或者其他考虑而有差别。赔偿法律为被宣告无罪者能够期待什么提供了一个清晰标准,有利于赔偿请求人尽早开始规划他们的未来。

2. 私人法案(Private Bills)

在没有制定刑事赔偿法律和不能提起诉讼的州,受到错误定罪与错误监禁的人可以向州议会申请通过“道义责任法案”(Moral Obligation Bill)以获得救济。从性质上讲,道义责任法案是一种私人法案(Private Bill)。这种道义责任并无实定法的规定,而是产生于正义感和衡平的理念①。具体而

① 张红:“美国刑事赔偿制度论要”,载《行政法学研究》2005 年第 4 期。

言,如果一位被宣告无罪者不能提起诉讼,并且所在州没有赔偿法律,那他可以尝试说服一位议员代表他提出一个私人法案。这种途径的缺点是显而易见的,因为多数被宣告无罪者缺少政治常识或者缺少对表达他们声音而言所必要的政治联系,从而将被宣告无罪者陷入为自己而游说的尴尬境地。因而,通过私人法案获得赔偿带来的程序与政治挑战又将成为赔偿请求人的巨大障碍。

私人法案允许州直接赔偿特定的被宣告无罪者,并避免在其他错误定罪的案件中承担金钱责任。谁能得到钱与能得到多少,依赖于该州当年的预算大小以及应当获得赔偿的申请人的数量。私人法案很容易成为"欢迎度竞赛"的危险,这种竞赛将不仅基于案件的是非曲直,还同等程度地基于被宣告无罪者和提出法案议员的知名度①。州与州之间,或者即使在一个州之内,都没有一致性,赔偿额差别巨大而没有显著理由②。例如,在佛罗里达州,10 个既被错误定罪又通过 DNA 鉴定推翻定罪的人中,只有 2 个通过私人法案获得了赔偿。2005 年,威尔顿·戴奇因被错误关押 22 年得到了 200 万美元的赔偿。三年之后,被宣告无罪者阿兰·柯罗策也通过私人法案获得了协助,但他只得到了 125 万美元,尽管他在监狱服刑近 25 年。对戴奇而言,错误关押每年获赔 90,000 美元,但对柯罗策而言,每年大概只有 50,000 美元③。

(四)联邦与州法院对刑事赔偿案件的管辖界限

联邦与州法院对刑事赔偿案件的管辖有明显的界限。《联邦侵权赔偿法》第 1346 条规定,"地区法院……对 1945 年 1 月 1 日以后发生的,由于政府职员执行职务的过失的或不法的行为或不行为引起的财产损害或丧失、

---

① Adele Bernhard, Justice Still Fails: A Review of Recent Effort to Compensate Individuals Who Have Been Unjustly Convicted and Later Exonerated, *Drake Law Review*, 2004, p. 708.

② 近些年来,超过 240 人通过 DNA 鉴定而被宣告无罪,但只有 9% 通过私人法案获得赔偿。对于被错误定罪者而言,这使它成为最不靠谱的救济途径。错误关押的年赔偿额从 1600 美元到近 300,000 美元不等。

③ 私人法案并非一条充分的救济途径。原因在于:第一,有些州将其宪法解释为禁止运用这种道义责任法案,如俄克拉荷马州、得克萨斯州;第二,是否能成功地通过这种道义责任法案,取决于提起该项法案的议员的政治联系以及当时的政治气候,而不是案件事实本身;第三,通过道义责任法案的过程是漫长而无确定结果的。

人身损害或死亡,而要求政府金钱赔偿的侵权案件具有专属管辖权……”①第1495条规定,联邦索赔法院管辖因错误定罪与错误监禁而起诉美国的侵权赔偿案件。根据上述规定,联邦的刑事赔偿②由联邦地区法院或者索赔法院专属管辖,各州法院对这类案件不享有管辖权,如果赔偿请求人在州法院以联邦作为被告申请刑事赔偿时,州法院应当把案件移送联邦地区法院或索赔法院。至于州的刑事赔偿案件,如前所述通常都根据州刑事赔偿法律的规定,由州法院享有管辖权。然而,根据美国法典第42编第21章第1983条“任何人凭借任何州或领地或哥伦比亚特区的任何法律、法令、条例、习惯、惯例,剥夺或促使剥夺任何美国公民或在其管辖区域内的其他人,根据宪法和法律而享有的任何权利、特权或特免,必须对受害人依据法律、衡平法提起的诉讼承担责任,或依其他适当的救济程序的责任”的规定,美国法典第28编第1343条“联邦地区法院对于凭借州的法律而剥夺联邦宪法权利,或违反国会制定的任何保障平等权利的法律所发生的侵权诉讼有管辖权”的规定,以及美国法典第28编第1331条关于联邦问题条款的规定,联邦地区法院对在美国宪法、法律或条约下发生的民权诉讼,有原始的管辖权。第1983条的诉讼属于联邦问题,联邦地区法院具有管辖权③。

三、美国刑事赔偿中的举证责任

综观联邦和各州的刑事赔偿法律,其刑事赔偿的范围都包括错误定罪与错误监禁(unjust/wrongful conviction and imprisonment)④。前者是被法院判决犯有罪并被监禁,在已经服完全部或部分刑罚之后,被发现无罪,有罪判决被撤销或者起诉被法院驳回。后者是被错误逮捕并随之受到监禁,但

---

① 王名扬:《美国行政法》,中国法制出版社2005年版,第746页。

② 除错误定罪与错误监禁而起诉美国的刑事赔偿案件外,还包括了对联邦执法职员和调查员所犯的人身攻击、殴打、非法监禁、非法逮捕、恶意追诉、滥用诉讼程序的赔偿案件。

③ 王名扬:《美国行政法》,中国法制出版社2005年版,第827~830页。

④ 在联邦的刑事赔偿中,除错误定罪与错误监禁而起诉美国的刑事赔偿案件外,还包括了对联邦执法职员和调查员所犯的人身攻击、殴打、非法监禁、非法逮捕、恶意追诉、滥用诉讼程序的赔偿案件。然而由于有些州的刑事赔偿法律对后面的六项未曾规定或未全部规定,故本文集中于讨论错误定罪与错误监禁的举证责任。

在随后的诉讼程序中起诉被驳回或被法院判决无罪[1]。

在错误定罪与错误监禁(unjust/wrongful conviction and imprisonment)赔偿申请中,根据法律规定或司法实践[2],赔偿请求人需承担以下的举证责任:

第一,赔偿请求人需证明被判决有罪而被判了一定刑期,已在监狱服完全部或部分刑罚[3],或者证明没有法律上的正当理由而对其人身进行了一段时间的事实上的限制。

第二,赔偿请求人需证明获得了赦免,或者有罪判决被撤销,或者起诉书被驳回。有些州明确规定州长基于赔偿请求人无罪而签发的赦免状(pardon)是获得刑事赔偿的程序性前提条件,具体如伊利诺伊州、缅因州、北卡罗来纳州。此外,个别州对获得刑事赔偿的前提条件有特殊的规定。如在蒙大拿州,被错误监禁的人须因定罪后的DNA测试被证明无罪才可要求刑事赔偿;新罕布什尔州仅简单地规定赔偿请求人"被发现无罪"即可申请刑事赔偿[4]。

第三,赔偿请求人需证明不存在豁免责任的事由,如并未因自己的行为而被定罪,或者(并且)没有自认其罪。申言之,赔偿请求人在诉讼程序中曾经自认其罪或因虚假供述等行为或者不作为而导致被起诉、定罪与判刑,州将免除赔偿责任。衣阿华州、俄亥俄州、得克萨斯州、弗吉尼亚州要求赔偿请求人证明并未因自己的行为而被定罪与判刑,加利福尼亚州、新泽西州、西弗吉尼亚州、威斯康星州、纳布拉斯加州要求赔偿请求人证明自己并未自认其罪,除非他们有"执法部门逼迫"的证据;而哥伦比亚特区要求的举证责任更为特别,赔偿请求人需证明并未因自己的行为导致被诉且

---

① 例如,根据西弗吉尼亚州法典第14章第2节第13a条第2款的规定,任何人因针对州的一个或者数个重罪或轻罪而受到逮捕或监禁,或者被判决有罪后随之被监禁,而他并未犯罪,他可以提起损害赔偿请求。

② 阿拉巴马州、蒙大拿州、田纳西州、弗吉尼亚州等州的刑事赔偿法律对于举证责任没有明确规定。

③ 美国刑法中一般有重罪和轻罪之分,有的州,如加利福尼亚州明确规定只有被错误地判决犯有针对州的重罪或加重的重罪,并在州监狱受到监禁的人才有权获得刑事赔偿。

④ 张红:"美国刑事赔偿制度论要",载《行政法学研究》2005年第4期。

没有自认其罪[①]。此外,一些州甚至规定赔偿请求须经赔偿请求人宣誓证明。

第四,赔偿请求人需证明因错误定罪与监禁而遭受损害(主要是指金钱损害)。如《加利福尼亚州刑法典》第4900条规定:"已经服完所有的刑期或者部分刑期的人根据下述规定,应当向州监察委员会提出申请,要求州赔偿其因错误定罪和错误监禁而遭受的金钱损害。"[②]

第五,赔偿请求人需证明提出赔偿请求并未超过法定期限。如前所述,请求时效以获得赦免状之日或者被释放、起诉书被驳回之日作为赔偿请求时限的起算点,期限从6个月到5年不等。

赔偿请求人需承担的举证责任,具体以联邦和加利福尼亚州为例。

(一)联邦刑事赔偿诉讼中赔偿请求人举证责任

《联邦侵权赔偿法》第2513条原则性地规定了错误定罪与错误监禁的损害赔偿问题,规定任何人依第1495条起诉时必须承担以下事项的举证责任:第一,对赔偿请求人的定罪被撤销,因其并未犯被判罪行;或者在重新审理或重新听证中发现赔偿请求人无罪,正如作出撤销判决的法院记录或证明文书所显示的那样;或者是赔偿请求人基于无罪和不当定罪而被赦免;第二,赔偿请求人并未实施被指控罪行,或者与指控有关的行为、契约或不作为并未构成针对美国、美国各州或哥伦比亚特区的犯罪行为,并且没有因其自己的不良行为或疏忽而导致被起诉。证明前款事实的证据应当是法院的证明文件或载有他所主张事实的赦免状,对其他的证据,法院将不予接受[③]。

---

① 在实践中,这样的举证责任承担导致了任何作虚假供述或者承认有罪的被宣告无罪者都无权获得救济。如此规定主要是在美国犯罪嫌疑人具有沉默权,并采取无罪推定的原则,故立法者普遍不相信虚假供述的存在。目前,通过DNA鉴定导致宣告无罪的情况表明,虚假供述远比人们所相信的普遍。在大概25%通过DNA鉴定而宣告无罪的案件中,无辜的被告人做了自证其罪的陈述,或者是做了毫无保留的供述。故美国理论界和实务界已经开始对此规定进行了反思和重构。阿德勒·伯恩哈德教授认为:"今天,防止个体从其故意的行为不端中获益,例如诱使他人提供虚假证言或者隐匿证据,仍然是恰当的。将所有虚假供述都视为行为不端看起来不再是合理的,因为多桩宣告无罪案件证明无辜的人因虚假陈述而使自己身陷囹圄,尽管在诉讼中他们自己一无所获。"Adele Bernhard, Justice Still Fails: A Review of Recent Effort to Compensate Individuals Who Have Been Unjustly Convicted and Later Exonerated, *Drake Law Review*, 2004, p. 718.

② 张红:"美国刑事赔偿制度论要",载《行政法学研究》2005年第4期。

③ 张红:"美国刑事赔偿制度论要",载《行政法学研究》2005年第4期。

因此,赔偿请求人向联邦索赔法院申请赔偿必须提出法院作出的宣告无罪的判决书,该判决必须载明:(1)请求人被指控之行为并未发生;(2)其所被指控行为,虽在美国境内发生,但并不足以构成犯罪;(3)其从未有故意或因其主动的不当行为或过失行为,但确被拘捕或判罪。

(二)加利福尼亚州刑事赔偿程序中赔偿请求人举证责任

《加利福尼亚州刑法典》第4900～4906条规定,对于判决羁押的人员,只有在错判杀人、抢劫、强奸等重罪并且在州监狱受到监禁的情形下才能获得赔偿,而对于错判为商店行窃、扰乱社会秩序、酒后驾车罪等轻罪的人,即使被羁押也是无法获得赔偿的。错判人员应当在释放之日、宣布无罪、解除羁押之日或州长赦免之日起两年内向受害人赔偿和政府赔偿委员会(Victim Compensation and Government Claims Board)提出,并且对以下主张承担举证责任:(1)被判犯有重罪;(2)在州监狱服过一定刑期;(3)判决是错误的;(4)确有经济损失;(5)并非错判人员故意造成逮捕或者被判有罪的。

此外,并不是基于法律技术推翻定罪的赔偿请求人都能获得赔偿,其能否获得救济与证明标准联系密切。在刑事诉讼中,美国普遍采取了“排除一切合理怀疑”的标准,而在立法对刑事赔偿证明标准有规定的各州,普遍采取了高于“排除一切合理怀疑”的标准。如采取“清晰且令人信服”的证明标准,又如采取“优势证据”或“证据确凿”的证明标准。有学者认为“清晰且令人信服”标准比较容易达到,例如,若DNA测试发现某人并未实施某一犯罪,就已经满足了这一标准的要求[①]。为了达到上述证明标准,被宣告无罪的人必须能够证明他因一个他没有实施的犯罪而在监狱服刑,而DNA鉴定是证明无辜的最可靠途径,但这种途径并不是在每一个案件中都能得到。因此,申请人必须证明检控方放弃指控,或者经再次审理之后他被宣判无罪,或者州长签发了特赦令。

四、美国刑事赔偿的赔偿标准与其他补救措施

(一)刑事赔偿的赔偿标准

对于损害的赔偿标准,联邦政府1938年通过的《对于人民受联邦法院

---

① Adele Bernhard, When Justice Fails: Indemnification for Unjust Conviction, *University of Chicago Law School Roundtable*, 1999, p. 108.

错误判决之救济法》[①],认可了为被错误定罪者提供统一赔偿的必要性,原初的法律无论服刑多长时间,只赔偿5000美元。2004年,作为《无辜者保护法》的组成部分,国会将此数额提高,被错误关押每年最高赔偿50,000美元,因被错判死刑关押每年最高赔偿100,000美元[②]。联邦政府标准带来了全国范围内赔偿法律的新浪潮,如得克萨斯州、佛蒙特州和北卡罗来纳州的新法律提供了更好的金钱协助和一系列的支持服务。

从各州的刑事赔偿法律规定来看,现有的27部刑事赔偿法律差异较大——从无论被错误关押多少年最高总额都为20,000美元的新罕布什尔州及蒙塔那州根本不提供金钱赔偿(只提供可在州立大学或社区大学系统使用的教育支持),到错误关押每年赔偿80,000美元且无最高限额的得克萨斯州。其中,只有五个州达到了错误关押年赔偿额可达50,000美元的联邦标准(详见附表)。因此,大部分州的法律没有达到联邦标准,绝大部分通过法律获得赔偿的被宣告无罪者获得的赔偿低于联邦标准,即被错误关押每年最高赔偿50,000美元。并且,多数州制定了最高赔偿数额。在威斯康星州,无论服刑多少年,最高总赔偿额为25,000美元;在新罕布什尔州,它是20,000美元。纽约州和西弗吉尼亚州是例外,这两个州都没有赔偿金的最高额限制,均规定应当给予赔偿请求人"公平且合理"的赔偿金。个别州,如威斯康星州的法律规定如果赔偿委员会认为法定的最高赔偿金不足以赔偿时,可向州立法机关上下两院的首席秘书提交报告,明确指出其认为适当的赔偿金数额,阿拉巴马州的法律也有类似规定。有些州对惩罚性损害赔偿金并未作限制性规定,法院或者赔偿委员会可以给予赔偿请求人惩罚性损害赔偿金,例如纽约州、哥伦比亚特区等。此外,哥伦比亚特区、缅因州、俄克拉荷马州等州还明确规定赔偿金往往包括以下几项内容:第一,与有关的刑事诉讼程序以及上诉程序相关的费用,以及与赔偿请求人获得释放有关的费用,包括罚款或法庭的费用、合理的律师费;第二,因逮捕、起诉、定罪或

---

① 因通过私人法案和刑事赔偿侵权诉讼获得的赔偿额不具有普遍性,如根据美国法典第四十二编第1988条的规定,在提起刑事赔偿侵权诉讼案件中,联邦法院根据自由裁量权限,可以判给胜诉的一方得到律师费用,作为赔偿损失的一部分,本文中的赔偿标准于联邦和州刑事赔偿法律方面的规定为考察范本。

② 王名扬:《美国行政法》,中国法制出版社2005年版,第829页。

者错误监禁而直接导致的赔偿请求人工资、薪水或者其他收入的损失;第三,因逮捕、起诉、定罪或者错误监禁而直接导致的医疗费用与咨询费用。在决定给予赔偿请求人赔偿金时,法官不可从中扣除州或者有关机构因针对赔偿请求人的逮捕、起诉、定罪以及错误监禁而支出的任何费用,包括餐费、置装费、住宿费以及医疗费用①。

对于没有刑事赔偿法或者刑事赔偿法律中没有规定赔偿标准,在确定具体案件的赔偿数额时,主要考虑以下三个因素:

一是成文法的规定。如州没有刑事赔偿法,则对羁押赔偿的标准可参照《无辜者保护法》规定,受错误监禁的人,应给予其每年 5 万美元的赔偿金,如果当初被判死刑的,应给予每年 10 万美元的赔偿金。

二是致害行为造成的损害。损害作为一种事实状态,是因一定行为或事件使某人受侵权法保护的权利和利益遭受某种不利益的影响。州通常只赔偿侵权行为直接产生的损害,赔偿请求人不能由于侵权行为而得到利益,要求超过实际损害的赔偿。赔偿请求人在损害发生以后,应在可能的范围以内,防止损害的扩大,对于扩大的损害不能获得赔偿。通常遵循两个原则:其一,州不负担名义上的损害赔偿(nominal damages)。如果侵权行为没有对赔偿请求人造成损害,赔偿请求人不能要求法院判决象征性的赔偿,表示政府职员违背义务和确认赔偿请求人权利的存在。易言之,损害赔偿不是作为矫正政府职员违背义务的手段,而是补救赔偿请求人收到损失的手段。对于前一种违法行为可以申请司法审查。其二,州不负担惩罚性的损害赔偿(punitive damages),即不能为了处罚公务人员的违法行为,判决州负担比实际损失更高的赔偿,对公务人员个人的起诉可以判决惩罚性的赔偿。

三是遵循先例。法院在决定赔偿数额时,通常情况下应当遵循先例。在美国的司法实践中,判决(decision)具有两种效力:其一是对当事人的既判力。其二是法律规范效力,作为司法先例(judicial precedent),之前的一项判决可以作为之后相同或类似案件判决的合法根据。由于刑事赔偿需要采取遵循先例原则,各州致害行为造成类似损害的赔偿数额之间是比较

① 张红:“美国刑事赔偿制度论要”,载《行政法学研究》2005 年第 4 期。

接近的[①]。

(二)刑事赔偿中的其他补救措施

在美国,普遍认为被害人(赔偿请求人)受到的损害为三个方面,即心理上、身体上、财产上的。对于心理上的损害,2007年,《纽约时报》研究了137例既被错误定罪又通过DNA鉴定被宣告无罪的人,发现大多数人"挣扎着维持工作、支付医疗费用、重建家庭联系、摆脱可质疑的或错误的被关押岁月所带来的心理负担。"[②]较为形象的论述为,"我在身体上是自由的,但在心理上我仍然被关押"。[③] 即使被害人获得自由之后,他也得挣扎着去接受一些改变,以能够在一个充满敌意的环境中生存。被严格管制的日常监狱生活使他不习惯于作出自己的决定。监狱生活的暴力成分致使社会疏离、情感冷漠、缺乏积极的社会能力。缺乏机会以及与外面的世界隔离导致低度的自尊[④]。对于身体上的损害,认为50岁囚犯的健康状况与自由世界中的60岁的人差不多[⑤]。对于财产上的损害,对于受害人而言,不仅羁押期间丧失了职业发展的机会成本,而且释放后职业机会很少,大多数没有专业技能。具体而言,损害包括:(1)负担的审判和定罪后诉讼费用;(2)错误羁押期间的工作收入损失;(3)健康医疗的损失;(4)工作技能和教育机会价值丧失的损失;(5)无法建立持久友谊、商业合作伙伴和浪漫关系的损失;(6)丧失与年迈的父母、祖父母和其他亲爱的人度过时光的损失;(7)丧失养育自己的孩子和生育孩子机会的损失;(8)丧失个人成就和对社会作出贡献的损失。

对于上述损害,金钱赔偿只能满足受害者的最低的基本需求,但对于完成成功过渡和成为一个自立的人而言,应承担更多的补救措施。即对于多

---

① 需要指出的是,当赔偿请求人通过私人法案寻求救济时,赔偿数额将可能存在较大差异。

② Janet Roberts and Elizabeth Stanton, A Long Road Back After Exoneration, and Justice is Slow to Make Amends, *The New York Times*, November 2007.

③ Abby Aguirre et al. , Exonerated, Freed, and What Happened Then, *The New York Times*, November 2007.

④ Craig Haney, The Psychological Impact of Incarcerations: Implications for Post – Prison Adjustment, 2001, http://aspe. hhs. gov/HSP/prison2home02/Haney. htm.

⑤ Joan Petersilia, When Prisoners Return to Communities: Political, Economic and Social Consequences, *Federal Probation*, 2001, pp. 3 – 9.

年远离社会、与现代技术隔绝、不习惯于自己作出决定的人而言,仅仅金钱赔偿是远远不够的,需要提供工作安置、心理咨询、健康医疗、住房协助、法律服务等,以帮助受害人为他们自己创造有意义的生活。《联邦侵权赔偿法》第1491条第1款第2项的规定,“为提供全部补偿或完成判决所给予的赔偿,法院可以作为该判决的附带事宜和附件发出指导令,指导恢复官位或职位,安排适当的职责,退休地位以及申请记录的修改。这种命令可向任何合适的合众国官员发出。在法院的管辖范围内,法院如认为适当和公正,应有权在附有这种指导令的同时,将适当事项发回给任何行政机构、执行机构或官员”。[①] 此外,目前已经有10个州在他们的赔偿法律中规定了服务条款。康涅狄格州包括了就业培训、咨询以及更多的费用;佛蒙特州提供最多10年的州健康计划服务;北卡罗来纳州提供工作技能培训和学费。

(三)赔偿标准与其他补救措施方面的范本

在赔偿标准与其他补救措施方面,下列各州已经成为美国的学习范本。

1. 得克萨斯州

2007年,得克萨斯州将被宣告无罪者能够依据赔偿法律获得的赔偿额,从错误关押每年可得25,000美元提高到50,000美元。这就与联邦标准保持一致。两年之后,立法机关再次将它提高到80,000美元,另加假释或者作为一个有记录的性犯罪者每年赔偿25,000美元。尽管被错误定罪者在被宣告无罪之前往往被假释,但没有其他州有这个条款。得克萨斯州提供的社会服务也是全国范围内最好的,包括工作培训、学费贷款、享有疾病治疗和牙齿治疗。诚如得克萨斯州参议员罗德尼·埃利斯所言,“我们已经向前迈出了重要一步,以帮助被错误定罪的得克萨斯人重建支离破碎的生活”。

2. 佛蒙特州

2007年,佛蒙特州成为第23个制定赔偿法律的州,该部法律是全国范围内最为慷慨的赔偿法律之一。被宣告无罪者可在宣告无罪后的三年之内申请赔偿。法庭可判决错误关押每年赔偿30,000美元到60,000美元。被宣告无罪者也有资格获得最多10年的州健康医疗,经济赔偿(这可包括失去的工资),律师费报销,还可以报销支持服务,以及被宣告无罪者在宣告无罪之

① 马龙译、周忠海校:“美国法典”,载《行政法学研究》1998年第3期。

后、得到赔偿金之前支出的身体和精神健康花费。佛蒙特州也是为数不多的明确对赔偿金免征州所得税的州之一。

3. 康涅狄格州

康涅狄格州的赔偿法律是没有列明错误关押每年赔偿数额的规定,也没有可给予赔偿数额的限制。该法制定于2008年,赔偿的范围包括:赔偿失去的自由和生活享受;失去的收入;失去的挣钱能力;失去的家庭关系;失去的声誉;身体痛苦和磨难;精神痛苦和磨难;律师费以及其他产生于错误定罪的花费。除金钱赔偿之外,被宣告无罪者也能够获得就业培训和咨询,学费免除,以及其他过渡性服务。

五、完善之路:我国对美国刑事赔偿制度借鉴①

(一)积极探索侵权赔偿一并审理机制

在美国刑事赔偿诉讼中,对于多因一果的侵权案件,美国可以与其他侵权人一同作为被告参加诉讼,并且,其他侵权人可以主张国家作为第三被告(third party defendant)参加诉讼。从赔偿请求人的角度而言,有利于减少其讼累和保障其权利救济;从法院的角度而言,共同被告制度可以避免同一案件,进行几次审理和裁判标准的不统一。

在我国的刑事赔偿司法实践中,同样存在多因一果的侵权赔偿案件,而我国侵权赔偿案件审判机制多元化的特点②,凸显了我国法院在处理多因一果不同性质赔偿并存的案件时自身固有的不足。如监狱中第三人故意对他人实施身体伤害,但监狱的公务人员接到消息后未及时制止最终导致被害人伤亡的情况,第三人致害行为与监狱不履行法定职责行为都是造成受害人伤亡结果的原因,第三人与监狱应分别承担民事赔偿和刑事赔偿责任。依照现有我国的法律规定,应当分别依照民事诉讼程序和国家赔偿决定程

① 限于文章篇幅,不对中美刑事赔偿制度进行全面系统的比较,而是围绕美国经验的启发和当下我国刑事赔偿的改进之处进行论述。

② 具体特点为:第一,受理的侵权赔偿案件类型多元,基本覆盖了所有侵权领域。第二,审判机构和审判程序多元。人民法院内设刑事、民事、行政、国家赔偿审判机构分别通过刑事附带民事诉讼程序、民事诉讼程序、行政诉讼程序和国家赔偿程序对权利人进行救济。第三,赔偿种类多元。既包括民事赔偿这种私法性质的赔偿,也包括国家赔偿这一公法性质的赔偿,国家赔偿又具体分为行政赔偿、刑事赔偿和非刑事司法赔偿。第四,审判依据多元。民事赔偿的主要裁判依据是《民法通则》和《侵权责任法》等实体法律规范。国家赔偿的主要审理依据是《国家赔偿法》等法律规范。

序进行审理。赔偿请求人需要通过两场诉讼(赔偿程序)才能获得全部赔偿,造成了当事人诉累,且极易出现赔偿标准不统一的情形。

基于以上问题,我国可以借鉴美国的侵权赔偿制度,进一步加强公权力侵权的类型化研究,并探索侵权赔偿一并审理机制,为公民、法人或其他组织提供"无缝隙"的司法保护,促进权利救济体系的完善,以及重视权利救济的实效性,避免赔偿请求人的讼累。高效便民解决侵权赔偿诉求司法救济路径的初步思路如下:

一是统一归口审理。人民法院逐步改变当前"九龙治水"业务格局和"锯箭疗法"处理模式,尝试将有一方侵权主体为公权力机关的案件交统一机构归口审理,并在案件中确立共同被告或者第三人制度。对于多因一果的不同性质赔偿并存侵权案件或者共同侵权中并存不同性质赔偿的案件,法院可以根据案件的情况,依职权追加其他侵权人为被告或第三人,或者依据赔偿请求人的申请,将其他侵权人列为共同被告或列为第三人。

二是审理的程序通常按照诉讼程序进行。在美国,如以公务人员恶意起诉为由申请刑事赔偿,赔偿请求人提起的是刑事侵权赔偿诉讼(如提起民权诉讼),而非通过刑事赔偿程序申请赔偿。联系我国的刑事赔偿,赔偿范围包括:(1)违法刑事拘留赔偿;(2)无罪逮捕赔偿;(3)二审无罪赔偿;(4)重审无罪赔偿;(5)再审无罪赔偿;(6)刑讯逼供致伤;(7)致死赔偿、殴打、虐待致伤、致死赔偿;(8)违法使用武器、警械致伤、致死赔偿;(9)刑事违法查封、扣押、冻结、追缴赔偿;(10)错判罚金、没收财产赔偿。对于前五个赔偿事项,我国与美国的错误定罪与错误监禁(unjust/wrongful conviction and imprisonment)内容有些类似,而对于刑讯逼供致伤、致死赔偿、殴打、虐待致伤、致死赔偿、违法使用武器、警械致伤、致死赔偿刑事违法查封、扣押、冻结、追缴赔偿,性质多与恶意起诉是一致的,通常都是公务人员存在故意的过错。对于这类性质的案件应当适用诉讼的程序予以判定赔偿责任,书面的决定形式难以科学的确定责任的承担及其比例的分配。此外,美国绝大多数州法院审理刑事赔偿案件的程序与普通民事侵权诉讼的程序是一致的;并且《联邦侵权赔偿法》也规定了对联邦执法职员和调查员所犯的人身攻击、殴打、非法监禁、非法逮捕、恶意追诉、滥用诉讼程序的赔偿案件,法院审理适用联邦诉讼程序法的规定。

三是尊重赔偿请求人对程序选择的权利。我国人民法院赔偿委员会审理国家赔偿案件是“一决终局”,而民事诉讼、行政诉讼是“二审终局”。首先,对于无意思联络承担按份责任的侵权赔偿申请,赔偿请求人在人民法院释明可以一并提起赔偿申请后,仍坚持选择国家赔偿决定程序与其他诉讼程序分别进行,人民法院应当尊重其选择的权利。但应注意不同审理部门的相互协调的问题,后一审理部门应当遵循先裁决的既判力,为前一裁决所羁束,而不能与前一裁决相矛盾。如后一审理部门认为前一审理程序存在错误,则应中止审理,通过审判监督程序予以变更前一裁决的内容。如果人民法院都对赔偿请求人的国家赔偿和其他性质赔偿案件进行立案受理的,则后受理的法院或案件应当中止审理,待先受理的法院或案件作出生效裁决后再启动审理程序。其次,对于共同侵权行为或无意思联络但承担连带责任的分别侵权行为,只能选择国家赔偿决定程序与其他诉讼程序的一种,不能分别进行。赔偿请求人在人民法院释明通常应通过诉讼程序进行,但其仍坚持国家赔偿决定程序的,应当尊重其程序选择的权利。再次,对于公权力机关违反安全保障义务的侵权赔偿申请,因公权力机关承担相应的补充责任,人民法院依职权确定通过诉讼程序进行审理。最后,当人民法院立案时从形式上难以判定责任承担方式的,人民法院依职权确定通过诉讼程序进行审理。

四是合理确定责任的承担。对于共同侵权及无意思联络但每个侵权行为都造成全部损害结果的案件中,侵权人承担连带赔偿责任。对于公权力机关违反安全保障义务的侵权赔偿案件,公权力机关承担相应的补充责任。对于无意思联络承担按份责任的侵权赔偿案件,人民法院判定各自责任的承担应按照过失程度和原因力比例的大小来确定各行为人所应承担的责任。对于过失程度判断的基本原则是:重过失重于一般过失,一般过失重于轻过失。各种过失轻重程度的判断一般以注意义务的程度高低来确定。原因力比例大小的判断原则一般是:直接原因的原因力大于间接原因,主要原因的原因力大于次要原因,与损害结果距离近的原因事实的原因力大于距离较远的等①。

① 最高人民法院民事审判第一庭编著:《最高人民法院人身损害赔偿司法解释的理解和适用》,人民法院出版社2004年版,第47页。

(二)创新多元的救济补偿机制

无论是美国还是中国,刑事赔偿中的赔偿请求人所受到的损害是多方面的。在无罪释放之后,无辜者通常会出现焦虑、沮丧、强迫症、恐怖症以及偏执症等心理疾病,而且监狱生活的暴力成分致使社会疏离、情感冷漠、缺乏积极的社会能力,很多人都“挣扎着维持工作、支付医疗费用、重建家庭联系、摆脱可质疑的或错误的被关押岁月所带来的心理负担”。由于赔偿请求人是公权力的侵权导致的损害,国家有责任帮助赔偿请求人恢复正常生活,而金钱方面的赔偿远远不能弥补其所造成的损害,更应建立系统的救济体系。

当下,我国在帮助赔偿请求人恢复正常生活方面,存在两大矛盾:一是赔偿法定与赔偿救助的法律缺失之间存在矛盾。国家赔偿法关于赔偿范围和标准的规定,决定了单靠刑事赔偿难以彻底消解矛盾,必须实现刑事赔偿、刑事补偿与社会救助无缝衔接。其中,刑事补偿与社会救助是在穷尽法律内的救济之后,赔偿请求人的合法权益仍无法全面恢复,请求人确需生存照顾的,国家给予请求人适当救助的制度。国家赔偿是法定赔偿,目前赔偿范围不宽,标准不高,在多数情况下不能对受损害权益做到充分全面恢复。国家赔偿体现宪法规定的尊重和保障人权的精神,刑事补偿与社会救助的缺失,会导致国家赔偿工作事倍功半。国家对确有困难的赔偿请求人依法依规给予救助,把国家公权力机关侵权的负面影响降低到最低限度,把国家主动救济民权、保障民生的积极作用发挥到极致①。二是对冤错受害人的赔偿救济与对刑事被害人的人道救助之间存在矛盾。刑事被害人救助则是对遭受刑事犯罪侵害且无法从犯罪人处获得足额赔偿的被害人进行人道主义救助的制度。在当前一些冤错案件,尤其是“疑罪从无”案件中,被害人及其家属不能理性看待法院对证据不足的被告人宣告无罪的情况,往往认为是公权力机关枉纵犯罪,为平息矛盾,涉案法院不得不在刑事赔偿之前,先行向刑事被害人支付高额救助款。

---

① 创新国家赔偿救助制度,应注意两个方面的问题:一是严格审查救助条件,既要审查赔偿请求人是否确遭公权力侵害,赔偿请求人无独立承担损害责任和后果的任何理由和根据,又要审查申请人是否存在生活困难的特殊情形;二是救助过程要体现公开透明,避免因救助的随意性而引发新的矛盾。江必新:“创新和完善国家赔偿工作机制”,载《人民法院报》2011 年 12 月 14 日。

刑事赔偿、刑事补偿、社会救助、刑事被害人救助都属于社会法的范畴，我国应当构建统一的国家责任业务格局，并可以借鉴美国得克萨斯州和康涅狄格州，深入研究解决刑事赔偿、刑事补偿、社会救助、刑事被害人救助的有机衔接，研究如何运用法治思维和法治方式，创新多元的救济补偿机制，为受害人(包括刑事被害人)提供更多的社会服务，如工作培训、职位恢复、医疗保险等。而为了充分发挥多元救济补偿机制的功能，需要有一个机构专门负责此项工作：第一，国家赔偿、赔偿救助与刑事被害人救助都属于国家责任的范畴，其都是以“国库理论”、“公共负担”理论为法理基础；第二，刑事被害人救助制度与国家赔偿、赔偿救助的运行机理是一致的，都是作为一个独立的第三方机构，履行化解矛盾、救济受害弱者的国家责任；第三，独立的机构履行国家救济责任职能，不仅能有效分解刑事审判法官化解矛盾的负担，也有利于体现救助决定的独立性和公正性，防止慷国家之慨“花钱买平安”，有利于救助的均衡性和可持续性。与此同时，我国可借鉴根据《联邦侵权赔偿法》第1491条第1款第2项“为提供全部补偿或完成判决所给予的赔偿，法院可以作为该判决的附带事宜和附件发出指导令，指导恢复官位或职位，安排适当的职责，退休地位以及申请记录的修改。这种命令可向任何合适的合众国官员发出。在法院的管辖范围内，法院如认为适当和公正，应有权在附有这种指导令的同时，将适当事项发回给任何行政机构、执行机构或官员”的规定，赋予该机构直接决定相应救济内容的权限。

(三)加强国家赔偿案件的法律援助工作

在刑事赔偿案件中，赔偿请求人都需要通过一定的法律程序和承担一定的举证责任才能获得国家赔偿。尽管较之于美国，我国有明确的刑事赔偿法律规定，程序设计相对合理，举证责任的分担也更为公平，但美国各州在2004年《无辜者保护法》生效后，有效地推动了美国各州刑事赔偿的发展。哥伦比亚特区、缅因州、俄克拉荷马州等州则明确规定赔偿金往往包括与有关的刑事诉讼程序以及上诉程序相关的费用，以及与赔偿请求人获得释放有关的费用，包括罚款或法庭的费用、合理的律师费；因逮捕、起诉、定罪或者错误监禁而直接导致的咨询费用。我国的国家赔偿损害范围规定了赔偿直接损失，而且司法实践中，都未曾将法律服务的费用纳入范围。司法实践中，我国国家赔偿案件中的赔偿请求人，多属受到公权力行为侵害的弱势群体，身陷经济困难和法律知识缺乏双重困难，亟须获得法律援助，而现有的法律规定会形成这样的窘境，赔偿请求人无从获得法律服务或者是获得的法律服务不充分，这在一定程度上导致了赔偿率低的现实。

为了更好地保障赔偿请求人的权利，让赔偿请求人在每一个国家赔偿案件中感受到公平正义，应当加强国家赔偿法律援助工作，这也是新形势下适应人民群众日益增长的司法需求、加强法律援助服务保障和改善民生工作的重要方面，对于保障社会公平正义、促进社会和谐稳定具有重要意义。在制度的具体设计上，要解决群众的现实需求，要在法律范围内有所突破，可以进行以下方面的规定：其一是在人民法院受理刑事赔偿案件中，行使侦查、检察、审判职权的机关以及看守所、监狱管理机关及其工作人员在行使职权时有侵犯人身权情形的，赔偿请求人没有委托代理律师的，人民法院应当自发现该情形之日起5个工作日内，通知所在地同级司法行政机关所属法律援助机构为其指派代理律师；其二是法律援助人员办理法律援助案件所需差旅费、文印费、交通通讯费、调查取证费等办案必要开支，受援方列入诉讼请求的，人民法院可根据具体情况判由非受援的败诉方承担。如鉴定费、调查取证费和证人出庭费由人民法院根据国家的有关规定和实际情况决定。

从实证的角度分析，开展好国家赔偿司法法律援助工作也将在以下几个方面发挥实效：(1)赔偿请求人知道权利侵害时有取得赔偿和获得法律援助的权利。以美国为例，美国法典第1893条民权法（原第1871条民权法第1款，制定于1871年，又称为三K党法，“The Ku Klux Klan Act”）在1976年增加了第1988条的规定，即在民权案件的诉讼中，联邦法院根据自由裁量权限，可以判给胜诉的一方得到律师费用，作为赔偿损失的一部分，该规定引起第1983条的民权诉讼增加[①]。(2)法律援助可以帮助赔偿请求人理性的寻求司法救济，提出合理的赔偿请求。(3)法律援助能帮助赔偿请求人依法获得国家赔偿，保证其合法的权益。(4)法律援助能提高协调解决的比例，降低社会成本。(5)法律援助能减少申诉信访率，有效地化解社会矛盾。

---

① 王名扬：《美国行政法》，中国法制出版社2005年版，第829页。

(四)确定精神损害赔偿数额的规范化

2010年国家赔偿法修改后,精神损害赔偿一直是社会关注的热点。而《国家赔偿法》第35条并未规定如何判断是否“致人精神损害”、是否“造成严重后果”以及相应的精神损害抚慰金数额。在刑事赔偿中,无罪被羁押人是否必须给予精神损害赔偿以及赔偿数额是否应当考虑被认定无罪的情形,这一直是困扰司法实务的一个难点。如对于出现真凶的无罪被羁押人和对于疑罪从无而被判决无罪的人,如果羁押时间等都一致,精神损害赔偿应如何体现差异。对于这个问题,美国的刑事赔偿有两个方面提供了解决问题的思路:其一是刑事赔偿的证明标准;其二是2004年《无辜者保护法》对被错误关押每年最高赔偿50,000美元,因被错判死刑关押每年最高赔偿100,000美元。

首先是对刑事赔偿的证明标准的借鉴。在美国的刑事赔偿中,并不是所有无罪的赔偿请求人都能获得赔偿,其能否获得救济与证明标准联系密切,而且赔偿的证明标准普遍都高于刑事诉讼中“排除一切合理怀疑”的标准。联系到我国的刑事赔偿,虽然刑事法治中罪与非罪之间没有灰色地带,无罪判决即是对一个人是否有罪的最终认定。若无法定不予赔偿事由,则已满足国家赔偿的构成要件。但是,国家赔偿责任成立和责任大小并非一回事,精神损害赔偿也要统筹兼顾诸多内容,其中就应当考虑宣告无罪的理由。对无辜之人予以刑事追诉,说明加害人过错较大;而对存疑者予以刑事追诉则过错相对要小。具体而言,对于刑事诉讼中的无罪被羁押人,法律已经明确规定给予限制人身自由的损害赔偿。但对于精神损害赔偿,法官具有相应的裁量权,因宣告无罪存在因事实认定错误而宣告无罪和因为事实不清、证据不足以形成证明体系或证据锁链而宣告无罪的区别。在司法实践中,国家机关过错的大小,在一定程度上可以通过赔偿请求人提供的证据证明标准来确定是否给予精神损害赔偿以及数额多少。

其次是对《无辜者保护法》规定了被羁押人年最高赔偿额标准不一致的借鉴。该规定为我国的精神损害赔偿主要提供了方法论上的借鉴。具体而言,对于同样的羁押可以采取不同的赔偿数额,即法律或司法都是精细化的工程,应当区别具体情形而不同对待。对于被判处死刑的人羁押可以给予较高的赔偿,这既是司法精细化的体现,也符合人受到精神损害的不同程度给予不同赔偿的客观事实，能为社会所广泛接受。联系我国的精神损害赔偿，当赔偿请求人的证明标准达到了"排除一切合理怀疑"的标准，那么应当给予充分的精神损害赔偿；而当赔偿请求人的证明标准达到了"优势证据"的标准，那么精神损害赔偿数额较之于前者，可以适当减少①。

此外，为了确定精神损害赔偿数额的规范化，减少赔偿请求人的举证责任，要建立刑事审判与刑事赔偿的衔接机制，对于按照疑罪从无原则宣告无罪的案件，裁判文书要列明用以证明有罪或无罪的全部证据。并要将刑事案件中的有罪、无罪证据都纳入确定精神损害抚慰金的考量范围，结合赔偿义务机关及赔偿请求人的过错程度等因素确定精神损害抚慰金，防止单纯以羁押时间作为赔偿标准。

附：美国各州关于刑事赔偿的相关规定

州	法律基本情况	支持服务	限制
阿拉巴马	错误关押每年最低赔偿50,000美元		只有在立法机关拨出款项时，被错误定罪者才能获得赔偿。新判重罪将终止赔偿请求权
阿拉斯加	没有法律		
亚利桑那	没有法律		
阿肯色	没有法律		
加利福尼亚	错误关押每天最高赔偿100美元		被错误定罪者必须证明他没有"促使因被指控的犯罪而被逮捕或者定罪"。这个条款可能阻止作出虚假供述或承认有罪的人获得赔偿
卡罗拉多	没有法律		

① 美国的赔偿证明标准高于刑事判决无罪的证明标准，在英国也同样适用，并且在英国，法院决定撤销原判的证明标准是"新证据足以构成对有罪判决的合理怀疑"，而错判赔偿的证明标准是"证据不可能再导致有罪判决"。何家弘："错判在英国如何认定"，载《中国法学》2012年第1期。

续表

州	法律基本情况	支持服务	限制
康涅狄格	赔偿基于如下因素,例如请求赔偿失去的自由与生活享受;失去的收入;失去的挣钱能力;失去的家庭关系;失去的声誉;身体痛苦;精神痛苦;律师费;以及产生于或者与该人的逮捕、检控、定罪和关押相关的其他花费	就业培训和咨询,在州立高等教育系统中的任何组成机构的学费和费用,以及有利于重新融入社会的其他所需服务	
特拉华	没有法律		
哥伦比亚特区	法庭决定公平、合理赔偿被宣告无罪者的赔偿额		被错误定罪者必须证明他“没有促使对他自己的指控”。被错误定罪者必须没有承认有罪,除非是埃尔福特辩护(Alford plea)
佛罗里达	每年 50,000 美元,最高额为 200 万美元。对于因其他前科重罪定罪而服刑的年数,被错误定罪者不能获得赔偿	在职业中心、社区大学或者州立大学 120 小时的学费,以及报销在判刑时被处的罚金或者诉讼费	被错误定罪者必须没有任何前科重罪定罪。无论服刑时间长短,最高额为 200 万美元
乔治亚	没有法律		
夏威夷	没有法律		
爱达荷	没有法律		
伊利诺伊斯	服刑五年以下的,85,350 美元;服刑五年至十四年的,170,000 美元;服刑十四年以上的,199,150美元。该法律也报销最多为赔偿额 25%的律师费	寻找工作与工作评估服务	错误关押五年以下的,赔偿不能超过 85,350 美元;十四年以下的,不能超过 170,000 美元;十四年以上的,不能超过 199,150 美元
印第安纳	没有法律		
爱荷华	错误关押每天赔偿 50 美元;另加失去的工资,最多每年 25,000 美元;另加律师费		被错误定罪者必须没有承认有罪

续表

州	法律基本情况	支持服务	限制
堪萨斯	没有法律		
肯塔基	没有法律		
路易斯安那	错误关押每年赔偿15,000美元,最高额为150,000美元	一年的工作或者技能培训,三年的医疗和咨询服务,在一个社区大学或者州立大学系统的一个机构的学费	无论时间长短,最高额为150,000美元
缅因	最高额为300,000美元		无论时间长短,最高额为300,000美元
马里兰	公共工作委员会决定对被赦免的被错误定罪者的赔偿,可对个体给予合理数额的金钱或者其他适当服务		
马萨诸塞	最高额为500,000美元	身体和情感服务,在任何州立或者社区大学的教育服务	只要没有承认有罪(除非这种承认被撤回、落空或者无效),任何人都有资格。无论时间长短,最高额为500,000美元
密歇根	没有法律		
明尼苏达	没有法律		
密西西比	错误关押每年赔偿50,000美元,最高额为500,000美元		无论时间长短,最高额为500,000美元。被错误定罪者必须证明他没有在与他被指控犯罪有关的任何程序中唆使作伪证或者制造假证
密苏里	定罪后羁押每天赔偿50美元		只有通过DNA鉴定而被宣告无罪的被错误定罪者才有资格
蒙塔那	没有金钱赔偿	教育援助	只有通过DNA鉴定而被宣告无罪的被错误定罪者才有资格

续表

州	法律基本情况	支持服务	限制
内布拉斯加	每年赔偿25,000美元,最高额为500,000美元		被错误定罪者必须证明他没有“实施或者唆使作伪证、制定假证或者做虚假陈述”。如果被错误定罪者作虚假陈述或者承认有罪,那他必须证明供述是被逼迫的无论时间长短,最高额为500,000美元
内华达	没有法律		
新罕布什尔	全部错误关押最高赔偿20,000美元		无论时间长短,最高额为20,000美元
新泽西	被关押上一年度被宣告无罪者收入数额的两倍,或者被关押每年赔偿20,000美元,取数额更高者		被错误定罪者必须证明“他没有因自己的行为致使或者带来他的定罪”。该条款可能阻止做虚假供述或者承认有罪的人获得赔偿
新墨西哥	没有法律		
纽约	索赔法庭决定能够公平、合理赔偿被错误定罪者的数额。索赔法院将快速审理他的请求		被错误定罪者必须证明“他没有因自己的行为致使或者带来他的定罪”。该条款可能阻止做虚假供述或者承认有罪的人获得赔偿
北卡罗来纳	错误关押每年赔偿50,000美元,最高额为750,000美元	还包括工作技能培训和免除教育费用的条款	无论时间长短,最高额为750,000美元
北达科他	没有法律		
俄亥俄	每年40,330美元(或者州审计员确定的数额),另加失去的工资、诉讼费和律师费		被错误定罪者必须没有承认有罪
俄克拉荷马	全部错误关押最高赔偿175,000美元		被错误定罪者必须没有承认有罪,并且必须证明他被关押只是错误定罪的后果。无论时间长短,最高额为175,000美元

续表

州	法律基本情况	支持服务	限制
俄勒冈	没有法律		
宾夕法尼亚	没有法律		
罗德岛	没有法律		
南卡罗来纳	没有法律		
南达科他	没有法律		
田纳西	全部错误关押最高赔偿1,000,000美元。在决定赔偿数额时,索赔委员会应当考虑该人身体与精神的痛苦以及失去的收入		无论时间长短,最高额为100万美元
得克萨斯	错误关押每年赔偿80,000美元,还有被假释或者作为有性犯罪纪录者每年赔偿25,000美元,另加年金	赔偿孩子抚养支出、在职业中心或者公共高等教育机构最多120小时的学费,和社会融入服务,包括生活技能、工作和职业培训,只要这些服务有益,可长期持续。此外,该州提供必要的文件(如州ID卡)和支付生活花费的金钱协助。提供的帮助还有得到医疗和牙医服务,包括协助完成申请联邦项目所需的文件,协助获得精神疾病治疗以及以及通过公共医疗体系的相关支持服务。只要需要,这些帮助可长期持续。协助还包括获得被宣告无罪者和被指定的案件管理人识别的适当支持服务,以协助完成从被关押到社区的过渡	

续表

州	法律基本情况	支持服务	限制
犹他	被错误定罪者有资格因被关押年数或者月数而获得金钱赔偿,数额为犹他州年平均非农工资,最多15年		服刑超过15年的被错误定罪者将不能因这些多出的错误关押年数获得赔偿
佛蒙特	被关押每年赔偿在30,000美元至60,000美元之间	被宣告无罪者也有资格获得最多10年的州健康医疗,经济损失(可包括失去的工资),律师费报销,还有合理的社会融入服务,以及在被释放和获得赔偿之间的时间段内索赔人发生的精神和身体健康医疗花费	被错误定罪者必须证明他没有在与他被指控犯罪有关的任何程序中唆使作伪证或者制造假证。该条款可能阻止做虚假供述或者承认有罪的人获得赔偿
弗吉尼亚	弗吉尼亚个人人均收入的90%,最多20年	在弗吉尼亚社区大学系统内价值10,000美元的学费。被宣告无罪者还获得15,000美元的过渡协助,这15,000美元随后从最终赔偿额中扣除	被错误定罪者必须没有承认有罪——除非他被指控犯了可判死刑的罪行。新判重罪将终止赔偿请求权
华盛顿	没有法律		
西弗吉尼亚	没有列明最高数额		被错误定罪者必须证明"他没有因自己的行为致使或者带来他的定罪"。该条款可能阻止做虚假供述或者承认有罪的人获得赔偿
威斯康星	坐监每年赔偿5000美元,最高额为25,000美元,另加律师费		被错误定罪者必须证明他没有因自己的行为或者不作为促使带来定罪和关押,而他为此寻求赔偿。该条款可能阻止做虚假供述或者承认有罪的人获得赔偿
怀俄明	没有法律		

(作者单位:最高人民法院)

穿行于行政赔偿与司法赔偿之间

——行政非诉执行国家赔偿的赔偿义务机关之确定*

李景春

行政非诉执行是人民法院基于行政机关的申请,对拒不履行行政行为所确定义务的相对人,依法采取强制措施,使行政行为的内容得以实现的制度。非诉执行是公权力对私权利的强制执行,因权力行使侵犯被执行人合法权益的情形客观上难以避免,从而引发国家赔偿问题。由于在非诉执行中同时存在行政权和司法权两种公权力,带来的问题是,对于国家赔偿责任的承担,是由行政机关进行行政赔偿,还是由法院进行非刑事司法赔偿?不同的回答虽然对赔偿请求人的权利救济不产生实质影响,但却影响到究竟哪种权力是非诉执行的主导性权力,应当对侵犯当事人合法权益的情形负责,即国家赔偿制度避免公权力致害行为再次发生这一功能的实现程度。本文针对非诉执行实践中的各种情形试图对赔偿义务机关确定的问题做一全面的回答,以期更为符合非诉执行中权力运行的状况,国家赔偿权利救济和权力制约的双重功能均能得到有效的发挥。

一、观点争鸣:行政赔偿的主流和司法赔偿的呼吁

(一)关于非诉执行赔偿责任承担的两种观点

一个完整的非诉执行过程,历经行政机关申请法院执行,法院审查作出是否准予执行的裁定,以及法院执行或交付行政机关执行等步骤,其中任何

* 本文获中国审判理论研究会国家赔偿理论专业委员会第二届年会暨“法治中国背景下的非刑事司法赔偿”主题论坛优秀论文一等奖。

一个环节发生错误都有可能侵犯被执行人的合法权益,引发国家赔偿。但是,与法院每年办理大量的非诉执行案件形成鲜明对比的是,由此引发的国家赔偿案件却极为罕见,①司法实践的匮乏导致在非诉执行国家赔偿问题上的观点大都缺乏深入的理论研究支持。从目前来看,对非诉执行错误的国家赔偿责任承担,主张由申请执行的行政机关为赔偿义务机关的观点是主流,该观点认为,行政行为具有确定力和执行力,人民法院的准予执行裁定仅是被执行人不履行时允许其进入强制执行程序的法定条件,强制执行的依据仍然是行政机关作出的行政决定,自然应当由作出行政行为的行政机关作为赔偿义务机关。并认为其法律依据是《最高人民法院关于审理行政赔偿案件若干问题的规定》(以下简称《行政赔偿规定》)第19条的规定,"行政机关依据行政诉讼法第六十六条的规定申请人民法院强制执行具体行政行为,由于据以强制执行的根据错误而发生行政赔偿诉讼的,申请强制执行的行政机关为被告。"②

同样,主张由行政机关承担赔偿责任的还有最高人民法院办公厅印发的《关于国家赔偿法实施中若干问题的座谈会纪要》(以下简称《赔偿座谈会纪要》),与上述观点稍有不同的是,该纪要对行政机关承担赔偿责任的适用条件做了限定。《赔偿座谈会纪要》第12条规定:"在行政非诉强制执行中,由人民法院进行合法性审查,行政机关组织具体实施的案件,赔偿请求人仅就具体实施行为申请赔偿的,人民法院应告知其向作出具体实施行为的行政机关提出赔偿申请。"③

由此可见,目前司法实务界较一致地认为,非诉执行错误是由于执行的根据行政行为出现错误引起的,应当由行政机关作为赔偿义务机关。由于法院是国家赔偿案件的最终决定者,该观点又有最高法院的司法解释和座

---

① 如笔者所在的地级市,2010~2012年三年间共受理非诉执行案件2696件,没有一件引发国家赔偿的案件。即使从全省的层面来看,2010~2012年三年间共受理国家赔偿案件121件,也没有涉及非诉执行的国家赔偿案件,数据来源于山东省高级人民法院赔偿委员会《全省法院国家赔偿司法审查报告(2010—2012)》。

② 杨临萍、杨科雄:"关于房屋征收与补偿条例非诉执行的若干思考",载《法律适用》2012年第1期;贺荣主编:《行政执法与行政审判实务——行政复议与行政赔偿》,人民法院出版社2005年版,第357页。

③ 最高人民法院办公厅法办〔2012〕490号文件。

谈会纪要作为依据，对法院系统办理相关案件具有拘束力，其权威和官方地位毋庸置疑。但是，“一花独放不是春，百花齐放春满园”。想要形成对某一事物或问题的正确认识，倾听不同观点的声音，采纳其中的合理成分至关重要。对非诉执行错误的赔偿义务机关的确定，亦有观点对行政赔偿论提出质疑，认为其主要的缺陷是造成法院权力与责任的矛盾。在非诉执行中，法院对申请执行的行政行为有审查权，如果因法院自身的原因导致审查失误，给被执行人造成损失，法院却不承担赔偿责任，违背权责相一致的原则。实践中，由于法院无须承担责任又可以收取执行费，在利益驱动下，就会对非诉执行“重执轻审”，司法权对行政权的制约功能大打折扣。①

比较上述两种观点，行政赔偿论的主要理由是行政行为的效力理论，说服力还不够充分，至于该观点所援引的法律依据，《行政赔偿规定》是专门针对行政赔偿案件制定的司法解释，自然不会涉及司法赔偿的内容，而且该司法解释公布的时间是 1997 年，当时《中华人民共和国国家赔偿法》（以下简称《国家赔偿法》）实施仅两年，对非刑事司法赔偿还缺乏理论研究和实践经验，以此认为非诉执行中仅存在单一的行政赔偿难以令人信服。而《赔偿座谈会纪要》涉及的仅仅是裁执分离模式下执行实施行为发生错误的情形，同样不能作为行政机关在非诉执行中应承担主要赔偿责任的依据。而司法赔偿论根据法院在非诉执行中对行政行为进行审查的事实，认为法院承担相应的赔偿责任可能更符合权力运行的法理，但该观点没有进一步论证法院承担赔偿责任的具体情形及与行政赔偿的关系，只是属于对司法赔偿的呼吁。

（二）支持行政赔偿论的其他可能理由

由于上述两种观点对其结论均没有给出太多的理由论证，笔者认为，以下关于非诉执行和国家赔偿方面的通行观点，虽然没有被行政赔偿论者作为自身的理由支持，但可能会影响人们在判断选择上偏向行政赔偿，有必要对这些观点也作一交代，以使本文的论证分析更为全面和有针对性。这主要有以下几点：

1. 非诉执行审查是形式审查

法院对申请执行的行政行为必须进行审查，这是非诉执行区别于行政

① 张芹：“我国非诉行政执行制度的缺陷分析及对策思考”，载《法治杂谈》2011 年第 3 期。

机关自力执行的重要特征,但对于非诉执行审查的标准,则存有较大争议。多数学者根据《最高人民法院关于执行〈中华人民共和国行政诉讼法〉若干问题的解释》(以下简称《若干解释》)第95条中"三个明显"的规定,认为非诉执行审查的标准相当于无效行政行为的认定标准,即只有行政行为存在"重大明显违法"情形达到无效行政行为程度时,法院才能裁定不予执行,这是相对人不在法定期限内起诉应当付出的代价。[①] 有人认为,这一标准属于形式审查的标准,只有形式审查标准才不至于引发行政行为的效力冲突。因为一个有效成立的行政行为的效力包括执行力,如果认为法院对申请执行的行政行为的审查是实质审查,当法院裁定不予执行时,实际上已经剥夺了行政行为的执行力,而这些行政行为从理论上讲依然是成立和有效的,还应当具有执行力,采用实质审查的标准会出现无法解决的效力矛盾。而采用形式审查的标准,仅当被申请的行政行为明显违法(无效)时才会被裁定不予执行,无效的行政行为从一开始就不具有执行力,法院不予执行的裁定不过是对事实的宣告,就避免了上述矛盾。[②] 尤其是《中华人民共和国行政强制法》(以下简称《行政强制法》)实施后,其第57条对法院通常情形下作出准予执行裁定的审查期限,由《若干解释》确定的一个月缩短为7天,主张形式审查的观点有了更充分的理由,在如此短的时间内不可能对行政行为的合法性作出准确的判断,只能是依据行政行为的效力理论裁定准予执行,由此导致的审查错误也只能归咎于行政行为错误,由行政机关承担相应的责任。

2. 民事、行政错判不产生国家赔偿责任

国家赔偿属法定赔偿,只有法律明文规定属于国家赔偿范围的才由国家承担赔偿责任。依据现行《国家赔偿法》,非刑事司法赔偿的范围只有民事诉讼和行政诉讼中违法采取妨碍诉讼的强制措施、保全措施以及执行错误这三种情形,民事、行政错判则未纳入国家赔偿的范围,针对民事、行政错判的赔偿申请实践中均被排除在国家赔偿程序之外。其理由主要是民事、行政错判的原因比较复杂,不同于刑事错判属于公权力追诉错误,既可能有

---

① 马怀德主编:《行政诉讼法学》,北京大学出版社2008年版,第298页;刘莘、张江红:"行政强制执行体制探析",载《法商研究》2001年第1期;张坤世:"非诉行政执行制度的诉讼化改造",载《法治研究》2009年第2期。

② 杨振:"浅析我国'起诉不停止执行原则'的冲突与困境",载《行政与法》2004年第1期。

法院审判人员的原因，也可能有当事人的原因，而且从结果上看，因错判给当事人造成的损失，无非是生效判决已被执行，在有财产实际受让人的情况下，完全可通过责令其返还财产，即执行回转的方式进行救济，不宜列入国家赔偿的范围。[①] 非诉执行审查错误，与民事、行政错判的性质相同，其救济途径只能是通过审判监督程序纠正，根据《最高人民法院关于审理人民法院国家赔偿确认案件若干问题的规定（试行）》（以下简称《确认规定》）第4条第1项的规定，非诉执行裁定不属于国家赔偿确认案件的受理范围，[②]自然也不能由法院承担国家赔偿责任。

3. 国家赔偿责任属补充责任，应尽可能最小化

国家赔偿责任的发展，大致经历了一个从国家主权豁免的无责任阶段，到国家承担部分责任阶段，再到国家承担全面责任阶段的历程。[③] 我国的国家赔偿制度目前处于国家承担部分责任阶段，虽然《国家赔偿法》的修改在一定程度上扩大了赔偿的范围，但从法律及相关司法解释的规定来看，理论和实务界秉承的一贯理念是国家赔偿责任属兜底和补充责任，应在穷尽其他救济途径仍不能弥补当事人的损失后，国家赔偿才能由幕后走向前台。对于实践中存在的既有国家机关违法行使职权，又有第三人、受害人自身的过错等多种原因造成的损害，《最高人民法院关于民事、行政诉讼中司法赔偿若干问题的解释》第6条第2款规定，法院只赔偿因违法侵权行为造成的直接损失，该解释第7条规定，依法可以执行回转、由申请人或第三人赔偿的，国家都不承担赔偿责任，可以说将国家赔偿最小化的理念发挥到了极致。在非诉执行中如果同时存在法院错误和行政机关错误，法院自然会按照上述救济路线图首先由行政机关承担申请人的责任。

二、法理回应：行政赔偿的单薄与司法赔偿的必要

由于非诉执行引发的国家赔偿案件数量稀少，单一的行政赔偿论的观

---

① 张向阳、张明霞："民事错判案件依法应当执行回转的，国家不承担赔偿责任"，载江必新主编：《国家赔偿法指导案例评注》，中国法制出版社2010年版，第197~198页。这也是立法机关对国家赔偿范围的解释说明，参见时任全国人大常委会法工委副主任胡康生1993年10月22日在第八届全国人大常委会第四次会议上所作的"关于《中华人民共和国国家赔偿法（草案）》的说明"。

② 吴声鸣："非诉行政执行裁定是否属于国家赔偿确认案件受理范围"，载江必新主编：《国家赔偿法指导案例评注》，中国法制出版社2010年版，第285页。

③ 马怀德主编：《完善国家赔偿立法基本问题研究》，北京大学出版社2008年版，第6~8页。

点对司法实践的影响无法通过实证分析得出结论,但从制度的功能和社会公众认识的角度来看,其缺陷还是较为明显的。首先,非诉执行案件都经过了法院的审查,相当多的案件也是由法院自己执行,对于案件的被执行人来说,与之直接打交道的是法院,以法院执行错误为由申请法院赔偿符合社会公众的通常认识,如果不加分析一律推给行政机关会使制度设计与公众的观念相背离,也造成了当事人维权成本的增加。其次,非诉执行可划分为审查和执行两个阶段,而《国有土地上房屋征收与补偿条例》实施后,实践中存在"裁执合一"和"裁执分离"两种模式,单一的行政赔偿无法对应实践中多样化的权力运行状况,还可能导致非诉执行和国家赔偿的功能迷失。因此,笔者的观点是,对于非诉执行的国家赔偿责任承担,在肯定行政赔偿占有一席之地的前提下,司法赔偿也是必不可少的。以下几方面的理由可作为司法赔偿必要性的法理支撑:

（一）非诉执行和国家赔偿的双重功能

从制度功能的角度来讲,非诉执行和国家赔偿均具有两方面的功能。根据法律的规定和学界的通说,非诉执行作为实现行政行为内容的强制执行模式,一方面要利用法院的威望和已有的成熟规范的执行制度,弥补行政机关缺乏必要的强制执行手段的不足;另一方面要增加一道审查环节,防止违法的行政行为进入执行程序,其功能在于支持行政执法和维护相对人合法权益兼顾,同样,国家赔偿制度同时具有救济赔偿请求人受损的权利和促进国家机关依法行使职权的功能。从总体上讲,制度双重功能的目标应当是一致的,然而当其在现实中发生冲突时,基于制度的价值追求,两项功能在位阶上必然需要有主次之分。笔者毫不否认两项制度的首要功能分别是支持行政和权利救济,但对其中某一项功能的过分强调或忽视,导致了在非诉执行国家赔偿责任承担问题上的不全面认识。如过分强调非诉执行支持行政的功能,认为申请法院非诉执行时,相对人的起诉期限已届满,其诉权已丧失,行政行为的公定力由推定有效转化为实质有效,再对行政行为进行严格的合法性审查不符合行政行为的效力理论,由此产生了非诉执行的依据是行政机关的行政行为,审查标准是形式审查等支持行政赔偿论的观点。而事实上,非诉执行除了支持行政外,还具有维护被执行人权益的功能,这决定了法律规定对申请执行的行政行为,都必须由法院进行审查(至于审查的标准,笔者将在后文中论述),防止明显违法的行政行为进入执行程序。从法院内部制定的规范性文件和考核规定来看,对申请非诉执行的行政行为未经审查直接交付执行的,属于可以引发再审的严重的程序违法,而且为了更好地维护被执行人的合法权益,法院系统对审查普遍引入了听证的方式,使非诉审查一定程度上具有了“诉讼化”的色彩。① 因此,无论非诉执行的准予执行率如何高,执行的依据都只能是法院审查后作出的裁定,而不可能是行政机关作出的行政行为。同样的道理,从国家赔偿制度功能发挥的层面上讲,如果忽视其中的促进国家机关依法行使职权的功能,确定赔偿义务机关时没有考虑“谁侵权,谁负责”的侵权行为基本法则,法院对非诉执行审查错误不承担赔偿责任,行政机关对于经法院审查后认可甚至是法院执行的行为却要承担赔偿责任,都会造成明显的权责不对等,导致的结果只能是一方面法院的审查更加成为“走过场”,另一方面行政机关可能规避非诉执行转而自己执行。

(二)非诉执行合法性审查标准的澄清

对于非诉执行的审查标准,从法律层面上讲,《若干解释》和《行政强制法》均规定了“三个明显”的标准,这是否属于无效行政行为的认定标准,从而契合形式审查论者关于其符合行政行为效力的论述?笔者认为,法院对非诉执行采取何种审查标准与行政行为的效力没有必然的联系。行政行为的效力,又称公定力,是指行政行为一经作出,即推定为有效,对相关的组织和个人具有拘束力,相关的组织和个人应当遵从。行政行为公定力的理论基础是对行政秩序的追求,行政机关作为社会公共利益的代表者,对行政行为的遵从,能够为社会提供有序性和稳定性。② 行政行为的公定力可以拘束行政相对人、原作出机关、其他公民及社会组织和其他行政机关,但对法院而言并不具有当然的拘束力。执行力虽然是行政行为公定力的内容之一,但在其执行需要依靠法院的情形下,以行政行为的效力约束法院的审查在

① 如湖南高院规定非诉执行案件有责令停产停业等十种情形之一的,必须举行听证,并对听证的参加人、当事人在听证中的权利、义务,听证的程序和方式等作了详细的规定。参见“湖南省高级人民法院就审查和执行非诉行政执行案件作出规定”,载最高人民法院行政审判庭编:《行政执法与行政审判》2007 年第 3 集。

② 章志远主编:《行政诉讼法前沿问题研究》,山东人民出版社 2008 年版,第 21 ~ 22、37 页。

法理上并不具有正当性,因为此时需要考量的不仅仅是行政行为所代表的社会公益,还有相对人的合法权益,很难想象一个侵犯相对人实体权益的行政行为能被法院裁定准予执行,其执行力此时仅具有形式上的意义。相对人虽然逾期不起诉,但其实体权利并未丧失,而且从我国的现实情况来看,相对人不起诉的原因并不意味着其对行政行为的认可,非诉执行审查的实践表明行政行为存在的问题还是比较多的,[①]无效行政行为的标准失之过松,不能保障被执行人的合法权益。

严格意义上的形式审查或不审查行政行为的合法性,只要申请材料齐全、符合法定条件即裁定准予执行,并不符合非诉执行的审查实践。事实上由于同属于行政庭的业务范畴,法院对非诉执行的审查一般也是按照法定职权、认定事实、适用法律、程序等行政诉讼的审查环节来进行,而且对于涉及当事人重大权益的房屋征收补偿决定等行政行为,还需要审查行为的合理性和可执行性等内容。[②] 虽然不能将非诉执行的审查标准等同于行政诉讼的合法性审查或称之为实质审查,笔者认为,相比于形式审查标准,其更接近于合法性审查标准或者是该标准在考虑效率因素后的变通。即使《行政强制法》对非诉执行的审查期限作了缩短,并不能因此将审查标准降格为形式审查,而且主流的观点是认为《行政强制法》第57条确定的审查标准是书面审查,即审查行政机关申请执行时提交的书面案卷材料是否能够证明行政行为的合法性和具备执行力。[③] 这与前述的合法性审查在考虑效率因素后的变通并无区别,法院仍然审查了行政行为是否明显违法和是否侵犯被执行人实体权益等主要的内容,对于经审查后未能发现行政行为错误的法律责任,应当由法院吸收承担。

---

① 通过审查发现,申请非诉执行的行政行为不仅存在超期申请、超期作出行政行为、交行诉权错误等程序问题,还存在错列被执行人、适用法律法规错误等实体问题。对此,法院的处理方式一般是建议行政机关撤回申请或裁定不予执行(不予受理)。

② 如《最高人民法院关于办理申请人民法院强制执行国有土地上房屋征收补偿决定案件若干问题的规定》第6条规定,征收补偿决定存在明显不符合公平补偿原则,严重损害被执行人合法权益,或者使被执行人基本生活、生产经营条件没有保障;明显违反行政目的,严重损害公共利益以及法律、法规、规章等规定的其他不宜强制执行的情形的,均应裁定不准予执行。

③ 江必新主编:《中华人民共和国行政强制法条文理解与实务指南》,中国法制出版社2011年版,第197~198页。

（三）民事、行政错判国家赔偿的可行性论证

随着国家经济实力的增强和人权保障观念的深入，国家赔偿的范围应当是一个不断扩大的趋势，其理想状态是所有公权力致害的行为都纳入国家赔偿。尽管依法赔偿是国家赔偿法官办案的法治性思维，[①]这并不妨碍我们依据法律的原则和精神，来反思目前国家赔偿的“空白地带”以及有无拓展的可能，为国家赔偿的发展提供实践素材。如对于民事、行政错判，将其排除出国家赔偿的理由主要是错判的原因可能在于当事人以及可通过执行回转进行救济，这固然能够解决大量民事、行政错判的损害救济问题，但笔者在实践中遇到的一个案例仍显示了该理由的盲点所在。该民事案件的原审结果是判决赔偿请求人（原审第三人）与村委会签订的土地承包合同无效，责令其退出土地，判决生效后法院根据原审原告的申请强制清除了承包地上的附着物，实现了退出土地的内容。后该案被再审改判驳回原审原告的诉讼请求，改判的原因是法院的认识或法律理解错误。对于赔偿请求人地上附着物被清除造成的损失，执行法院执行的是当时生效的判决且没有扩大判决的内容，执行措施并无错误，原审原告并无财产上的获利也很难说其申请执行错误，该案不适用执行回转。让原审原告承担申请错误的民事赔偿责任则过于牵强，唯一可归责的是法院错误行使审判权导致民事错判，目前又不属于国家赔偿的范围，从而陷入了“山重水复疑无路”的境地。这启示我们，在不能通过其他途径得到救济时，民事、行政错判中国家赔偿也应有适用的余地，尽管关于这方面的研究很少，笔者仍发现了较全面地分析民事错判国家救济的前提及适用情形的观点。即如果当事人的公平审判权受到司法裁判行为的严重侵害导致错判，造成的损失又不能通过执行回转制度获得补救，而且错判和不能执行回转的原因不属于诉讼参加人等私法主体的行为和轻微的司法错误、与案件公正处理没有必然联系的行为，由此给当事人造成的损失属于非正常诉讼风险，国家有义务予以救济。侵害公平审判权的民事错判行为必须是司法工作人员的故意违法和犯罪行为、重大过失行为以及因司法权配置不合理导致的干预等公权力侵害行为；对于

---

① 唐明：“和谐社会构建中国家赔偿法官的思维”，载刘爱卿主编：《国家赔偿立法与实践》，山东大学出版社 2010 年版。

不能通过执行回转救济的案件该观点总结为三类:第一,再审改判后,对方已宣告破产或无实际执行能力,执行回转客观不能;第二,当事人在原审案件中是原告,错误判决使其丧失了良好的执行时机;第三,涉及人身权等性质上不适用执行回转的案件。[①] 同样的道理,非诉执行中如果申请执行和执行实施行为并无不当,仅存在审查错误的情形,应考虑法院司法赔偿的可能性。

三、实证求解:行政赔偿和司法赔偿与实践中不同情形的对应

对于非诉执行错误造成的损害,行政赔偿和司法赔偿均有适用的余地,任何将其单一化和绝对化的观点均不符合法理分析和非诉执行多样化的实践。从总体上讲,赔偿义务机关的确定应当遵循"谁侵权、谁负责"的原则,实践中还需要考虑尽可能由单一的机关承担赔偿义务等程序简化、便民的要求。下面笔者针对非诉执行的不同阶段,区别不同的执行模式,对赔偿义务机关的确定问题作一实证解答。

首先,对于非诉执行仅存在审查错误的情形。这是指对于行政机关作出的错误的行政行为,法院经审查后未能发现,裁定准予执行,侵害被执行人合法权益的情形。由于非诉执行案件都必须由法院进行审查,虽然这种审查不能改变行政行为的内容,法院的审查错误并不免除行政行为错误的责任,但毕竟法院对行政行为的合法性进行了书面审查或者听证审查,应视为法院审查后对行政行为的错误进行了认可。比照刑事赔偿中赔偿义务机关确定的"后置原则",后续机关对前一机关的违法行为未能发现并以法律行为认可的,后续机关一并承担前一机关行为的法律责任,由法院作为赔偿义务机关,对行政机关行政行为错误的法律责任一并予以吸收和承担,符合法理分析和简化赔偿义务机关的便民要求。但非诉执行审查错误相当于民事、行政错判,确定国家赔偿责任承担时还需要考虑有无其他的救济途径。行政机关申请非诉执行的具体内容,按其性质可分为金钱给付义务的执行和房屋强拆、责令停产停业等行为的执行两大类,对涉及金钱给付义务的案件,法院执行后需过付给行政机关,可由行政机关通过执行回转的方式弥补被执行人的损失,这相当于由行政机关进行赔偿,对此类案件申请法院赔偿

---

① 冉富强:"民事审判错案的国家救济路径",载《行政法学研究》2010年第1期。

的,法院应向赔偿请求人释明这一救济途径。而对于非金钱给付义务的行为类案件的执行,其性质不适用执行回转。如果先由行政机关作为申请人承担赔偿责任,法院赔偿作为补充,其存在的问题为:一是对于行政机关超期申请等申请的错误,法院经审查后未能发现,应当对行政机关申请错误的责任予以吸收;二是行政赔偿也是国家赔偿的内容之一,赔偿费用也由国库承担,用行政赔偿减轻司法赔偿的责任对于国家赔偿责任最小化没有实际意义,可确定只由法院作为赔偿义务机关。

其次,对于非诉执行仅存在执行错误的情形。这是指行政机关的行政行为应当裁定准予执行,但在执行实施过程中存在扩大行政行为确定义务的内容,执行案外人财产,评估、拍卖等违法行为侵犯赔偿请求人合法权益的情形。该情形下国家赔偿责任的承担比较简单,无法执行回转时,应由执行实施主体赔偿,即对采取"裁执合一"模式的由法院赔偿,采取行政机关组织实施的"裁执分离"模式的则由行政机关赔偿,这也是最高人民法院《赔偿座谈会纪要》的精神。

最后,对于非诉执行同时存在审查和执行错误的情形。这是指对错误的行政行为审查失误,裁定准予执行,在执行实施过程中又有扩大损害的情形。结合对上述两种情形的分析,从行为的可归责性上来讲,该情形下的赔偿义务机关原则上应当是行政机关和法院共同赔偿。在此,我们首先需要对实践中两种执行模式分别对应的案件类型做一说明:对涉及金钱给付义务的案件目前均采取"裁执合一"的模式,而"裁执分离"的模式是《国有土地上房屋征收与补偿条例》实施后,对国有土地房屋的征收搬迁,最高人民法院通过司法解释确立的,从地方法院的探索来看,其适用范围已逐步扩大到集体土地上的房屋拆除,环保、水利领域的违章建筑拆除等情形,[①]目前来看,其主要适用于房屋拆除类案件。根据上述案件类型与执行模式的对应情况,对金钱给付义务的案件,应由行政机关适用执行回转的方式对行政行为确定的金钱给付的本金承担赔偿责任,法院对扩大部分的损害承担赔偿责任;对行为类执行的案件,如果是房屋强拆类适用"裁执分离"模式的,则

---

① 余建华、王先富:"台州:探索'裁执分离'新模式",载《人民法院报》2013 年 1 月 22 日第 8 版。

由法院对行政行为确定的义务内容承担赔偿责任,行政机关对扩大部分的损害承担赔偿责任,如果仍然是适用"裁执合一"的模式,则只由法院承担赔偿责任。另需说明的是,该情形下为简化赔偿请求人的求偿障碍,可考虑在一个程序中一并解决全部赔偿问题的可能性,因为涉及法院为赔偿义务机关,在行政赔偿程序中无法把法院列为被告,只能是在赔偿委员会的非刑事司法赔偿程序中,把行政机关列为第三人,具体的操作模式可由实践先行探索。

四、结语:期待更多关注

在非诉执行体制中,司法权从法理上讲处于主导地位,实践中又存在多种执行模式,面对这样一种权力运行状况,将国家赔偿责任主要推给行政机关显然不妥,司法赔偿应当有所担当。然而笔者感触更深的是理论和实务界的漠视导致了对该问题的不全面认识,事实上,笔者对本文的写作也几乎完全是基于理论演绎,缺乏实证支持。期待实践的探索能加深人们对非诉执行国家赔偿问题的认识,同时期待更多的人去发现和关注这一现实问题,使实践中大量存在的非诉执行权力运行不至于成为"被忽视的存在"。

(作者单位:山东省滨州市中级人民法院)

论类型理论下国家精神损害赔偿标准的构建

——以H省102份案例为样本的实证分析*

王建林　伍玉联

谁能够对法律进行完美分类，谁就能获得关于法律的完美知识。

——[美]格雷

精神损害赔偿曾是《国家赔偿法》修改的焦点，备受瞩目。立法修改后，许多人以为万事俱备，抱有法院应当自动"售出"精神损害赔偿决定的人不在少数，但是接替立法任务的司法却并不轻松，没有具体标准的国家精神损害赔偿条文并不能告诉法官简单的答案，实践中法官纠结不断、乱象丛生。本文试图从类型理论出发，并以H省的102份案例为样本对国家精神赔偿的标准做一番探讨，希望对最高人民法院正在制定中的司法解释和各地的司法实践有所帮助。

一、问题的缘起：无标准下种种乱象的描述

具体赔偿标准的空置，加之精神损害本身的无形性与复杂性，使国家精神损害赔偿成为法律体系中的模糊领域，犹如法学中的"百慕大三角"，当事人诉求和法官裁决无所适从，各地司法实践千差万别。

（一）从起因到额度：当事人诉求的无边无际

对当事人而言，没有标准的后果就是没有稳定的预期，导致其诉求随意

---

* 本文获中国审判理论研究会国家赔偿理论专业委员会第二届年会暨"法治中国背景下的非刑事司法赔偿"主题论坛优秀论文一等奖。

化。随意化的一种表现是不知道哪些事项可以受偿,对诸多法律上明确规定了不能赔偿的项目也随意提出赔偿请求。随意化的另外一种表现是提出诉求的金额畸高,漫天要价。在102份样本案例中,诉求达到50万元以上的就有34例,占比34%(见图1);诉求超过100万元的案例也有7例,而且通过对诉求超过100万元的案例进行仔细分析可以发现,其案情反映出当事人并无很大损害,被限制人身自由时间并不长(见表1)。诉求的随意还表现为,诉求的提出和标准没有理由说明,有理由说明的也仅仅表述为造成了巨大的精神损害或者内心遭受重大痛苦和创伤之类的空泛之词,并无更为详细的阐述。

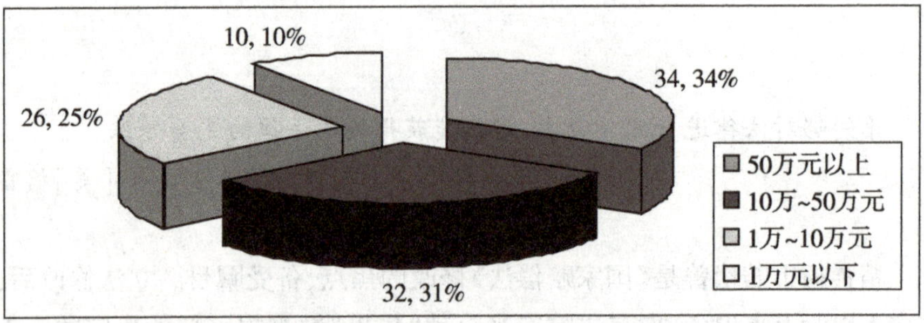

图1 当事人诉求额度分布情况

表1 当事人诉求过100万元的案例

案例	诉求(精神损害抚慰金)	理由
柳××诉××县人民法院,违法采取保全措施	650万元	无具体理由
曲××诉××区人民检察院,错误拘留43天	500万元	无具体理由
文×诉××县公安局,错误刑事拘留22天	200万元	无具体理由
肖××诉××法院,错误判决,羁押383天	200万元	无具体理由
陈××诉××县人民检察院,错误逮捕102天	120万元	无具体理由
覃××诉××区人民法院,错误拘留5天	100万元	无具体理由
刘××诉××县人民法院,错误执行	100万元	无具体理由

(二)从标准到理由:法官裁决的无框无架

与当事人随意要价相对的是法官的随意裁决。随意裁决的表现之一是,不管诉求多少,一律确定一个固定额度。样本中部分案例,不管被侵害方被限制人身自由的时间长短,也不管请求赔偿的数额多少,法院所决定的赔偿额均为1000元(见表2);有的则是不管被限制人身自由多长,不管请求多少,决定赔偿额均为3000元,出现一种懒于进行精致探究的随意的吻合。随意裁决的表现之二是,不管决定赔偿多少,均没有理由阐述。既没有赔偿与否的理由,更无赔偿标准的理由,有理由也只是简单的"确有精神损害,应予适当赔偿"等表述。随意裁决的表现之三是,对精神损害赔偿的诉求根本就不回应。既不表明赔,也不表明不赔,在文书中看不出对精神赔偿内容的分析和判定。

表2　法官随意裁决的实例

案例	诉求(精神损害抚慰金)	决定赔偿
龚××诉××区人民法院,错误拘留2天	82.44万元	1000元
唐××诉××市劳教委,错误劳教9天	1000元	1000元
傅××诉××市人民检察院,错误逮捕24天	2万元	1000元
龙××诉××市中级人民法院错误判决,羁押638天	20万元	1000元

(三)从结论到表述:各地实践的千差万别

除当事人诉求和法院裁决的随意之外,各地区之间的司法实践也千差万别。差异表现之一是地域分布不均衡。在涉及精神损害赔偿的102个案例中,决定给予赔偿的有34个,yz法院占了8件①,还有5个中级法院没有裁决该类案件(见图2)。笔者在访谈中得知,不予裁决的原因在于,部分法官对此并无概念,部分法官认为多一事不如少一事,"以不变应万变"。差异表现之二是标准不统一。yz法院的决定一律以千元计算,对羁押超过200天的当事人仍只决定赔偿3000元,而有的法院则在一个错误拘留22天的案件中决定赔偿精神损害抚慰金2万元。差异表现之三是文书表述混乱。有些法院对赔偿标准根本就没有理由阐述,有的统一表述为,"××被羁押,对其造成了一定的精神损害,应当支付相应的精神损害抚慰金"。还有明显违背法律之表述,如"本赔偿委员会决定按每天500元计算,应支付抚慰金1000元"。

---

①　用字母表示某法院,以此类推。

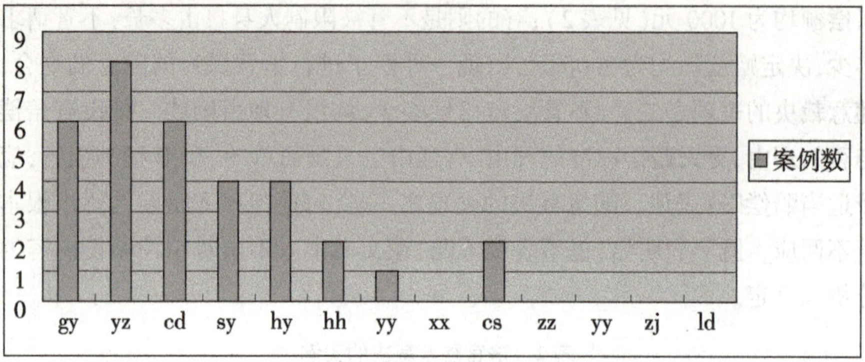

图2 全省各市州法院决定赔偿精神损害的案例数量分布情况

二、深入的分析:当前种种标准的剖析与检讨

与混乱的司法实践相伴随的是尚待完善的理论探究,国内外都已经做了规范裁量标准的努力,但各种努力均存在不同程度的缺憾。

(一)无为主义下的概估模式

该模式认为,精神损害赔偿受诸多因素影响,损害数额难以确定,精神损害赔偿没有可靠的计算依据,只能交给法官概括估计。有学说认为,精神损害只能通过感情的因素达到平衡,赔偿只是表达一种歉意,其标准一般不可能也不必要有一定准确值。在具体操作上,该模式主张斟酌案件和受害人情况等来决定赔偿数额。①

这种模式认识到了精神损害赔偿标准确定的难度,交由法官根据具体情况进行自由裁量,容易导致裁量的天马行空和当事人诉求的随意化,前文的乱象基本上都是这种概估模式指引下的实践后果。

(二)理想主义下的量化模式

该模式认为,精神损害的每一个因素皆可以进行量化,因此主张构建数字模型,由法官根据实际案情对模拟赔偿数额作出计算。有一种模式从总因素、平均数和法官的裁量进行构建。② 也有论者将精神损害赔偿额归纳为

① 王利明:《人格权新论》,吉林人民出版社1994年版,第700页。

② 王勇亮:"论精神损害补偿的确定方法",载《政治与法律》1988年第3期。

公式:基础金额×规模系数×份额系数。[①] 还主张建立人工智能模型,借用模糊数学和人工神经网络理论建立一个复杂的数字模型,从以往的案例推导未来应有的数据。上述三种模式严格来说不算是国家精神损害赔偿的量化,其指向的都是民事侵权的精神损害赔偿,只能作为参考。此外,还有专门针对国家精神损害赔偿的模型,从系数、基数和残差项三者结合的角度构建了数学模型。[②]

表3　几种量化模式的主要内容

量化模式类型	主要公式	备注
模式一	总赔偿额=各因素系数之和乘以其平均数,即 $Z=(y_1+y_2+y_3+y_4+y_5)\times P$;其中,Z=总赔偿数;P=平均数;$y_1$,$y_2$……为各因素系数	针对民事精神损害赔偿
模式二	精神损害赔偿额=基础金额×规模系数×份额系数	针对民事精神损害赔偿
模式三	以模糊数学和人工神经网络等理论为基础建立的复杂的人工智能模型	针对民事精神损害赔偿
模式四	总公式为:$L=(K_1+K_2+K_3)\times(X_1+X_2+X_3+X_4+X_5)+E$。 其中L为总额;K为系数;X为基数;E为残差项。$X_1=Max(U_1,20p)$;$X_2=(A+C)\times U_2$;$X_3=(T+J)\times U_3$;$X_4=(F+S)\times U_4$;$X_5=U_5$。其中U为基准;A为年龄;C为职业;T为持续时间;J为工作;F为影响范围;S为身份	专门针对国家精神损害赔偿

该模式的优点在于客观、量化。但精神损害恰恰是一个排斥量化的领域,再精准的公式也难以涵盖世界的丰富多彩,特别是在当今的大数据时代,静态的量化方式很难得到真正的精确。而且数字模型的系数和取值带有一定假设,也会影响其真实性。上述的人工智能模式虽然尽量避免静态模型的弊端和假设的不合理性,但实践中存在一个更为现实的成本问题,统计大量数据是一项很大的工程,耗时耗力,其运行成本很大。[③] 调查样本中

---

① 卫晓蓓:"论精神损害抚慰金的算定",华东政法大学2007年硕士学位论文,第20~35页。

② 高建明:"国家精神损害赔偿量化模式研究",载万鄂湘主编:《审判权运行与行政法适用问题研究——全国法院系统第二十二届学术讨论会论文集》,人民法院出版社2011年版,第1168页。

③ 张妮:"精神损害赔偿的定量研究",西南财经大学2012年博士学位论文,第115~135页。

没有按量化模式进行决定的案例。对于目前的国家精神损害赔偿领域来说，全国案件数量不是很多，投入在该领域的司法资源也有限，基于司法成本与收益的考虑，量化模式的形式意义大于实质意义，其探究更多停留于悬算与空谈。

(三)实用主义下的局部解决模式

局部解决的方法有很多，在日本有一种固定赔偿法，为快捷处理好案件，针对交通、公害等情况制定固定赔偿表格，不分具体项目直接提出总额。[①]在德国有医药费比例法，受害人精神损害的赔偿数额根据受害人医药费的比例加以确定。[②] 丹麦以日为单位来计算精神损害赔偿数额，住院病人每日抚慰金25丹麦克朗，其他病人抚慰金每天10丹麦克朗。[③]

"成也萧何，败也萧何"。实用主义的优点是暂时的部分实用性，缺点也是暂时的部分实用性，优点是局部，缺点也是局部。该模式能解决一部分问题，但没能提供整体图景。

表4 国家精神损害赔偿标准各模式之比较

模式类型	哲学基础	优点	缺点
概估模式	无为主义	认识到了精神损害标准的难度，理论上更接近实质正义	导致当事人诉求和法官裁判的随意化
量化模式	理想主义	形式上可以给出一个看似精确的结果，部分结果也准确	现实的复杂情况难以数字化，函数系数带有假设性，成本高
局部解决模式	实用主义	可以解决部分问题	不能提供整体图景

三、宏观的引导：类型理论及其对国家精神损害赔偿的意义

上述问题存在的原因之一是理论探究没有切入司法实践，部分探究有隔靴搔痒之嫌。另外，其理论工具也存在问题，现实生活五彩缤纷，国家精神损害赔偿标准过于繁杂，传统思维方式无法给出令人满意的方案，有必要从新的角度进行尝试。

---

① 李微：《日本机动车事故损害赔偿法律制度研究》，法律出版社1997年版，第192页。

② 胡建森：《比较行政法——20国行政法评述》，法律出版社1998年版，第313页。

③ 杨立新：《人身权法论》，人民法院出版社2006年版，第266页。

(一)类型理论的基本含义与基本意义

面对剪不断、理还乱的繁杂对象,当传统思维遇到障碍时,诸多法学家已经给过提示。拉伦茨认为,当抽象的一般概念及其逻辑体系不足以掌握某生活现象或意义脉络的多样表现形态时,大家首先会想到的辅助思考形式是类型。[①] 舒国滢教授也指出,类型化乃是弥补抽象概念不足的生活样态。[②] 法学领域的诸多问题正在类型思维检视下产生新的形态,上述各种试图确立赔偿标准的模式,如果接受类型思维的梳理,也会有新的发现。类型思维的基本观点是任何分析对象都可以归为不同的类型,[③]还有类型理论的主要和次要之分、流动性和交叉性、典型与非典型等具体理论,都可以用于对法律现象的剖析。

追寻法律演进的轨迹,国家赔偿责任脱胎于民事责任中的侵权责任,[④]很多情况下与民事精神损害赔偿的侵权方式相同,[⑤]前者诸多制度构建可以参考后者。国外早已运用类型理论对侵权法进行研究,我国民法学者对于侵权行为法的探究也已运用了类型理论。[⑥] 这种路径对本文之探究也有着很好的启发作用。

(二)类型理论宏观启示一:所有事物均可以类型化

本文要探究的是如何在实务上对影响国家精神损害赔偿的因素进行最基本的类型化。对此,首先要对类型个体有详细了解,然后根据类型标准对个体类型进行归纳,最后在归纳基础上进行类型化处理,形成一个类型结构。[⑦]

从面对的类型个体的素材来看,国家精神损害赔偿的范围主要限定于《国家赔偿法》规定的第3条和第17条中侵犯生命权、健康权、人身权造成严重后果的情形。面对这个类型个体素材可以确定一定的分类标准,然后

① [德]卡尔·拉伦茨:《法学方法论》,陈爱娥译,商务印书馆2003年版,第34页。

② 舒国滢等:《法学方法论问题研究》,中国政法大学出版社2007年版,第449页。

③ [德]卡尔·拉伦茨:《法学方法论》,陈爱娥译,商务印书馆2003年版,第100页。

④ 江必新:"国家赔偿与民事侵权赔偿关系之再认识",载《法制与社会发展》2013年第2期。

⑤ 杨小君:《国家赔偿法律问题研究》,北京大学出版社2005年版,第338页。

⑥ 代表性著作和文章有杨立新主编:《类型侵权行为法研究》,人民法院出版社2006年版;温世扬:"略论人格权的类型体系",载《现代法学》2012年第4期。

⑦ 童航:"类型化思维在法学上的价值及其应用",载《法律方法与法律思维》(第8辑),法律出版社2012年版,第154~155页。

进行基本分类,从而搭建类型结构。

1. 总因素 = 侵权因素 + 受损因素 + 其他因素。这是对影响精神损害赔偿因素的基本划分。受损因素是影响损害赔偿的主要因素,这和刑法里面的"罪刑适应"原则是一致的,刑罚的轻重主要取决于犯罪后果的严重程度。侵权因素也就是犯罪方的因素是次要因素。在侵权因素和受损因素之外,还有其他因素也会影响到刑罚的配置。

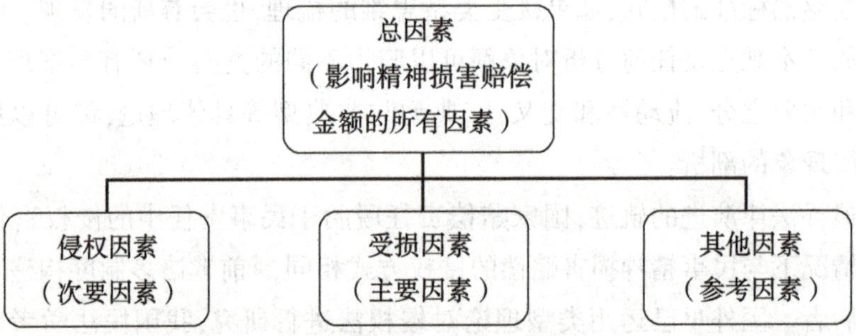

图3 影响国家精神损害赔偿额度的因素的基本分类

2. 侵权因素 = 侵权起因 + 侵权情况 + 认错情况 + 纠错情况。从时间维度看,纷繁复杂的侵权行为大抵逃不过几个环节:侵权起因、侵权过程、侵权后的认错情况与纠错情况。比如侵权人过错和受害人过错的考量就属于侵权起因,受害方也存在过错时可以减轻侵权方的责任;侵权方式、手段和侵权场合以及侵权持续时间,则属于侵权情况;侵权方事后是否有真诚的悔过和认错,属于认错情况;对已发生的损害,是否采取补救和安抚措施,就属于纠错情况。

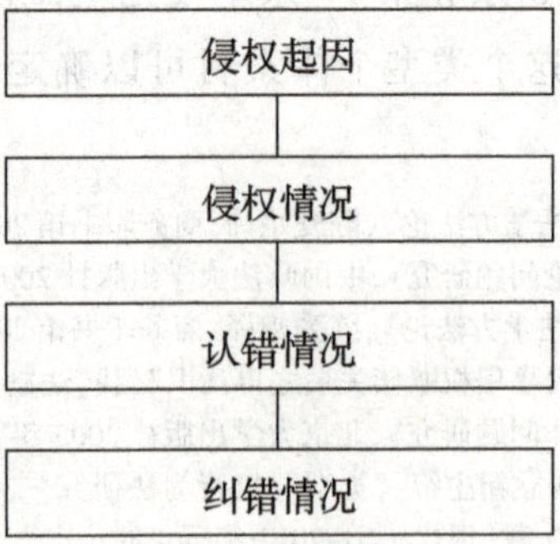

图4 侵权因素图示

3.受损因素＝显性损害＋隐性损害。受损因素是影响赔偿的最主要因素。显性损害指那些可以通过外部感知的损害,包括死亡、残疾、人身自由、疾病、生活状态受损等,只要存在显性损害就可以推定伴随有精神损害,且其精神损害程度和显性损害程度呈正相关。隐性损害是指那些不容易从外部观察的损害,隐性损害＝隐性内部损害＋隐性外部损害。隐性内部损害＝内心痛苦增加＋内心乐趣丧失,如果因某种状态的存在而拥有内心乐趣,破坏这种状态则视为内心乐趣丧失,有时某种状态并不带来乐趣但维持了其内心的平静,破坏该种平静则其内心痛苦增加,也视为存在精神损害。隐性外部损害＝外部荣誉丧失＋外部评价降低。所有明星均有外部荣誉,对其生活状态的破坏会导致其外部荣誉丧失,而一般民众外部荣誉不多,但每个人都有基本社会评价,对某种状态的破坏导致其社会评价降低,也属精神损害。

4.其他因素。社会舆论情况、某一时期的政策变化等都会影响到损害赔偿的标准。这些因素的出现不稳定,影响因子也不稳定,属于完全不确定的因素。

(三)类型理论宏观启示二:不同的类型不同的对待

将事物进行归类不是最终目的,最终目的是归类之后的分类处理。在搭建起基本的类型框架之后,需要做的就是对不同类型的不同对待。从精神损害本身的特点和属性来看,受损因素中的显性损害是确定的因素,侵权因素和受损因素中的隐性损害却属于相对确定的因素,而其他因素则属于完全不确定的因素。这样,具体问题具体分析,对确定因素制定应当确定标准,对相对确定因素则只能制定相对确定标准,而对完全不确定因素则只能交由法官自由裁量了。

表5　国家精神损害赔偿的基础因素的类型划分

侵权因素	侵权起因(侵权人过错、受害人过错)	相对确定因素(相对确定标准)
	侵权情况(手段、方式、场合、持续时间)	
	认错情况	
	纠错情况(补救措施)	

续表

<table>
<tr><td rowspan="9">受损因素</td><td rowspan="5">显性损害</td><td colspan="2">死亡</td><td rowspan="5">确定因素
（确定标准）</td></tr>
<tr><td colspan="2">残疾</td></tr>
<tr><td colspan="2">人身自由</td></tr>
<tr><td colspan="2">疾病、精神疾病</td></tr>
<tr><td colspan="2">工作、生活状态受损</td></tr>
<tr><td rowspan="4">隐性损害</td><td rowspan="2">内部损害</td><td>内心痛苦增加</td><td rowspan="4">相对确定因素
（相对确定标准）</td></tr>
<tr><td>内心乐趣丧失</td></tr>
<tr><td rowspan="2">外部损害</td><td>外部荣誉丧失</td></tr>
<tr><td>外部评价降低</td></tr>
<tr><td rowspan="3">其他因素</td><td colspan="3">某一时期的政策变化</td><td rowspan="3">完全不确定因素
（完全自由裁量）</td></tr>
<tr><td colspan="3">民众对案件的社会评价</td></tr>
<tr><td colspan="3">其他不确定因素</td></tr>
</table>

需要指出的是，上述不同因素之间是可以叠加的，某人可能因人身自由被限制受到显性精神损害，还可能因为人身自由被限制受到了隐性损害，而且隐性损害可能大于显性损害，也许因人身自由受限制只有2天，人身自由受限得到的精神损害很少，但完全有可能其隐性的精神损害赔偿数额较大。①

四、精致的启发：类型理论下几项具体制度的构建

除宏观启发外，类型理论中诸多具体思想，如“主要类型”与“次要类型”、“经常类型”与“形态类型”、类型的开放性和流动性等都可成为审视法律的重要工具。② 许多问题经类型思维的照射会焕发出新的面貌，犹如一束强光照进黑暗的屋子，一切都豁然开朗。

（一）类型的主要与次要：主要情形之标准的优先明确

立法学有一个重要的问题就是统筹立法，其基本要求是要注意到立法的轻重缓急。③ 即主要问题要及时、重点解决，次要问题可以稍微放缓。在国家精神损害赔偿标准建立的问题上，对于急需出台的，可以优先出台局部规则。民事侵权行为法的发展历史也遵循了这种逻辑，面对纷繁复杂的侵

① 样本中，就有错误拘留22天赔偿精神损失2万元的情况，这就是隐性损害大于显性损害的情形。

② 吴从周：《法理学论丛——纪念杨自然教授》，台湾月旦出版社1997年版，第306页。

③ 周旺生：“立法规划的几个理论问题”，载《北京大学学报》1993年第1期。

权行为,人们发明了"一般条款"将侵权行为的基本内容进行最为概括和一般化的规定。《法国民法典》通过"一般条款"使90%以上的侵权行为优先受到明确规制,①这是法制史上典型的"抓大放小"现象。我国《国家赔偿法》规定侵犯公民人身自由的,按上年度职工日平均工资计算赔偿金,而最高人民法院每年也会发布一个确定的标准,这一举措也是优先解决部分问题。我国在量刑规范化的过程中,也优先对故意杀人、故意伤害、抢劫、盗窃等一部分常见的犯罪进行量刑规范。

决定予以赔偿的案件样本中,100%的存在显性损害(部分显性损害案件中叠加有隐性损害),而在显性损害中,人身自由损害精神赔偿又占了88%(见图5)。这样的数据告诉我们,完全可以和有必要对影响精神损害赔偿的主要因素优先明确标准。这一优先明确意味着可以先解决88%的问题,在某些区域和某些时候则是100%的问题。②

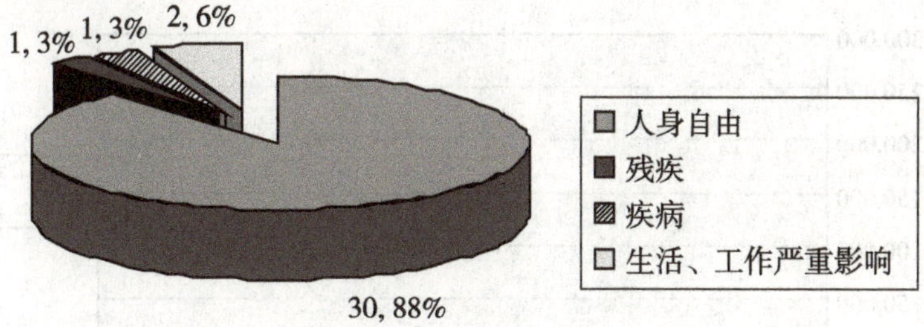

图5　H省国家精神损害赔偿案例类型分布

就主要因素的赔偿标准而言,也可以通过司法实际经验来探究。虽然目前的裁判是混乱的,但法官们潜意识里还是遵循了一种固定逻辑,在34个决定赔偿的案件中,可以看出一个大致的规律。③

---

① 杨立新:"论侵权行为一般化和类型化及其我国侵权行为法立法模式选择",载《河南省政法管理干部学院学报》2003年第1期。

② 实证调研的数据只是局部性的,并不意味全国各地都和H省的情况一致,但也说明某些时候某些地区可能恰好和H省的情况一致。

③ 在计算这种基本规律时,我们除去两个非常特殊的案例,一个是错误拘留22天决定精神损害抚慰金2万元,另一个是羁押638天决定赔偿1000元,因此进入统计的案例为32个。

表6 国家精神损害赔偿数额与限制人身自由时间之间的相关情况

判决的金额	限制人身自由平均天数	限制人身自由最高天数	限制人身自由最低天数	案例数
1000元以下	12	24	2	6
1001～3000元	95	222	5	10
3001～10,000元	134	304	22	8
10,001－50,000元	775	1687	378	7
50,000－500,000元	883	883	883	1

从上表中可以看出,虽然个别案例会出现混乱,但精神损害赔偿数额和限制人身自由天数之间还是存在一条正相关曲线(取均值)。也就是说,对于侵犯人身自由情况的精神损害赔偿,以侵犯人身自由的时间作为主要标准是基本可行的。

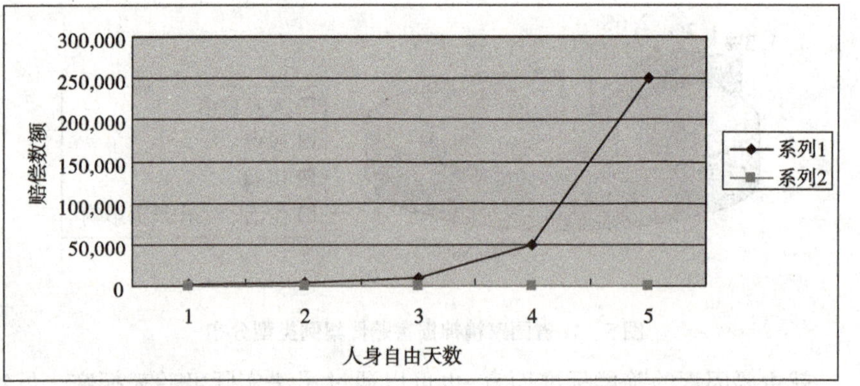

图6 国家精神损害赔偿数额与限制人身自由时间之间的正相关曲线

显性因素中除人身自由之外的其他因素的赔偿标准,也可从实践中得到启发。调查样本中,致人疾病的赔偿数额参照了医疗费用,致人残疾的赔偿数额参照了残疾赔偿金,致人工作和生活受到影响的,则参照了工作收入和生活受损情况。这样,对于显性精神损害赔偿,完全可以参照已有做法,优先制定相对确定的标准,死亡的情形参照死亡赔偿金,残疾参照残疾赔偿金,等等。而且,这个预设与不同省市规范性文件的规定是吻合的。笔者目前所了解的广东、湖南、辽宁、浙江等省的内部文件以及《最高人民法院关于国家精神损害赔偿司法解释》的征求意见稿中都不约而同地采纳了这种参照方式。对于参照的具体额度，基于精神损害抚慰金的性质，不应太高，也不应太低。如果高到和人身自由赔偿金、死亡赔偿金一样，就会突破抚慰的性质；如果太低就没有规定的必要，根本就达不到抚慰的效果。考虑到上下适中的问题，建议以50%作为参照标准，这个标准也在问卷调查中得到了印证，65%的法官认为50%的标准是比较适中的。

表7 显性精神损害赔偿标准

类别	标准的确立的可能参照
死亡	死亡赔偿金的50%左右
残疾	残疾赔偿金的50%左右
人身自由	人身自由赔偿金的50%左右
疾病、精神疾病	医药费(含后续治疗费、康复费)的50%左右
工作、生活状态受损	耽误的工作损失等的50%左右

对于不常见的、隐性的损害情况，目前最可行的是参照民事方法，因为“具体地列举抚慰金额算定的基准和根据是不可能的，最终只能等待判例针对种种类型制定出一个大体上的基准”。英美国家关于精神损害赔偿也通常通过案例进行数额计算，以成文法为主的德国在针对精神损害赔偿时，也较多用案例而少用成文法。① 例如，对于侵害人身自由时间不长，但是给当事人造成了严重后果的麻旦旦案，仅仅根据侵犯人身自由时间确定赔偿额还不够，就必须参照有关民事案件处理。又如，警察在错误追捕过程中伤害了某明星的面部，造成严重的精神创伤，也只能参照有关民事侵权案件。从某个角度而言，不常见的次要现象也是非典型现象，因此，如同后文要论及的，次要标准很多时候就和“非典型”现象一样应交由法官自由裁量或者当事双方协商。

(二)类型的流动性与开放性：标准确立中调整机制的建立

相较概念的隔绝式、封闭式特点，类型是一种更为开放的思维。类型无法被精确定义，而只能以接近的方式加以描述，类型虽然有一个固定的核心，但却没有固定的边界。在类型与类型之间的边缘地带，过渡是和缓而渐

① 张妮：“精神损害赔偿的定量研究”，西南财经大学2012年博士学位论文。

进的。在拉伦茨看来,此种因为流动过渡而显现出来的层级性特征是类型最重要的特性,"一种类型相对其他类型,并非是界限固定的;相反是流动的:经由不同的强调重点的移动及特征的变化,它便转向另一类型"。[①] 正由于其连续性特征,使相邻类型之间呈现出一种次序性的排列状态。[②] 国家精神损害赔偿标准也如此,彼此之间存在交叉、重叠和过渡,很难有分明的界限。

1. 标准额度确立的阈值制度。基于类型的开放,标准层级之间不可能有固定的边界,额度必然是交叉重叠的。精神损害有其固有的无形性和复杂性,其损害程度更是流动和开放的,必然呈逐步的、梯度的状态,因此赔偿标准也是流动的、开放的。如果按严重程度将精神损害分为严重、一般和轻微三大类,然后再细化每一个等级的损害认定标准,那这种标准的制定必然是多层级的,存在部分交叉和部分重叠。假设某人被限制人身自由1年,按照2012年每天182.35元的标准,当以66557.75元×50%作为基本参照,特殊情况的可以适当浮动(如上下浮动20%左右),依据阈值理论,亦属于情理法理之中的事情。

2. 标准额度确立的上下限制度。同时,类型的流动性也告诉我们,类型并不是漫无目的的,如果无边无际,那根本就不需要类型。既然有类型,则存在最基本的边界就是标准确定中的上下限额制度。《国家赔偿法》就死亡赔偿金和丧葬费就规定有上限,即不超过上年度职工年平均工资的20倍;《最高人民法院关于审理涉外海上人身伤亡案件损害赔偿的具体规定(试行)》设定损害赔偿的上限为80万元。具体到当前的标准,基于精神损害抚慰金的性质,建议上限为死亡赔偿金,各项损害相加之后不超过死亡赔偿金。而下限可以当前司法实践诸多案例中出现的1000元为基准(可随年份而调整)。

此外,这里的"下限"与"致人精神损害造成严重后果"紧密相关,"严重后果"就是精神损害赔偿起点(下限)的确定。从这里确定的下限可以推导

---

① 转引自吴从周:"类型思维与法学方法",台湾大学法律研究所1993年硕士学位论文。

② 杜宇:"类型作为刑法上独立思维形式——兼及概念思维的反思与定位",载《刑事法律评论》第26卷,第214页。

出其他各类情形的“严重”标准,1000元的精神损害赔偿对应2000元的显性赔偿,也就对应15天的人身自由(15天也是行政拘留的上限),这可以成为一个坐标点。疾病的情况、对生活造成损害的情况可以参照显性损害2000元的标准(隐性损害占主要情形时,则只能去参照民事案件或者交由法官裁量);对于死亡和残疾而言,只要构成死亡和最低级别的残疾都应属于严重情形;其他少见的情况,也只能交由法官裁量是否为严重。

(三)类型的典型与非典型:标准确立中补充机制的建立

“经常类型”是根据概率性经验,通过观察大多数个案所呈现出来的共同特征而获得。① 但共同特征并不经常性、普遍性地同时存在,有时以变化的或者混合的形态呈现出来,这就是“形态类型”。通俗而言,经常类型与形态类型的区分也就是典型与非典型的界分。就精神损害赔偿而言,基于其精神损害的无形性,非典型现象更是常见。非典型现象须有独特机制来弥补。

1.法官根据特殊情况的自由裁量制度。很多特殊情况无法归入某一典型类型。对于跳远运动员而言,脚部受伤是致命性的;对于歌唱家而言,声带受损是致命性的;对于未做过母亲的少女而言,因某错误措施而丧失做母亲的权利是无法接受的。在这些非典型情况下没有标准可以参考,只能靠法官自由裁量。诚如王泽鉴先生所言:“慰抚金之表格化外……须就个别案件,斟酌一切情事,始能实现慰抚金制度之目的。”②

2.协商机制的引进。协商是双方意志的自由表达,也属于弥补性机制。如果依据上述框架仍不能确立赔偿标准,就有必要引进当事人和赔偿义务机关的协商机制。或者,只要双方愿意,即使存在固定赔偿标准的情况下,也可以进行协商。协商可以突破最高限额的规定,但是应当参照现有明确的标准和限额规定。

五、实践的检验:类型理论下几个常见问题的解答

法律的生命力不在于逻辑,而在于经验。经得起实践检验的理论叙说才有说服力,备受瞩目的国家精神损害赔偿案件和事项俯拾皆是,本文的理

---

① 杜宇:“‘类型’作为刑法之独立思维形式”,载《刑事法律评论》第26卷,第228页。

② 王泽鉴:《民法学说与判例研究》,中国政法大学出版社1997年版,第268页。

论叙说可以得到多层次的检验。

（一）国家精神损害赔偿标准设立的主要方式问题

目前,关于精神损害赔偿标准的设立有概括式、数值式、倍率式三种方式。① 概括式即仅规定给予适当赔偿而未规定具体赔偿额。数值式是将赔偿额设定为具体的数值或是数值范围,包括了赔偿额上限、下限或赔偿范围等。倍率式是特定基数下的某倍率,基数是浮动和灵活的(如上一年度平均工资等)。笔者赞同倍率式,基数赔率式与阈值理论是一致的,符合类型开放、流动的特点。从这个逻辑演绎下去,数值式精神损害赔偿标准按照"限制人身自由三个月以内赔偿五千元以下;三个月以上不满一年赔偿五千以上一万元以下;一至三年赔偿一万元以上三万元以下;三至五年……"的规定没有必要,这样试图追求精确的具体规定与阈值理论是完全违背的。按照阈值理论,被限制人身自由时间和赔偿数额的对应是重叠和交叉的。

（二）关于常见现象的精神损害赔偿标准

依据前面论及的标准,造成死亡、残疾、致人罹患疾病和侵犯人身自由的,分别以死亡赔偿金、残疾赔偿金、医疗费(含后续治疗、康复费用)、侵犯人身自由赔偿金为参照标准,且不超过该标准的50%。这样,一般情况下的赔偿标准(以2013年赔偿标准为例)如下:

表8 常见情形的精神损害赔偿额度

类别	损害基本情况和基本赔偿	精神损害赔偿基本参照数
侵犯人身自由	被羁押十年(3650天),人身自由赔偿总额为665,577.50(182.35×3650)	332,788.75元
罹患疾病	医疗费支付总额50万元为例	25万元
造成残疾	造成部分丧失劳动能力并认定支付国家上年度职工年平均工资的十倍475,930元	237,965元
死亡	死亡赔偿金475,930×20	475,930元
严重影响工作、生活	造成工作生活损失20万元	10万元

① 张妮:"我国精神损害赔偿标准设立方式的实证研究",载《湖南社会科学》2013年第2期。

(三)几个典型案例的评析

依据本文的论述逻辑,可以对涉及国家精神损害赔偿的几个影响性案例进行一番梳理,以便得到更为合理的认识。

表9 几个影响性案例的评析

案件	案件基本情况	案件评析
麻旦旦案	2001年,少女麻旦旦被以嫖娼为名限制人身自由,并被迫两次做处女膜鉴定,最终赔偿其人身自由损害74.66元,精神损害赔偿被驳回	可以参照相关的民事案件。依据其造成的全国性负面影响这一主要相似点,可以参照刘嘉玲诉广东汕头雅丽丝实业公司等肖像侵犯案,①获得10万元的赔偿
唐慧案	湖南高院对其提出的损害赔偿请求全部予以认可,判决被限制人身自由9天的赔偿金1641.15元;并判决精神损害抚慰金1000元。网民批评精神损害赔偿太少	法院判决无可指责,请求1000元当然只能判1000元。但因其特殊性和影响性,其精神损害除了显性的被错误劳教9天之外,还有隐性精神损害。如唐慧提出一个相对较高的精神损害请求,可以经过协商达成一个高于1000元的赔偿数额
赵作海案	决定支付赵作海国家赔偿金50万元整,生活困难补助费15万元整。被网民指责没有精神损害赔偿	15万元生活困难补助可替换为精神损害赔偿,则完全符合法理,15万元额度稍低,但也还在本文设定的50%上下
浙江叔侄案	决定分别支付人身自由损害赔偿65万元,精神损害抚慰金45万元	跟本文设定的50%相比有点偏高,接近于死亡的精神损害抚慰金(475,930元),但并没偏离基本法理

结　语

国家精神损害赔偿的复杂性众所周知,目前世界各国均无完美的解决方案,本文也不奢望"一揽子"解决这个难题。本文写作之时,各地的调研正在积极进行,最高人民法院的司法解释也正在制定中。本文目的在于,对已

① 《最高人民法院公报案例》(1993年)。当然,10万元的赔偿还应当参照不同年份的生活水平标准进行计算。

有的观点,努力多提出一个理论佐证;对已有初步探究并在实践当中的观点,[①]努力为其进行理论补强;对部分摇摆中的观点,努力为其提供理论支撑。本文努力的是提供另外一种思路、另外一个角度,试图使探究对象更加条理化,方向更为明确。如能给纷乱的国家精神损害赔偿的法律实践以点滴启发,则甚感欣慰。

(作者单位:湖南省高级人民法院)

① 主要情形优先确立、阈值制度、上下限制度、自由裁量等制度均已在各地的内部文件中使用。

解构、细化与拓展

——民事执行程序中司法赔偿范围探析*

高沛沛

在国家权力结构中，司法权是保障个人自由与权利的最重要力量。然而，权力的扩张本性和被僭越、被滥用的高风险性，决定了司法权这一公权力侵犯个人权利的不可避免性，尽管法律的程序规范构建了较为完备的事前制约机制。为了救济司法权对个人权利所造成的损害，世界许多国家和地区纷纷确立司法赔偿制度，对符合法定条件的司法侵权损害给予赔偿。从外延上讲，根据司法侵权行为所作用的领域之不同，可将司法赔偿划分为刑事司法赔偿和非刑事司法赔偿两类，其中，民事执行程序中的司法赔偿便是非刑事司法赔偿的重要组成部分。

所谓民事执行程序中的司法赔偿，是指人民法院及其执行人员在民事执行过程中违法行使职权，侵犯公民、法人和其他组织的合法权益，并造成损害，所引发的国家赔偿。①

一、民事执行程序中司法赔偿之理论基石

（一）基础之理论：公权制约与私权保障

公权力与私权利的划分源于古罗马法学家乌尔比安关于公法与私法的

---

* 本文获中国审判理论研究会国家赔偿理论专业委员会第二届年会暨“法治中国背景下的非刑事司法赔偿”主题论坛优秀论文一等奖。

① 郑国美、赵英伟：“民事违法执行的国家赔偿确认”，载人民法院报网站，http://rmfyb.chinacourt.org/paper/html/2010-03/03/content_4921.htm#，访问时间：2013年7月24日。

区分。公权力是指社会公共领域中,由公众赋予和认同的能够给公众带来权益和幸福的集体性权力,国家权力是其最重要的表现。私权利是指由非公权机关介入的私人和团体所拥有的权利。纵观人类社会的历史,本质上就是公权力与私权利资源在不同阶层按不同方位排列组合的历史。[①] 包括司法权在内的公权力与包括政治、民主、人身、财产等各项人的生存、尊严和价值保障在内的私权利之间的相互关系,是各派法学家一直以来争论不休的问题。但无论法学家们如何争鸣,在有一点上是达成共识的,那就是——由于公权力具有扩张性与腐蚀性的一面,因此应当对其予以制约和平衡,从而防止其对私权利造成侵犯。事实上,公权力对私权利的入侵与损害主要可概括为三个方面:一是公权力积极地扩张与膨胀,挤占和践踏私权利的生存空间;二是当私权利出现危机时,公权力消极怠用,对本应尽到的维护和保障私权利不受侵害的责任与义务漠然视之;三是公权力异化,陷入权力寻租泥潭,导致直接侵害私权利并进而导致私权利萎缩的后果,如司法权行使过程中,个别法官为利益或人情所使而出现偏向和不公,从而损害一方当事人合法权益。这三方面情形的真实存在使对公权之制约和对私权之保障越来越成为一个紧迫而具有现实意义的课题。

近代以来,人权理论兴起并蓬勃发展,特别是第二次世界大战以后,普遍人权概念的提出和争取普遍人权的各项行动,使人权俨然已经从一个附属于主权的内政概念延伸成为国际法上的概念,国家人权观念作为现代公民的一项普遍性权利越来越受到重视。[②] 何谓人权?这一概念孕育于西方文明,其内在的人道主义精神与现代法治精神相契合,然其内涵和外延并无通行共认之统一定论。有学者认为其具备私权利概念的一切特征,但加入了关于人的尊严和价值这一特定意蕴。[③] 由此可见,人权概念与私权利是密切相关,密不可分的,在法治作为治国理政基本方式的今天,尊重和保障人权的关键在于人权保障的制度建设,相应的,私权保障之精髓所在亦为私权保障的制度建设。包括司法赔偿在内的国家赔偿制度,作为一种兼具对公

---

① 胡玲丽:"公权与私权的冲突与协调",载百度文库,http://wenku.baidu.com/view/1f6b51795acfa1c7aa00cc2e.Html,访问时间:2013年7月26日。

② 马怀德:《完善国家赔偿立法基本问题研究》,北京大学出版社2008年版,第18页。

③ 夏勇:《人权概念起源——权利的历史哲学》,中国政法大学出版社2001年版,第28页。

权力违法的谴责追究和对私权利受损的补救救济双重功效之制度设计，必然成为公权制约与私权保障的立足点。

（二）直接之动因：对“矫正正义”的正义矫正

在对社会关系进行法律调整的众多原则中，正义原则无疑是最高层次的理想和目标，是“贯彻一切德行的最高原则”，也是人们用来评价和判断一种法律制度具有正当根据的价值标准。亚里士多德在两千多年前酝酿的两分式的正义理论框架确立了正义与非正义的基本边界，即将正义区分为分配正义与矫正正义。分配正义是关于对权力、产品等社会资源在社会主体间进行正常配置的规则设计，它满足了主体生存的基本需要。矫正正义描述了这样一种情形：“尽管平等是较多与较少之间的适度，得与失则在同时既是较多又是较少：得是在善上过多，在恶上过少；失是在恶上过多，在善上过少。又由于平等——我们说过它就是正义——是过多与过少之间的适度，所以矫正正义也就是得与失之间的适度。”[①]将该理论适用到法律领域，分配正义表现为一套规定社会资源在社会结构中的地位、社会资源相互间关系以及具体配置的实体制度规范，概言之，是一种实体正义和事前正义；矫正正义表现为以程序规范的形式对失衡的分配正义进行纠错，简言之，是一种程序正义、事后正义和救济正义。[②] 在法律领域，即是法官通过法律来对不公正的现象进行平衡与救济，以实现实质的公正。[③]

“没有救济就没有权利”，矫正正义之于实践，很大程度上靠的是司法的救济功能。换言之，矫正正义的实现诉诸司法权的行使，司法权的合法正当行使是矫正正义得以成就其价值追求的必由之路。但司法的强制性和权威性却使公民对参与诉讼产生了一种天然的恐惧，为消除这种恐惧，国家除制定相应的实体法与程序法来规范执法者的行为、防止其滥用司法权力外，还对公民寻求司法救济的诉讼权利作了许多保护性的规定。[④] 司法活动只有严格遵守这些规定，其矫正正义的功能才具备实现的现实可能性。然而，由

---

① ［古希腊］亚里士多德：《尼各马克伦理学》，廖申白译，商务印书馆2006年版，第138页。

② 吴刚、武春辉：“分配正义与矫正正义”，载《人民法院报》2008年4月23日第5版。

③ 傅鹤鸣：“亚里士多德矫正正义观的现代诠释”，载《兰州学刊》2003年第6期。

④ 王美丽：“从执法侵权到司法侵权——一个沉重而难堪的话题”，载《河南社会科学》2004年11月第12卷第6期。

于司法机关及其工作人员司法水平、司法需求和能力要求之间有着或大或小的差异,司法机关工作人员违法办案现象的出现以及其他主客观因素的影响,司法侵权行为的存在并不鲜见。即便是在司法制度相对发达的西方国家,司法机关对公民错误羁押、错误定罪的事例也屡有发生。作为司法权运行的一个重要领域,民事执行程序中的司法侵权行为亦时有发生,由此,矫正正义不但无法实现对失衡的分配正义的纠正,反而还将滑向非正义的深渊。那么,对矫正正义的正义矫正便成为一种重归矫正正义价值追寻与实现权利救济进而实现正义之目的的必然路径。而司法赔偿,便是对矫正正义进行正义矫正的有效和有力方式。

二、民事执行程序中司法赔偿之归责原则

"归责"一词滥觞于民法学研究领域,并广泛应用于各类侵权行为范畴,它是指在法规范的层面上,使遭受损害的权利与促使损害发生的原因相结合,将损害转嫁由原因者承担之法律价值判断。[①] 换言之,归责对侵权行为人应当基于何种理由对自己的行为承担责任这一法律责任的基本问题作出了解答,也为法律责任制度的正当性提供了基础。[②] 与之相应的,归责原则就是按什么样的标准来判断谁来承担责任,换言之,即是指将责任归咎于行为人的根据或准则。[③] 具体地说,就是指行为人凭什么承担责任,当损害的结果发生时,到底是以行为人的过错为标准,还是以损害的结果为标准,又或者是以被害人的过错或违法为标准,这个标准,就是归责的原则问题,[④]它是研究各项问题的起点与依据。

(一)核心与基础:归责原则在国家赔偿制度体系中的地位

在民事侵权行为法中,有学者将归责原则的地位定位为"在整个侵权行为法中居于核心地位",其理由是"一定的归责原则决定着侵权行为的分类,也决定着责任构成要件、举证责任的负担、免责条件、损害赔偿的原

① 邱聪智:"庞德民事归责理论之评价",载《台大法学评论》第11卷第2期,转引自周友军、马锦亮:《国家赔偿法教程》,中国人民大学出版社2008年版。

② 朱新力、余军:"国家赔偿归责原则的实证分析",载《浙江大学学报》(人文社会科学版),2005年3月第35卷第2期。

③ 杨临宏:《国家赔偿法:原理与制度》,云南大学出版社2010年版,第66页。

④ 宋怡:"国家赔偿归责原则研究",华东师范大学2012年硕士学位论文。

则和方法、减轻责任的根据等”,因此,“确定合理的归责原则,建立逻辑统一的归责原则体系,实际上是构成整个侵权行为法的内容和体系的关键”①;有学者认为“归责,是指以何种根据确认和追究侵权行为人的民事责任,它所解决的是侵权的民事责任之基础问题。”②从国家赔偿制度的发生和发展历程来看,最初之理论基础是法律拟制说和国库理论,③从上述两理论的要旨可以看出,国家赔偿责任是从民事侵权责任发展而来的。因此,国家赔偿制度之下的归责原则与民事侵权行为法领域的归责原则之地位和重要性是一脉相承的。马怀德教授曾言:“国家赔偿中的归责原则是整个赔偿立法的基石,采用哪种原则不仅是由国家政治司法体制决定的,也直接影响赔偿范围,赔偿程序等问题。”④高家伟教授指出:“归责原则是国家赔偿制度结构的晴雨表,是国家赔偿立法基本立场的试金石,是国家赔偿范围的调节器,是法律适用解释的指南针,是国家赔偿法修改和完善的突破口。”⑤

由上述阐释可知,“归责原则”在国家赔偿法里居于核心地位,它既是国家赔偿法的基本原则,也是国家赔偿责任的依据,确立国家赔偿法的归责原则,就是确立了国家赔偿法的整体价值倾向,甚至体现着一个国家在权利救济方面的价值倾向,集中体现一国国家赔偿法的规范功能,对国家赔偿法里的各个规则起着统帅作用。⑥ 在国家赔偿领域,究竟采用何种归责原则直接决定着赔偿的构成要件、赔偿范围的划定、赔偿程序的设计、举证责任的分配等一系列关键性问题。从权利救济的角度而言,归责原则的设定还直接关系着受损害的权利是否能够得到有效的救济,如采用违法责任原则就有可能将一些自由裁量不当或者滥用职务的行为致害排除在国家赔偿范围之外,而采用过错责任原则就可能将一些无过错职务行为致害排除在国家赔

---

① 王利明、杨立新:《侵权行为法》,法律出版社 1998 年版,第 27 页。

② 张新宝:《中国侵权行为法》,中国社会科学出版社 1998 年版,第 33 页。

③ 关于法律拟制说与国库理论的具体内容,可详见中国法制出版社出版的《国际比较法百科全书》和[德]奥托·迈耶所著的《德国行政法》。

④ 马怀德:《国家赔偿的理论与实务》,中国法制出版社 1994 年版,第 103 页。

⑤ 高家伟:《国家赔偿法》,商务印书馆 2004 年版,第 98 页。

⑥ 宋怡:“国家赔偿归责原则研究”,华东师范大学 2012 年硕士学位论文。

偿范围之外。[①] 因此,基于归责原则在整个国家赔偿制度体系中的基础性作用,欲探讨民事执行程序中的司法赔偿范围问题,首要之务便是需先确定和厘清民事执行程序中司法赔偿的归责原则。

(二)定位与解析:民事执行程序中司法赔偿的归责原则

作为我国国家赔偿体系的一个重要组成部分,民事执行程序中司法赔偿的归责原则具有双重性。一方面,它既然归属于国家赔偿范畴,那么便要遵循国家赔偿的统一归责原则;另一方面,基于民事执行程序中司法赔偿有别于行政赔偿、刑事赔偿的独有特点,其归责原则需在统一归责原则之下结合其特点及我国执行工作的现状予以合法合理地确定。

《中华人民共和国国家赔偿法》(以下简称《国家赔偿法》)第2条规定:"国家机关和国家机关工作人员行使职权,有本法规定的侵犯公民、法人和其他组织合法权益的情形,造成损害的,受害人有依照本法取得国家赔偿的权利。"从该条规定看,与旧法相比,删除了"违法"两字,加入了"有本法规定的……情形",这一条文上的修改,意味着国家赔偿的归责原则较传统的"违法责任原则"有了新的突破。将该条规定与第3条、第4条、第17条、第18条的规定相结合可以看出,我国现行国家赔偿的归责原则应是以违法责任原则为主,以结果责任原则为辅,呈现出一种新的体系结构。[②] 违法责任原则是"国家机关及其工作人员违反法律行使职权对他人的合法权益造成损害的,国家负赔偿责任,也即以职务违法作为归责的根本标准。"[③]换言之,在违法责任原则之下,不论行为人主观上有无过错,只要其行为违法就应承担赔偿责任。《国家赔偿法》第3条、第4条、第17条第1、4、5项、第18条第1项之规定,均是违法责任原则的体现。结果责任原则,是指无须考虑国家机关及其工作人员的行为是否违法,只要损害结果发生,国家就要承担赔偿责任。[④] 该归责原则置于侵权行为法视角之下,便是无过错责任原则。《国家

---

① 刘嗣元、石佑启、朱最新:《国家赔偿法要论》(第2版),北京大学出版社2010年版,第12页。

② 石佑启、刘嗣元、朱最新、杨桦:《国家赔偿法新论》,武汉大学出版社2010年版。

③ 马怀德:《国家赔偿问题研究》,法律出版社2006年版,第71~72页。

④ 魏茂鹏:"国家赔偿归责原则体系之重构——以公平责任原则的引入为切入点",山东大学2012年硕士学位论文。

赔偿法》第17条第2、3项及第18条第2项之规定,即是对结果责任原则的诠释。

以违法责任原则为主,以结果责任原则为辅的多元归责原则,是统帅行政赔偿与司法赔偿的统一归责原则。民事执行程序中的司法赔偿归责原则须在该统一归责原则之下确定。《国家赔偿法》第38条规定:"人民法院在民事、行政诉讼过程中,违法采取对妨害诉讼的强制措施、保全措施或者对判决、裁定及其他生效法律文书执行错误,造成损害的,赔偿请求人要求赔偿的程序,适用本法刑事赔偿程序的规定。"将民事执行程序中的司法赔偿从上述规定抽离出来可知,赔偿请求人获得赔偿的条件是"人民法院在民事诉讼中,对判决、裁定及其他生效法律文书执行错误,造成损害的"。由此可见,我国民事执行程序中的司法赔偿采用的是违法责任原则,并未将结果责任原则纳入其中。

关于该归责原则,有学者认为会排除一些本应由人民法院承担的赔偿责任,比如原判决、裁定经审判监督程序再审后,依法予以撤销,但却已执行完毕,无法执行回转的情形。① 我们认为,该归责原则不仅与执行权的性质相契合,而且体现了民事执行程序中司法赔偿的价值取向。

1. 一方面,包括执行权在内的司法权是一种公权力,公权力侵权造成损害应当承担赔偿责任;另一方面,执行权所作用的领域是平等民事主体之间的权利义务关系,这种权利义务关系的产生并无公权力的介入,因此,如果要求人民法院在此过程中承担结果责任,显然过于苛责。综合上述两方面因素,违法责任归责原则最适宜民事执行程序中的司法赔偿原则。

2. 从世界各国立法例来看,美国、英国、德国等国并无刑事司法赔偿制度,我国设置这一制度,具有先进性和现实意义,在价值取向上一方面体现了对权利的保障,体现出法律的公平与公正的价值;另一方面也实现了对司法权威本身的维护,体现了我国司法的价值目标追求。

三、民事执行程序中司法赔偿之范围解构与细化

我国现行国家赔偿体系对民事执行程序中司法赔偿范围的界定,主要集中于《最高人民法院关于民事、行政诉讼中司法赔偿若干问题的解释》(以

---

① 高家伟:《国家赔偿法学》,中国工商出版社2000年版,第277页。

下简称《司法赔偿解释》)和《最高人民法院关于审理人民法院国家赔偿确认案件若干问题的规定(试行)》(以下简称《赔偿确认规定》)这两部司法解释之中。从这些规定来看,采取的均为列举式表述方式,且均建立于违法责任归责原则的基础之上。通过采用分类归纳法进行解构,民事执行程序中司法赔偿的范围主要包括:

(一)硬币之一面:作为违法致害赔偿

民事执行程序中的作为违法致害赔偿,是指人民法院及其工作人员违反执行程序中对公民、法人或其他组织负有的不作为义务,侵犯公民、法人或其他组织合法权益并造成损害的行为。[①] 作为违法致害,是民事执行程序中引发司法赔偿最广泛和最常见的原因。

1. 执行尚未发生法律效力的判决、裁定、民事制裁决定等法律文书的。根据《中华人民共和国民事诉讼法》(以下简称《民事诉讼法》)第三编执行程序之相关规定,执行的依据是"发生法律效力的民事判决、裁定,以及刑事判决、裁定中的财产部分;人民法院制作的调解书;依法设立的仲裁机构的裁决;公证机关依法赋予强制执行效力的债权文书;经人民法院裁定承认其效力的外国法院作出的判决、裁定,以及国外仲裁机构作出的仲裁裁决。"由此可见,据以执行的判决、裁定和民事制裁决定须已经发生法律效力;否则,在执行的依据尚未生效的情况下即采取强制执行措施,控制或处分被执行人之财产,显然构成违法执行,人民法院应予以赔偿。

2. 违反法律规定先予执行的。先予执行,是指人民法院在诉讼过程中,根据当事人的申请,裁定一方当事人预先付给另一方当事人一定数额的金钱或其他财物的一种特殊诉讼的法律制度。[②] 虽然《最高人民法院关于人民法院执行工作若干问题的规定(试行)》(以下简称《执行工作规定》)规定,先予执行的裁定由审理案件的审判庭负责执行,但此处我们仅考虑该制度的性质而不考虑执行的部门,因此,将其纳入执行范围予以探讨。民事诉讼法规定的先予执行适用的案件范围是:第一,追索赡养费、扶养费、抚育费、

---

① 参见马怀德对"作为的司法侵权行为"之定义,载马怀德:《完善国家赔偿立法基本问题研究》,北京大学出版社2008年版,第212页。

② 肖承池:"浅议先予执行",载中国法院网,http://www.chinacourt.org/article/detail/2005/10/id/181654.shtml,访问时间:2013年7月29日。

抚恤金、医疗费用的案件；第二，追索劳动报酬的案件；第三，因情况紧急需要先予执行的案件。根据最高人民法院的有关司法解释，所谓的情况紧急，主要是指下列情况：需要立即停止侵害，排除妨碍的；需要立即制止某项行为的；需要立即返还用于购置生产原料、生产工具款的；追索恢复生产、经营急需的保险理赔费的。执行过程中违反法律规定先予执行的情况，我们认为，从作为违法致害的角度讲，在司法实践中主要包括不符合先予执行条件或不属于先予执行案件范围而先予执行，以及超出申请范围先予执行，从而造成损害的这两种情形。

3. 违法查封、扣押、冻结、执行案外人财产且无法执行回转的。由于现实生活中财产权属与实际占有状态的复杂多样性，民事执行过程中执行标的系案外人财产的情况并不鲜见。在这种情况下，为保护案外人的合法权益，通过《民事诉讼法》及《执行工作规定》，确立了案外人执行异议制度。案外人执行异议，是指没有参加诉讼或执行程序的案外人，为保护自己利益免受执行侵害，向人民法院提出执行异议，主张对执行标的享有实体权利。[①]糅合《司法赔偿解释》和《赔偿确认规定》对此问题的规定，我们将查封、扣押、冻结、执行等控制性措施与处分措施涵盖其中。依照违法责任归责原则，在民事执行程序中，并非只要执行了案外人财产便会导致司法赔偿的结果，我们认为，若要承担侵权赔偿责任，应同时具备以下两个条件：一是违法查封、扣押、执行案外人财产。此处的“违法”，在实践中较常见的情况主要有：(1)人民法院明知案外人对执行标享有所有权，但仍然采取查封、扣押、划拨、拍卖、变卖、变价处理等执行措施；(2)人民法院对执行标的的权属情况未尽到必要的审查义务便采取控制性或处分措施；(3)人民法院对案外人提出的执行异议不予受理或虽受理但不作出裁判，或未依法定程序、未在法定期限内进行审查。二是无法执行回转。执行回转是指执行完毕后，据以执行的判决、裁定和其他法律文书确有错误，被人民法院撤销的，对已被执行的财产，人民法院应当作出裁定，责令取得财产的人返还，对拒不返还者予以强制执行的执行救济制度。执行程序中司法赔偿语境下的执行回转，

---

① 黄正光：“论执行异议的认定与处理”，载中国法院网，http://www.chinacourt.org/article/detail/2007/09/id/265117.shtml，访问时间：2013年7月29日。

应作广义解释,包括违法执行案外人财产情况下的执行回转。我们认为,这里的"不能执行回转",不仅是指已被执行的财产全部无法回转的情况,还应包括部分无法执行回转的情况,因为此时案外人的直接损失依然没有得到完全赔偿。

4. 明显超过申请数额、范围执行且无法执行回转的。《最高人民法院关于人民法院民事执行中查封、扣押、冻结财产的规定》(以下简称《查扣冻规定》)第21条第1款规定:"查封、扣押、冻结被执行人的财产,以其价额足以清偿法律文书确定的债权额及执行费用为限,不得明显超标的额查封、扣押、冻结。"根据举轻以明重的原则,明显超标的额采取处分措施理应在法律禁止之列。然而,我们可以看到,该条第2款为例外性规定,即"发现超标的额查封、扣押、冻结的,人民法院应当根据被执行人的申请或者依职权,及时解除对超标的额部分财产的查封、扣押、冻结,但该财产为不可分物且被执行人无其他可供执行的财产或者其他财产不足以清偿债务的除外。"基于此,结合相关法律规定,我们认为,有下列情形之一的,可认定为明显超过申请数额、范围执行:一是超标的查封、扣押、冻结、变卖或者执行被执行人可分割的财产;二是拍卖多项财产时,在部分财产卖得的价款已足以清偿债务和支付被执行人应当负担的费用的情况下,在未获得被执行人同意全部拍卖的意见时,对剩余的财产继续拍卖;三是明显超标的额划拨被执行人的存款;四是明显超过申请数额、范围对被执行人财产采取其他处分措施的。在实践中,应依据财产的性质、发现财产的先后顺序等因素对"明显"一词进行合理的裁量。另需注意的是,此处的执行回转,无论从原因上还是从程度上,都应作扩大解释。

5. 违反法律规定,重复查封、扣押、冻结财产,造成损害的。《民事诉讼法》第103条第2款规定:"财产已被查封、冻结的,不得重复查封、冻结。"《最高人民法院关于适用〈中华人民共和国民事诉讼法〉若干问题的意见》第82条规定:"人民法院在执行中已依照民事诉讼法第二百二十一条、第二百二十三条的规定对被执行的财产查封、冻结的,任何单位包括其他人民法院不得重复查封、冻结或者擅自解冻。"《查扣冻规定》第28条规定:"对已被人民法院查封、扣押、冻结的财产,其他人民法院可以进行轮候查封、扣押、冻结。查封、扣押、冻结解除的,登记在先的轮候查封、扣押、冻结即自动生效。"由此可见,我国法律是明确禁止重复查封行为的,同时,为了解决不同债权人的受偿顺序问题，又确立了轮候查封制度。因此，如人民法院针对同一执行标的物进行重复查封、扣押、冻结，是违反法律禁止性规定的行为，即可被认定为违法，再加上造成损害这一要件，便应被纳入司法赔偿的范围。

6. 执行过程中，变卖财物未由合法评估机构估价，或者应当拍卖而未依法拍卖，强行将财物变卖给他人或者以物抵债的。为规范拍卖、变卖等“执行乱”现象较为突出的环节，最高人民法院于2004年出台了《关于人民法院民事执行中拍卖、变卖财产的规定》（以下简称《拍卖变卖规定》），对于拍卖，该司法解释规定，人民法院对查封、扣押、冻结的财产进行变价处理时，应当首先采取拍卖的方式；拍卖时无人竞买或者竞买人的最高应价低于保留价的，方可根据不同情况分别做出抵债、第二次拍卖、第三次拍卖、变卖等处理。对于变卖，该司法解释规定，对查封、扣押、冻结的财产，当事人双方及有关权利人同意变卖的，可以变卖。当事人双方及有关权利人对变卖财产的价格有约定的，按照其约定价格变卖；无约定价格但有市价的，变卖价格不得低于市价；无市价但价值较大、价格不易确定的，应当委托评估机构进行评估，并按照评估价格进行变卖。因此，本条的违法行为在实践中可具化为以下几种情形：一是变卖财物时，受委托进行评估的评估机构不具备相应资质；二是在当事人双方及有关权利人对变卖财产的价格无约定，该财产亦无或无法确定市价，且该财产价值较大、价格不易确定的情况下，未经合法评估而强行变卖；三是在当事人双方及有关权利人未同意变卖的情况下，不依法进行拍卖而直接予以变卖或抵债；四是违反拍卖的程序性规定，对尚应继续拍卖的财产采取变卖或抵债措施。

7. 没有法律依据将案件执行款物执行给其他当事人或者案外人且无法执行回转的。这是典型的错误执行行为，严重损害了申请执行人或其他权利人的权益，应当认定为违法，承担司法赔偿责任。

（二）硬币之另一面：怠于履行职责致害赔偿

怠于履行职责，是指公务组织及其工作人员依其职责，对公民、法人或其他组织有特定的作为义务，但在有能力、有条件履行的情况下，不履行、拖延履行或不完全履行作为义务的情形。① 在法国，国家赔偿采用的是以公务

① 沈岿：“论怠于履行职责致害的国家赔偿”，载《中外法学》2011年第23卷第1期。

过错为主,兼采危险责任的归责原则。[①] 法国学者认为公务过错包括"不执行公务或公务的实施迟延"。[②] 借鉴该理论,将其移植于民事执行程序中怠于履行职责致害的赔偿之中,怠于履行职责应当包括"不执行及迟延执行"。分析《司法赔偿解释》和《确认赔偿规定》中的规定,民事执行程序中怠于履行职责致害的赔偿基本涵盖了上述两种情形,具体而言包括下列情况:

1. 执行过程中,对查封、扣押的财产不履行监管职责,严重不负责任,造成财物毁损、灭失或者其他严重后果的。对查封、扣押的财产进行监管,是人民法院的职责,这种监管包括两种方式:一是人民法院自行保管,二是委托第三人、申请执行人或责令被执行人保管。对于前一种情形,人民法院应提供合适场所、采取应有的安保措施,使该财产不被自然侵害、人为损害或发生偷盗。从本条阐述来看,在主观上,人民法院及其工作人员存在直接故意或间接故意是引发赔偿责任的一个构成要件,即故意不履行监管职责或明知某种行为会造成财物的毁损、灭失、贬值等后果,却放任这种结果的发生。因此,可纳入赔偿范围的,通常限于人民法院自行保管的情形,且须造成毁损、灭失、贬值等严重后果。[③]

2. 对已经发现的被执行人的财产,故意拖延执行或者不执行,导致被执行的财产流失,造成损害的。这种情况在非刑事司法赔偿实践中所占比例较高。通过查阅2012年我省30件非刑事司法赔偿案卷,共有7件为赔偿请求人以执行人员不积极履行职责,导致生效判决得不到执行、财产流失和毁损为由而提起国家赔偿申请,占到了总数的23.33%。此类赔偿案件多表现为对被执行人的财产不采取有效控制性措施,没有法定中止执行、暂缓执行或不应予执行的事由,故意拖延执行或不执行。

3. 对应当恢复执行的案件不予恢复执行,导致被执行的财产流失,造成损害的。根据法律、相关司法解释之规定以及实践中的通行做法,应恢复执行的情形主要包括:(1)一方当事人不履行或者不完全履行在执行中双方当

---

① 详细阐释见皮纯协、冯军:《国家赔偿法释论》(第3版),中国法制出版社2010年版,第296~302页。

② [法]古斯塔夫·佩泽尔:《法国行政法》,国家行政学院出版社2002年版,第216页。

③ 此种怠于履行职责致害赔偿的案例详见中国法院网,http://www.chinacourt.org/paper/detail/2012/10/id/887810.shtml。

事人自愿达成的和解协议,对方当事人申请执行原生效法律文书的;(2)中止执行的情形消失;(3)裁定终结本次执行程序的案件,阻却事由消失的。上述三种情形出现后,人民法院应经当事人申请或者依职权恢复执行,如怠于恢复造成被执行的财产流失的,应承担赔偿责任。

4. 申请人的申请符合先予执行条件,但人民法院怠于执行,造成损害的。违反法律规定先予执行致害的情形在前文已做阐释,是一种作为违法致害的行为,而此处的情形,是个一体两面的问题,是作为违法致害的对立面,应当先予执行而不予执行造成损害的,同样应当承担赔偿责任。

四、民事执行程序中司法赔偿范围之拓展

基于违法责任归责原则,当人民法院及其工作人员的民事执行行为违法,并给公民、法人或其他组织造成损害的,便应承担国家赔偿责任。从法律渊源的角度来看,根据行政赔偿的立法精神,"违法"应当包括违反宪法、法律、行政法规、地方性法规、部门规章、地方政府规章、其他规范性文件及我国承认或参加的国家公约。民事执行程序中的司法赔偿姑且可以移植该范围。从法律规范的刚性程度的角度来看,"违法"所违反的应该是强制性规范,包括义务性规范和禁止性规范。民事执行行为涉及的法律渊源繁杂,义务性和禁止性规范众多,因此,《司法赔偿解释》和《确认赔偿规定》在列举式规定哪些违法行为属司法赔偿范围之外,均设置了"违反法律规定的其他情形"的兜底条款。然而,在实践中,对于此类兜底条款,除非在其他法律规范中有明确规定,否则在适用时极少行使法官自由裁量权直接予以援引。基于此,我们认为,对于民事执行程序中司法赔偿的范围,除上述两司法解释明示列举的内容外,其他一些常易出现执行错误的情形亦应补充列举,以便在实践操作中直接援引,防止出现实属违法执行,但以法无明文规定为由而将赔偿申请人的赔偿请求拒之于赔偿范围之外的现象。

(一)评估程序中的执行违法行为

人民法院工作人员与评估机构恶意串通,故意压低或抬高评估价格,侵犯申请执行人或被执行人合法权益,造成损害的,应属赔偿范围。在民事执行程序中,评估是个至关重要的环节,直接关系着申请执行人或被执行人的权益,并能够影响到拍卖或者变卖的价格以及财产能否顺利变现。实践中,存在人民法院工作人员与评估机构恶意串通,故意压低或抬高评估价格的现象,如此一来将会严重损害申请执行人或被执行人的合法权益,应当承担赔偿责任。

(二)违反评估、拍卖的程序性规定

违反评估、拍卖的程序性规定,造成损害的,应属赔偿范围。评估、拍卖是执行程序中的重中之重,规定详尽细琐,《司法赔偿解释》和《确认赔偿规定》中,仅规定了"变卖财物未由合法评估机构估价,或者应当拍卖而未依法拍卖,强行将财物变卖给他人或者以物抵债"这一种行为应承担赔偿责任,实践中,违反评估、拍卖程序性规定的行为远不止于此,如在降价拍卖、流拍后的变卖抵债等环节,均曾出现违法操作行为,对于这些行为,如果造成损害的,同样应当承担赔偿责任。举一例言之,被执行人刘某所有的棉花加工厂前两次拍卖均流拍,第三次拍卖前竞买人通过拍卖公司向执行员王某反映底价过高,王某同意竞买人按照底价竞买,但实际支付时可少支付22万元,其后又做通申请执行人工作,使其放弃余款。刘某得知后,提出控告,检察院立案后对该执行员提起公诉,经刑事判决认定该执行员构成滥用职权罪,嗣后刘某提出司法赔偿申请,并最终获得拍卖差价22万元的赔偿。①

(三)执行行为违反实体法的强制性规定

违反实体法的强制性规定,造成损害的,应属赔偿范围。举例言之,《中华人民共和国土地管理法》(以下简称《土地管理法》)第63条规定:"农民集体所有的土地的使用权不得出让、转让或者出租用于非农业建设;但是,符合土地利用总体规划并依法取得建设用地的企业,因破产、兼并等情形致使土地使用权依法发生转移的除外。"关于农民住宅的转让,根据《土地管理法》第43条和国务院办公厅《关于严格执行有关农村集体建设用地法律和政策的通知》的精神,农村宅基地只能分配给本村村民,城镇居民不得购买农村宅基地、农民住宅。若在执行过程中拍卖农村宅基地之上的农民住宅,且买受人为城镇居民,显然是与该实体法的禁止性规定相违背的。为了解决这一问题,最高人民法院、国土资源部、建设部于2004年2月共同出台了《关于依法规范人民法院执行和国土资源房地产管理部门协助执行若干问

① 此案例详情见大众网,http://paper.dzwww.com/sdfzb/data/20120217/html/3/content_2.html。

题的通知》第24条规定:“人民法院执行集体土地使用权时,经与国土资源管理部门取得一致意见后,可以裁定予以处理,但应当告知权利受让人到国土资源管理部门办理土地征用和国有土地使用权出让手续,缴纳土地使用权出让金及有关税费。”根据该规定,如果人民法院在拍卖前未与国土资源管理部门协商并取得一致意见,便进行拍卖程序并裁定农民住宅归买受人所有,便属违法行为,因此造成买受人因无法办理过户手续而产生直接损失的,应承担赔偿责任。①

(四)执行人员有贪污受贿、徇私徇情、滥用职权等行为

执行人员在行使执行权的过程中有贪污受贿、徇私徇情、滥用职权等行为,造成损害的,应属赔偿范围。德国、法国及我国台湾地区在刑事赔偿中均有类似规定,借鉴此类规定,如果人民法院工作人员在执行程序中有上述行为,甚至因此构成刑事犯罪,而给申请执行人、被执行人或其他权利人造成损害,人民法院应当承担司法赔偿责任。

(五)关于据以执行的裁判文书被撤销后是否引发执行赔偿的问题

民事判决、裁定和其他生效法律文书因存在错误而被撤销,是审判实践中一个常见的问题。在《国家赔偿法》起草过程中,立法机关认为,民事审判中的错判,原因较复杂,有因当事人举证不能导致错判,有因审判人员错误认定证据、适用法律导致错判,但经改判后可以通过执行回转使原来的利益关系恢复,不宜列入赔偿范围。② 据此,我国国家赔偿制度中,未将因民事审判错判而给当事人造成损害纳入赔偿范围,相应的,亦不认可因错判而导致据以执行的裁判文书被撤销后,人民法院及其工作人员须因此前采取的执行措施承担司法赔偿责任。这与民事执行程序中司法赔偿采用违法归责原则是相吻合的。然而,如果在这个过程中,执行行为本身存在违法现象,造成损害,仍应承担赔偿责任,但该赔偿责任的承担与民事错判之间并无任何因果关系。

(作者单位:山东省青岛市中级人民法院)

① 类似案例详见李小慧、江萍:“人民法院在执行程序中拍卖农民住宅是否违法”,载《国家赔偿办案指南》(第1辑),中国法制出版社2011年版。

② 胡康生:“关于《中华人民共和国国家赔偿法(草案)》的说明”,载中国人大网,http://www.npc.gov.cn/wxzl/gongbao/2001-01/02/content_5003162.htm,访问时间:2013年7月30日。

第四种审判组织的观察与思考

——国家赔偿委员会运作实证研究*

晏 鹏 李红菱

《国家赔偿法》实施十几年来,国家赔偿委员会作为司法机关内部纠错理赔的专业机构,对规范司法权力,保障公民、法人和其他组织合法权益发挥了重要作用。与此同时,也暴露了赔偿委员会制度的诸多问题,如与现行法院制度之间的冲突、组织管理模式混乱、组织虚置、立法期望功能缺失,这些都直接影响赔偿委员会的运行效果。国家赔偿委员会的运行现状是研究赔偿委员会改革的逻辑起点,只有正确认识赔偿委员会的积弊才能找准赔偿委员会改革的合理路径。本文以所在省市两级法院有关数据为基础,同时参考其他法院的相关数据,采取网络搜索、查阅卷宗、个案接访、电话调查等多种形式,研究国家赔偿委员会的运行现状,以透视目前法院赔偿委员会的运行困境,从而为改革和完善赔偿委员会制度提供参考。

一、国家赔偿委员会设置的争议与冲突

在法院内部设立赔偿委员会是我国《国家赔偿法》的独创,作为国家赔偿案件的唯一审判机构,其基本职能就是受理和处理不服其他机关赔偿复议决定和法院作为赔偿义务机关的国家赔偿争议案件。赔偿委员会自设置之初就一直遭受"公正"短板的非议。

---

* 本文获中国审判理论研究会国家赔偿理论专业委员会第二届年会暨"法治中国背景下的非刑事司法赔偿"主题论坛优秀论文一等奖。

（一）不容回避的公正难题：自己做自己的法官

在我国，对国家赔偿委员会的法律性质、权利范围的规定不是很明确，从而导致国家赔偿委员会既不是完全意义上的审判组织，又不是完全意义上的合议庭。法院在行使审判权的过程中侵害了当事人的权益，成为国家赔偿案件的被申请人，然而案件的裁判者又是法院，通俗点讲，法院在这场审判中既当运动员，又当裁判员。有人说国家赔偿案件就是到法院赔偿委员会告法院的刑庭、民庭、执行局，到上级法院告下级法院，虽说不是同一法院、同一部门审理，但总归在同一系统内，难免受到同一系统的干扰，到法院告法院，让自己来决定自己是否赔偿，其公正性如何保证，这与一个人不能做自己法官的法治理念是相悖的。

（二）角色错乱的监督怪圈：监督者成了被审判者

有权利必有救济，有损害就必有赔偿，任何权力都必须受到控制，任何权力的行使都应当受到有效的规范和制约。在我国，检察机关是专门的法律监督机关，法院审判权要受到检察机关的监督。国家赔偿委员会受案范围有两类：一类是刑事赔偿案件，另一类就是非刑事司法赔偿案件。其中，刑事赔偿案件中就包括检察机关因在采取刑事强制措施时存在过错，如错误拘留、批捕、刑讯逼供等而成为了国家赔偿案件中的被审判者。立法赋予国家赔偿委员会对刑事案件的赔偿决定权，成为了监督者的监督者。在这个监督怪圈中，审判者和监督者在不同的程序中却互换了角色。在刑事、民事、行政审判中检察机关是监督者，但到了国家赔偿程序中，检察院作为赔偿义务机关却成了被审判的机关。①

（三）有违正义的程序黑子：背对背的审判模式

国家赔偿委员会审议赔偿案件一般采用书面形式，适用非诉的决定程序，实行“四不原则”，即不公开、不对抗、不质证、不上诉，而现代诉讼程序理念要求裁判者处于中立、客观、公正的立场，在全面听取两造关于案件事实和适用法律方面的陈述及全面审查经两造质证完毕的证据基础上，对案件进行评议裁判。而赔偿委员会的制度设计本身并不能保证这一程序流程的

---

① 高秦伟：“新国家赔偿法观察：赔偿程序——追求程序正义”，载中国网，访问时间：2013年7月15日。

运行,不开庭,不进行法庭调查和法庭辩论,委员会成员只听取案情汇报书面审查部分卷宗材料,这就与现代诉讼中为保障当事人的诉讼权利和法官公正审判而产生的直接言辞原则背道而驰。作为现代诉讼审判程序的原则之一的直接言辞原则,要求凡参与案件裁决的法官,必须通过庭审,直接听取当事人、证人以及其他诉讼参与人的陈述、言辞辩论,耳闻目睹当事人双方的举证、质证活动,掌握第一手材料。这种"背对背"的审判模式表明赔偿委员会成员之间对待决案件的信息是不对称的,且获得信息的方式是被动的,影响了案件结果的全面性和公正性。

二、国家赔偿委员会运行的歧途和背反

立法设置国家赔偿委员会,是希望发挥委员会集体决策机制的集思广益、保障科学高效决策的功能,同时也可以防止司法专横和司法腐败,但实际上赔偿委员会的运行情况与立法要求、设置目标存在较大偏离。其中,管理混乱、行政色彩、职责不明、组织虚置、效率不高是最为明显的问题。

(一)国家赔偿委员会现存组织模式的不一

《国家赔偿法》于1994年正式颁布,在法院成立国家赔偿委员会审理国家赔偿案件这一模式为我国首创。在"赔偿委员会+赔偿办"的模式中,一般由行政级别较高的副院长兼任赔偿委员会主任,但大部分不专职,有少数法院也设专职主任主持工作。赔偿委员会成员大多由庭室负责人和业务骨干兼任。赔偿办是赔偿委员会下设的办事机构,负责赔偿案件的受理工作,办理具体事宜,由1~2人负责。最高法院规定条件不成熟的法院可将赔偿办挂靠于行政庭,但两者的地位是独立平等的,职能责任是分开的。由于法律规定的不明确,加之各地法院财力、人力发展的不均衡,受人事、编制、组织等部门的制约,许多地方法院赔偿办都没有进行独立设置,一般挂靠在行政庭,"一套班子,两块牌子",产生了赔偿委员会现存管理模式混乱,责任主体不明,缺乏稳定性等诸多弊端。

表1　赔偿委员会两种模式对比表

模式	“赔偿委员会+赔偿办”模式	合议庭式赔偿委员会模式
人员结构	副院长、庭长或庭室业务骨干组成，人员为3～7人且为单数。主任由副院长兼任，庭长、业务骨干等作为赔偿委员的成员。下设赔偿办，由1～2人负责	专业法官组成，3人组成合议庭，独立人员编制
救济途径	一审终审，不服，向上一级法院国家赔偿委员会申诉，检察院不抗诉	一审终审，上级法院申诉，检察机关不抗诉
庭审模式	一般不开庭，重大疑难复杂案件听证	一般不开庭，重大疑难复杂案件听证
分工	工作开展方式为赔偿办受理案件并提出初步意见后，提交赔偿委员会讨论决定	审理所有赔偿案件，重大疑难复杂案件上报审判委员会
署名	文书不署合议庭、不署院名，只署日期	不署合议庭、不署院名，只署日期
名义	法院作为自赔机关以法院决定书的名义发文，其他机关作为赔偿机关以赔偿委员会决定书的名义发文	法院作为自赔机关以法院决定书的名义发文，其他机关作为赔偿机关以赔偿委员会决定书的名义发文
地位	赔偿委员会地位比较高，权威性也比较强	独立性强，与各业务庭室接轨
性质	赔偿委员会只是一个决策机构，而不是办案实体	审判实体

近年来，对赔偿委员会进行实体化改造的呼声虽然很大，但因为始终没有出台权威统一的制度安排文件，更没有严格精细的日程约束，加之各地人员配置、知识结构以及改革力度等各不相同且自行其是，造成国家赔偿委员会整体层级过低，公信力严重下降。笔者通过百度查阅全国68个法院，国家赔偿委员会的设置情况如下：

表2　各地法院赔偿委员会两种模式情况表

模式	“赔偿委员会+赔偿办”模式	合议庭式赔偿委员会模式
高院赔偿委员会	8	2
中院赔偿委员会	47	11
总计	55	13

从搜索情况来看,辽宁、山东、浙江、广东、北京等地赔偿委员会实体化进程较快,合议庭模式的赔偿委员会占到30%左右。但从整体来看,国家赔偿委员会组织形式的统一和整合尚处于起步阶段,受大环境和领导重视程度等因素的影响,难以发挥强大的示范和推动作用。笔者所在省份大部分法院仍然采取“赔偿委员会+赔偿办”的模式,截至2013年6月,14个市州法院只有3家法院取消赔偿办,完成了赔偿委员会的重组。

(二)国家赔偿委员会高配和低效的反差

1. 赔偿委员会成员职位、级别的高配

从赔偿委员会组成人员级别来说,一般由副院长,业务庭庭长组成,并以领导和庭长的双重身份参与到赔偿委员会。就笔者所在的中级法院而言,赔偿委员会共有8名组成人员,赔偿委员会主任是法院的副院长,有4名分别是行政庭庭长、执行局局长、审监庭庭长及刑庭庭长,另外还有1名赔偿办主任、1名普通法官和1名书记员。从学历上讲,赔偿委员会成员大多为本科以上学历,且毕业于正规院校,年龄居于30~45岁之间,都具有5年以上审判工作年限。

表3 某市法院赔偿委员会组成结构一览表

结构 \ 人数 \ 职务		赔委会主任			赔委会副主任		成员	合计
		副院长	行政庭庭长	其他	业务骨干	其他		
来源	外部调入		1					1
	院校毕业	1		1	2		2	6
	社会招干				1			1
年龄	30岁以下						1	1
	30~40岁				1	1	1	3
	40岁以上	1	1	1	1			4
第一学历	本科以上	1					1	2
	本科		1	1	2	1	1	6
	中专及以下							
从事审判工作年限	10年以上	1	1					2
	5~10年			1	2	1		4
	5年以下						2	2

2. 赔偿委员会运行效率不高、效果不佳

赔偿委员会成员大多长期不在岗，一年也就开一两次会，审议十几个案件。审议案件一般采用书面形式，不是通过阅卷或听取当事人或其代理人的陈述，而是通过开会的形式听取承办人的汇报来作出处理决定，其直接后果是成员很难深入了解案情，更谈不上辩驳探讨。因此，在这行政化模式下运行，赔偿委员会从“主角”变成了“配角”，成为了一个会议方式的决策机构。笔者所在中级法院赔偿委员会 2008 年至 2012 年间召开 11 次会议，讨论议题总共 75 个，平均每次讨论 6.8 个案件（或事项），如果按每次会议 3 小时来计算，平均每个案件耗时约 26.4 分钟，这只是所有案件讨论的平均值，实际上有些赔偿案件讨论的时间会更短，时间可能不到 10 分钟。如此短的时间内，委员们要做到明辨是非、正确适用法律绝非易事。而且每年通过赔偿委员会讨论产生结果的案件只有 6 件，不到总数的 10%，多数案件通过赔偿委员会提请审判委员会决议。换言之，赔偿委员会审议案件在讨论中流于形式，在结果上止于应付。

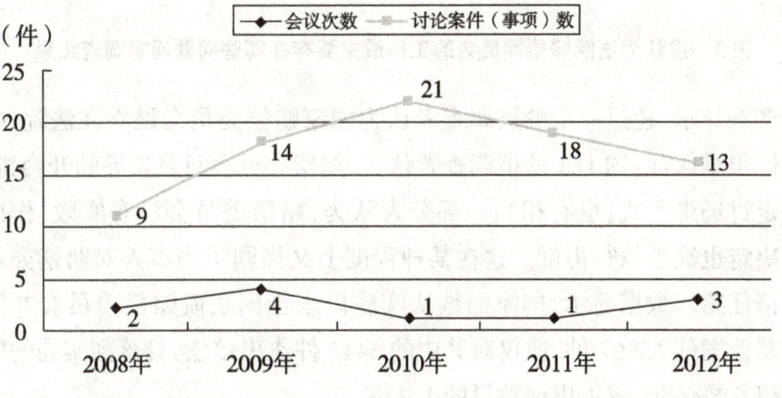

图 1　某中级法院赔偿委员会五年以来开会次数及讨论的案件（事项）数量

从赔偿委员会的运行情况来看，效果不佳是最为明显最为重要的问题。笔者通过查阅卷宗、电话、回访、问卷等形式向 82 名当事人及赔偿义务机关

进行满意度调查,[①]结果如下:

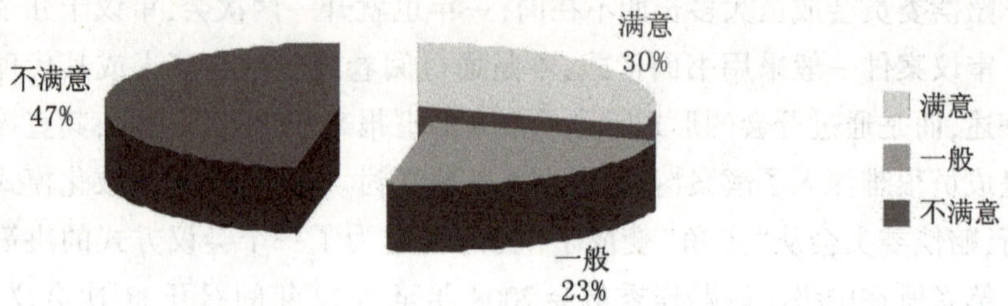

图2 您对法院赔偿委员会的工作是否满意问卷调查结果

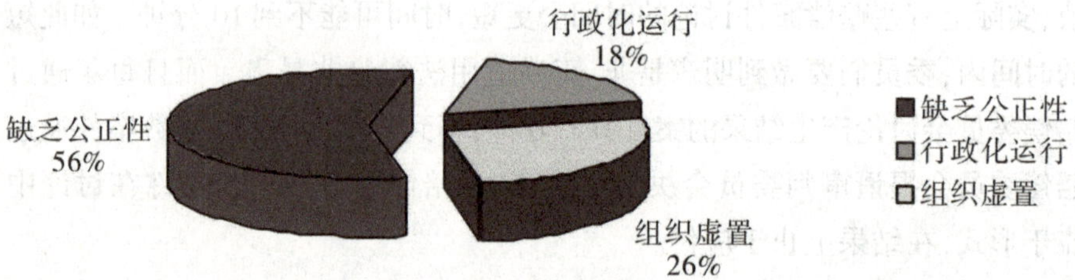

图3 您认为法院赔偿委员会的工作最主要存在哪些问题问卷调查结果

调查显示,超过一半的被调查者认为国家赔偿委员会设立在法院内部,公正性很难保证;约1/3的被调查者认为,赔偿委员会只是领导的开会机构,纯粹走过场走形式;也有相当一部分人认为,赔偿委员会没有实效,作出的赔偿决定也缺乏执行力度。这在某种程度上又加剧了当事人对赔偿委员会的不信任感。数据显示,国家赔偿法实施以来全国法院赔偿委员会共依法受理赔偿案件15867件,但仅对其中的5442件作出赔偿,且落到实处的赔偿金额仅6.8亿元,仅占申请数目的1/3。[②]

(三)国家赔偿委员会规避和替代的尴尬

赔偿办公室是赔偿委员会的办事机构,负责国家赔偿案件的立案受理工作,但事实上,负责立案审查工作的"赔偿办"却成了名副其实的"调解

① 82名当事人是笔者从所在法院赔偿案件中抽取,其中26名赔偿申请人接受了调查,17名担任过赔偿案件的法官,12名赔偿义务机关人员,总共获得51个有效样本。

② 数据来源:最高人民法院网站司法权威发布一栏。

办”。近几年，笔者所在省市两级法院收结赔偿案件数量起伏不定，总体趋于平衡，绝大部分赔偿案件通过赔偿办调解结案，每年的调解结案率都超过70%，最高达到90%。事实上，真正通过赔偿委员会审理的案件不多，大量的赔偿案件通过调解的手段了结。这种现象也并非一家独有，在全国法院系统内几乎已经成为处理国家赔偿案件的一种默认的惯例或者有效解决纠纷的方式。正如有学者所言："中国的司法组织在处理案件时一个最主要的考虑就是如何解决好纠纷，有关法规只是处理问题的一个正当化根据或者一个必须考虑甚或是在一定条件下必须有意规避的制约条件。"[①]在这种背景下，国家赔偿委员会不审查案件却决定案件，赔偿委员会办公室审查案件却不决定案件，办事机构的工作人员虽然不是委员甚至不具备审判资格却审理了几乎99%以上的案件。[②] 制度和程序设计的缺陷使赔偿委员会赔偿决定权分离，陷入了被规避和替代的尴尬境地，而这种“审决分离”式的行政管理模式，最直接的后果就是组织虚置、职能替代和权责分离。

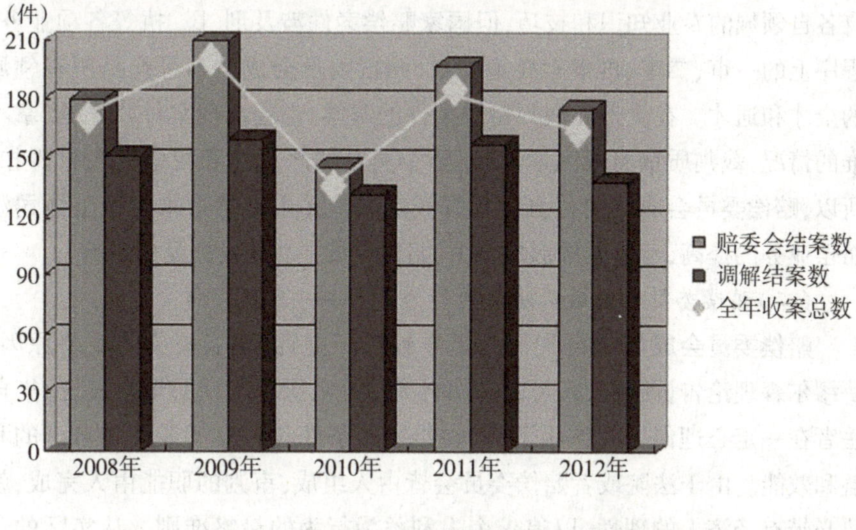

图4　2008～2012年某省法院系统赔偿委员会审理案件情况

---

① 苏力：《送法下乡——中国基层司法制度研究》，中国政法大学出版社2000年版，第181页。

② 江必新："适用修改后的《国家赔偿法》应当着重把握的若干问题"，载《法律适用》2011年第6期。

三、国家赔偿委员会问题的追问与反思

(一)赔偿委员会背后的身份特征——行政虚化

看似高级别、高职务的国家赔偿委员会一般由副院长、业务庭庭长组成,并以领导和庭长的双重身份参与到赔偿委员会,但人员的权利和身份并没有增加赔偿委员会的组织力量。从赔偿委员会组织级别来讲,其与法院内设庭室平等,有的甚至低于某些部门。以笔者所在法院为例,只有执行局的行政级别是副处级,其他民庭、刑庭、行政庭、赔偿办等都是正科级单位,赔偿办挂靠在行政庭。赔偿办在审议赔偿案件时,面对作出"错误行为或裁判"的部门是民、刑、行政等同级单位,甚至是级别高于自己的执行局,出于职务级别的压力往往出现说话不听、说话不理、说话不行的情况,案件处理起来困难重重。所以看似高规格的赔偿委员会,实际运行起来地位却是尴尬的。赔偿案件裁决质量的高低取决于赔偿委员会整体的专业知识和审判技巧,尽管赔偿委员会的成员是各个业务庭室的主要负责人或业务骨干,具有各自领域的专业知识和技巧,但国家赔偿案件涉及刑、民、执等各项业务,程序上的一审、二审、再审等各道关口,赔偿委员会成员不可能是所有领域的全才和通才。在受理和裁判赔偿案件的时候,也会出现案件吃不透、拿不准的情况,裁判质量出现问题,使赔偿委员会的严肃性和权威性大打折扣。所以,赔偿委员会成员的各自专业领域的高精并不必然带来组织整体司法赔偿业务的提高,专业无法形成合力,赔偿委员会功能发挥受到影响。

(二)赔偿委员会背后司法者的行为特征——自利倾向

赔偿委员会成员的自利行为是导致组织虚置、职能失灵的主要原因。萨缪尔森理论告诉我们,人类的一切行为都是欲望和理性的集中表现。① 司法者在一定心理偏好的作用下,会在给定的条件和约束下最大化自己的利益和效能。由于法院或者赔偿委员会皆由人组成,审判的职能由人完成,就势必带有经济人的理性,以追求个人利益为行为的最终准则。从实际的角度看,国家赔偿案件就是到法院告法院的刑庭、民庭、执行局,到上级法院告下级法院,直白点就是法官审理法官、检察官、警察等。为高质量地审理赔偿案件,参与和收集案件信息要花费大量的劳动成本,由此而言赔偿委员会

---

① 布坎南:《自由市场和国家》,北京经济学院出版社1995年版,第88页。

裁决案件质量高低与其本人关系不大，成本自己承担了，但个人收益在现行体制下并不因此而增加，从人性趋利避害的角度出发，合乎理性的无知就是保证自己利益最大化的途径。如果处理不当，会招致同事抱怨、领导不满意、申请人不讨好、赔偿机关不买账，可以说是费力不讨好。事实上，赔偿委员会很少直接参与审理案件，大量的案件通过赔偿办公室的人员采用调解的手段处理掉，只有极个别争议较大、难以协调的案件由赔偿委员会来讨论。事实上，就算提请赔偿委员会审理也很难形成结论，赔偿委员会一般将其作为疑难复杂案件让渡给审判委员会审理。本文的实证分析同样表明，赔偿委员会组织背后的自利行为特征已经对赔偿委员会的裁判功能产生消极影响，司法公正的目标也就难以真正实现。只有把利益驱动与职责目标统一到组织管理和制度安排中，允许司法者追求自己利益最大化的同时，又能够增进公共利益，才能达到双赢，我们的组织运行才能起到实效。①

（三）赔偿委员会背后的专业特征——路径依赖

综观西方国家的国家赔偿程序，不外乎两种处理模式：一是由普通法院适用诉讼程序解决，二是由专门机构通过非诉讼程序解决。许多发达国家都设立了独立的司法赔偿机构，如法国、日本成立了专门的赔偿委员会，并颁布了《犯罪被害者等给付金支付法》。美国则是以赔偿法院的形式管辖国家赔偿案件，同时也颁布了《联邦侵权赔偿法》等法案，某些州都设立了自己独立的赔偿委员会，作为专门审理赔偿案件的唯一机构。我国将国家赔偿委员会设立在人民法院内部，采用非诉讼的决定程序解决国家赔偿纠纷有它存在的合理性基础——受制于当时的司法资源和社会条件。② 这种内设性的审理组织通常要面对内外两个环境：内环境是指嵌入组织内部的小环境，要求其组织形式、运行机制上的技术科学性及与法院内部各个庭室、部门相协调。外环境是指制度设计时所面临的社会外部条件，要求其具有合法的功能定位、立法层级与地位。③ 事实上，国家赔偿委员会的立法与内外环境都有一定冲突。有学者主张将国家赔偿委员会独立设置出来，成为区

---

① 乔林碧、王耀才：《政府经济学》，中国国际广播电台出版社 2002 年版，第 267 页。

② 杨小君：《国家赔偿法律问题研究》，北京大学出版社 2005 年版，第 221 页。

③ 张洪涛："调解的技术合理——一种中观的组织结构—功能论的解读"，载《法律科学》2013 年第 2 期。

别于法院、检察院的第三方机构,增加其中立性和公正性。[①] 但笔者认为,从现有的司法体制及赔偿案件的类型来看,赔偿委员会所审议的赔偿行为既可能是司法机关的刑事司法行为,如错拘、错捕、错判和再审改为无罪,也可能是执行程序中强制措施的错误,如违法查封、扣押、冻结、追缴和错误执行、财产保全、先予执行等。正因为案件专业性较强、领域较宽,无论是公安、检察、人大还是其他部门都没有法院的专业集中优势,专业路径的依赖决定了国家赔偿委员会这种嵌入式立法的"相对合理",[②]国家赔偿委员会只能设立在法院内部,这也符合法律纠纷由法院终局解决的现代民主法治理念。[③]

(四)赔偿委员会背后司法者的决策特征——职责剥离

国家赔偿委员会裁判活动"三不专"的特点直接造成赔偿委员会成员的职责分离。第一,不专职。赔偿委员会成员组成区别其他三大审判组织,不是专职的审判人员组成,委员的岗位、职务、级别都不变,也不具体参与案件的办理。很多委员长期不在岗,一年也就开一两次会,审议十几个案件,且重大疑难复杂案件直接就提请审判委员会审议。第二,不专权。赔偿委员会在实际运行中,只是一个会议方式的决策机构,审理案件纯粹走过场走形式,没有案件决定的实体权力,充其量只能视为算账理赔的"计算器"。[④] 第三,不专责。赔偿委员会和其他庭室相比最大的区别在于裁判文书的署名。刑事、民事裁判书署合议庭审判人员的姓名,审判人员承担独立责任,而赔偿委员会的决定却以赔偿委员会的名义作出,在自赔案件中以法院决定书的名义作出。集体负责制的替代和庇护使赔偿委员会成员的职责剥离,缺乏司法者个人职权的明确和责任的落实,缺乏机制体制的合理安排,导致赔偿委员会组织职能失灵,正如有学者所说:"没有责任的落实,再多的人也只是乌合,没有荣誉的指向,再大的激励也是无用。"[⑤]

---

① 郑金硕:"浅论国家赔偿委员会的重构",载《法制与社会》2009年第4期。

② 龙宗智:"相对合理主义",载《中国社会科学》2009年第2期。

③ [美]汉密尔顿、杰伊、麦迪逊:《联邦党人文集》,程逢如等译,商务印书馆1992年版,第400页。

④ 徐群:"建立国家赔偿委员会的构想",载《北京广播电视大学学报》2005年第1期。

⑤ 贺卫方:"中国的法院改革与司法独立——一个参与者的观察与反思",载《浙江社会科学》2003年第2期。

四、国家赔偿委员会重塑的转型和规制

国家赔偿委员会的完善应立足于其法律地位、功能发挥、机构形式和运作模式等基础性问题，是应然与实然、理念与制度、组织与环境相契合的系统工程，只有系统性的完善而非小修小补，才能让国家赔偿制度真正发挥保障权利，违法纠错、促进社会和谐的作用。

（一）实体重塑：第四大审判组织

改革的本质归根结底就是权力的优化配置，目的在于功能发挥。因此，应统一国家赔偿委员会的组织模式，科学提高职权配置，加大赔偿委员会的实体化改造，充分保证赔偿委员会的功能发挥。取消赔偿办，设立独立的国家赔偿委员会，采用合议庭制，使新的赔偿委员会成为名副其实的第四大审判实体。在“决定中心主义”的线性程序中，赔偿委员会只是一个会议方式的决策机构，赔偿办审理案件，审判委员会审理重大疑难复杂的国家赔偿案件，赔偿委员会虚化成为一种形式和过场。重塑后的赔偿委员会应是一个和民事、刑事、行政三大审判相并列的第四大审判组织，采用“诉讼中心主义”，强调程序的公开、公正和申请人、赔偿机关、监督者之间相互作用、相互制衡。需要说明的是，这里的“监督”并不必然参与到诉讼中去，从广义上理解，“监督”即为公众、国家机关等方面的监视和督促之意，对执法、司法的监督作用。考虑到我国实行的是多层次多级别的行政管理模式。地方各级法院由地方人大产生，千差万别，国家赔偿委员会模式的统一必须获取党委政府足够的、充分的政治支持，建议由人大牵头，政法委等多部门协调，广泛征求意见，将赔偿委员会的组织形式、人员设置、职务级别、经费保障等问题予以明确，将模式的统一提上日程，同时充分考虑制度之间的衔接和配合，调动各方积极因素，为赔偿委员会的实体化进程提供强有力的支撑。（见图5）

现在：行政式单一封闭性会议决定性机构

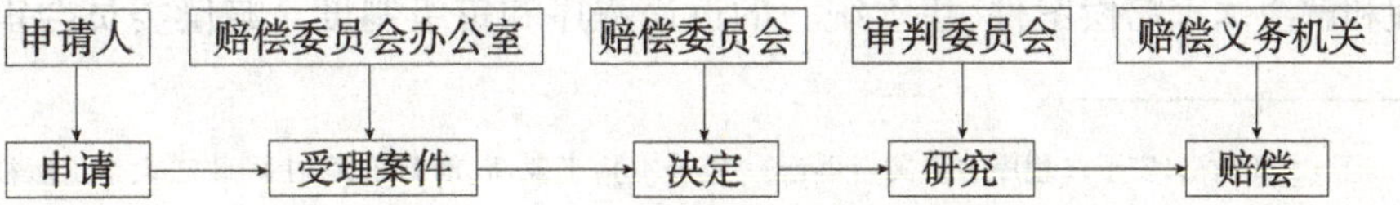

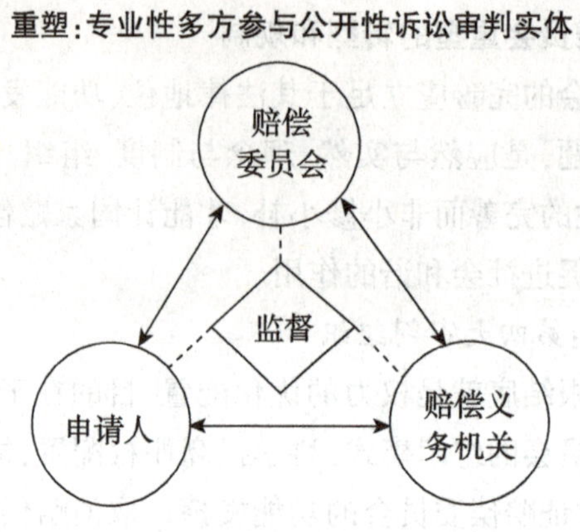

图5　结构功能主义下的赔偿委员会转型

(二)制度转型:开放正义实用的价值回归

1. 开放性理念:由单方封闭性向多方参与、公开性转变

毫无疑问,以公开促公正的改革已经成为法治时代的大势所趋,司法公开的呼声此起彼伏,随着改革在司法中各个阶段和层面的渗入,"暗箱"被一一打开,司法不再神秘化,赔偿委员会的改革也在寻求这种共识:破解单方性、封闭性的制度牢笼,即通过审判全程公开,多人参与,对话互抗,用公开、透明的审判程序诠释司法赔偿的公正和公平。构建适合我国国情的赔偿委员会组织,确保赔偿委员会成员的专业和合法,使其运行规范化、确定化及效率化,为整个赔偿委员会组织的"华丽转身"奠定良好基础。

2. 正义性要求:从决策型程序向诉讼型程序转变

实体正义必须以看得见的方式实现,程序是正义的双翼,唯有通过程序的正义才能真正实现法律所追求的实体价值。[①] 以法律控制权力是法治的精髓,赔偿委员会程序设计必须具有公正和控制的双层价值,一方面必须框定司法权力行使的边界,另一方面通过程序的运行实现看得见的正义。[②] 国家赔偿委员作为专门审理国家赔偿案件的审判机构,应通过诉讼程序来审理和解决国家赔偿案件,建立统一的诉讼程序和审级制度。赔偿委员会审

---

① [日]谷口安平:《程序的正义与诉讼》(增补本),王亚新、刘荣军译,中国政法大学出版社2002年版,第6页。

② 李祖军:"论程序公正",载《现代法学》2001年第4期。

理国家赔偿案件适用诉讼程序而不再采用决定程序。第一,实行当事人主义,通过面对面的举证、质证和辩论,充分保障和实现当事人的诉讼权利,提升司法权威和公信力。第二,实行两审终审制,国家赔偿案件一次终结制在法律程序上缺乏上级法院的审级监督,侵害了当事人的诉权。第三,实行审决合一,国家赔偿案件的审理和决定权统一由赔偿委员会行使。

3. 实用主义功能:从行政性向专业性转变

"科学化态度是实用主义应有之意,技术、经验和知识应在实践中验证、积累和应用,注重实践性和有效性"。[①] 在现代法治社会建构中,实用功能是审判组织存在的合理性基础,也是决定其体制机制的价值标准。[②] 作为审判组织实用功能之一的设计就在于能否解决矛盾和纠纷,国家赔偿委员会的职权配置及其运行实效也必须体现在此,实用主义功能的实现是其终极价值合理性的基础,否则一切形同虚设。[③] 从现行国家赔偿案件的审判流程来看,行政色彩浓厚的赔偿委员会只是一个决策机构,充当了赔偿办与审委会之间"跳板"的作用。为避免走形式和过场,必须对赔偿委员会成员进行专业化改造。

(三)规制进路:相关配套措施的完善

1. 相对提高赔偿委员会级别

国家赔偿委员会作为除刑、民、行之外的第四大审判组织,主要是审理刑事赔偿和非刑事司法赔偿,其诉讼主体一方是公民、法人或其他组织,另一方是司法机关或行政机关。因为一方身份的特殊造成两方诉讼地位的不平等,赔偿委员会在处理案件时往往或多或少要受本系统的干预。所以,应提高赔偿委员会的配置规格,包括提高国家赔偿委员会主任的级别和职务及相应赔偿委员会成员的级别,使其略高于其他庭室的配置,以便于在案件审查中增加它的严肃性和权威性。

2. 确定文书签署实名权

诉讼化改造首先要落实人的改造,采用合议庭制的审判模式,专业法

---

① 董立强、张海洋:"试论法律实用主义审判",载《北大法律评论》2013 年第 3 期。

② 左卫民、周长军:《变迁与改革:法院制度现代化研究》,法律出版社 2000 年版,第 88 页。

③ 姚莉:《反思与重构——中国法制现代化进程中审判组织改革研究》,中国政法大学出版社 2005 年版,第 158 ~ 159 页。

官,专职审理,明确职责,固定岗位,赔偿委员会主任负责主持全面工作。审理案件时由3人以上且为单数组成合议庭,不适用独任制的方式,负责赔偿案件的立案审查,取证、调查及决定开庭等程序性权利,并拥有案件的最终裁判权。合议庭采取少数服从多数的审判原则,具有诉讼文书最终的署名权。为了有效发挥赔偿委员会的职能作用,在具体管理中应当把职、权、责、奖紧密联系起来,进而对个体行为进行有效规制和约束。

3. 赔偿义务机关派人出庭制度

该原则要求赔偿义务机关必须派员出庭,且必须是与案件有关的人员出席。赔偿义务机关代理人强制出庭制度就是保障诉讼模式实现"面对面审理",让申请人看得见,有得说,有人听,①最重要的是给申请人一个"说理"的机会。通过面对面的举证、质证、辩论,充分阐述自己的情况及赔偿的理由,让赔偿义务机关明确清楚责任所在,有利于双方更为顺利地接受赔偿委员会作出的决定,同时赔偿义务机关代理人的出庭是一种对被侵权人尊重的体现,最重要的是给了老百姓一个缓和对立情绪、消除误解、建立信任的机会。

五、结语

《国家赔偿法》实施以来,国家赔偿委员会在解决赔偿纠纷、保障权利方面发挥了重要作用,同时由于制度设计缺陷也出现了种种弊端,但从我国法治建设的长远趋势来看,其存在仍有一定的现实意义。当下之际唯有对其进行符合现代法治精神和诉讼程序原则的改革,才是最现实的选择。制度设计与司法实践的不一致,要求我们认真反思制度的科学性和改革路径。如果国家赔偿委员会改革不能在实践层面与整个司法体制改革暗合和互动,任何关于该项制度的改革都难以进行和深入,国家赔偿法制的完善也难以取得实际成效。

(作者简介:湖南省娄底市中级人民法院)

① 宋扬:"论国家赔偿委员会的问题与改革",载《重庆科技学院学报》2008年第2期。

非刑事司法赔偿程序与执行审查程序的兼容与衔接*

李贯英　宋　婷

近年来，针对执行过程中违法的查封、扣押、财产保全和错误执行案外人财产等情形所提起的国家赔偿案件逐渐增多。非刑事司法领域尤其是强制执行环节，人民法院的公权行为直接针对当事人人身和财产权利，执行人员依据当事人申请和确定的执行依据限制或处分被执行人财产时，不可避免地给当事人造成损害。因此，非刑事司法领域，尤其是围绕法院执行而衍生的诸多公权力行为，已经成为当事人申请国家赔偿的"重灾区"。①

2007 年 10 月，修改后的《民事诉讼法》确立了执行审查制度。最高人民法院也在执行环节明确了执行裁决机构对执行异议、复议和申诉等事项进行审查处理时所依据的程序，即执行审查程序。② 因此，针对违法执行行为而设立的执行异议、执行复议等执行内部救济途径已日臻成熟，在实践运用中也切实解决了部分违法执行行为。《国家赔偿法》第 38 条界定了人民法院在民事诉讼过程中，可能引起国家赔偿的三种违法行为：违法采取妨害诉讼的强制措施、违法采取保全措施及对判决、裁定及其他生效法律文书的执

---

* 本文获中国审判理论研究会国家赔偿理论专业委员会第二届年会暨"法治中国背景下的非刑事司法赔偿"主题论坛优秀论文二等奖。

① 最高人民法院研究室《2012 年全国法院审理行政和国家赔偿案件办理执行案件情况分析》的数据显示：2012 年，全国法院新收司法赔偿案件 2071 件，审结 2065 件，其中非刑事司法赔偿案件 1188 件，占全部已结国家赔偿案件的 57.53%，而这其中又有将近 1/3 的案件与执行环节相关。

② 参见最高人民法院《关于执行权合理配置和科学运行的若干意见》（法发〔2011〕15 号）第 4 条。

行错误,并原则性地界定了其适用程序为刑事赔偿的相关规定。如何依法运用好执行内部救济措施,并与“确赔合一”下非刑事国家赔偿的司法审查程序进行合理衔接,是值得执行领域和国家赔偿领域共同研究的课题。

一、正确处理非刑事司法赔偿程序与执行审查程序的意义及原则

规范好非刑事司法赔偿程序与执行审查程序的衔接,既影响强制执行的威慑力,也关乎法院乃至党委政府积极努力适用国家赔偿的诚意,对于执行工作规范化,提高国家赔偿工作的专业化水平都大有裨益。

(一)衔接好执行审查程序与非刑事司法赔偿程序可兼顾法制有效实施和诉讼成本的降低

1. 衔接好执行审查程序与非刑事司法赔偿程序,有助于通过国家赔偿公正审判来落实人权保障

正当程序在保障实体公正的同时,也具有独立于实体公正的内在价值。非刑事司法赔偿程序事关落实宪法“尊重和保障人权”的基本原则。正确处理好执行审查程序与非刑事司法赔偿程序的关系,可以有效界定国家赔偿案件的收案范围,节省司法资源,落实人权保障机制。一般情况下,只有在执行程序终结后,才能提起国家赔偿。毕竟当事人在遭遇违法保全、错误执行时,一般会直接针对这一行为向执行机构提出执行审查申请,并寄希望于在执行环节内部快速解决争议,尽快停止违法行为,以期减少利益损害。厘清二者关系,通过前者的规范操作确保后一程序的公正运行,可以在维护法院执行“效率”的同时,夯实非刑事司法赔偿人权保障理念的制度基石。

2. 衔接好执行审查程序与非刑事司法赔偿程序,有助于通过国家赔偿推进执行工作精细化、规范化和高效化

作为执行环节“分段运行”、“节点控制”产物的执行审查程序固然解决了实践操作中的部分违法执行行为,但也暴露了不少问题,比如审查程序的立案条件不清、审查过程和裁定结果仍然相对随意,大量案件通过“体外循环”消化处理。规范好执行审查程序与非刑事司法赔偿程序,厘清二程序的适用条件,争取形成以国家赔偿倒逼执行审查程序规范运行的衔接模式,努力为执行工作的精细化、规范化和高效化运转形成制度压力。不可否认,目前,以“赔偿促执行”的制度压力之所以尚未形成,执行审查程序在其中起到了极大的缓冲作用。

(二)衔接好执行审查程序与非刑事司法赔偿程序应坚持依法、为民和方便原则

1. 强化人权保障和司法为民原则

(1)同一事项不重复审查,最大限度节约司法资源。执行审查主要是对争议执行行为从外部程序层面进行再判断,其涉及的是对执行行为作出时间、执行主体、是否超出执行对象的范围、数额以及是否违反法定执行程序等形式上的审查;而非刑事司法赔偿程序则是围绕当事人、利害关系人的申请,依法对争议执行行为的合法性进行全面审查与判断。因此,对于《国家赔偿法》第38条所明确的三种引起国家赔偿的行为,执行审查结果可以适用于国家赔偿环节,而不论作出执行审查结果的是基层法院还是中级法院。对于已经执行审查并有明确结果的行为,任何在赔偿和执行中的迂回和反复,都可能给当事人造成“诉累”,造成有限司法资源的浪费。(2)禁止以执行审查代替或规避国家赔偿的司法审查。执行审查作为一种执行内部救济途径,其在对行为进行是非定性的同时,更加倾向于对行为的快速补正,其制度设计的终极目的是快速消除争议,以确保后续执行的正确性与高效性。而非刑事司法赔偿,其追求的终极目标是要对一个当事人申请国家赔偿的国家行为进行准确的价值判断,其更倾向于对行为合法性的认定、损害结果和因果关系的判断。这是一种实体上的判断审判,它体现出的最终结果应当是能否给当事人带来实实在在的“赔偿金”。因此,二者在某种程度上不能互相替代,那种一味将执行审查前置,人为阻碍赔偿进程的程序设计必定与国家赔偿制度背道而驰。

2. 依法审查和逐步推进原则

司法案件的裁决应当始终以法律规范作为公正司法的基本标准。正确处理好两个程序,需要牢牢把握规范审查和依法赔偿这一核心原则。不论是执行环节还是赔偿领域,都要在依法公正裁判的基础上,充分发挥二者对维护法治原则、强化法律意识和引领申请人理性维权求偿方面的重要作用。首先,在宏观上,两个程序必须都是落实宪法尊重和保障人权、督促法院依法行使职权的坚守者。不论执行审查还是国家赔偿的司法审查,都是法院机体的一种内部监督和纠错程序,能否妥善处理二者关系,并不仅仅涉及个案纠纷的解决,还关系到“努力让人民群众在每一个司法案件中都感受到公

平正义”理念的贯彻落实。其次,在微观上,两个程序需要严格依照各自领域的相关法律法规,始终以法律规范作为基本标准。坚持审查和赔偿的法定性,坚决废止各种法外画线定框的土政策,坚决制止非正常“体外循环”来消化案件。[①] 执行审查程序要依据《民事诉讼法》、《执行规定》等涉执法律法规,对强制措施的适用强度、保全的合法性以及执行的正确性进行严格审查,防止出现审查过程的“和稀泥”和审查结果的模棱两可。国家赔偿司法审查则要严格按照《国家赔偿法》及相关司法解释的要求,审慎把握审查的强度和密度,强化程序意识,确保赔偿请求人的诉求能够经得起法律和历史的检验。

3. 坚持化解矛盾原则

妥善处理好两个程序的关系,需要树立和谐统筹的大局意识和整体观念。树立服务大局的整体观,加大国家赔偿案件的协商力度,能够有效避免国家赔偿决定作出后产生的新“执行难”,能够从根本上实现公平、化解矛盾。国家赔偿案件的特殊性,决定了法官对其审理的国家赔偿案件不能“一决了之”,其在不违背法律规定精神的情况下,可以尝试采用精神性赔偿、社会救助等其他补救措施来缓解法院执行与当事人之间的矛盾。[②] 实践中,对于一些执行行为被确认违法,并且也确定给予国家赔偿的案件,却在后续执行过程中常常陷入极大困境,反映出国家赔偿与案件执行在另一个层面的衔接问题。国家赔偿制度设立的初衷在于恢复当事人受损的权利状态,赔偿委员会在依据法律作出赔偿决定之后,法院“错误执行”的瑕疵就应当予以补正。当事人基于原“错误执行”所引发的闹访、缠访、无理访不应当成为下一步执行工作推进的掣肘。因此,正确处理好两个程序的关系,需要赔偿委员会在涉及执行国家赔偿案件的处理过程中,在依据事实和法律的前提下,注重弥合双方的对立情绪,在与当事人接触的过程中,努力做好赔偿申请人与法院执行部门的沟通和协调工作,防止出现赔偿案件结案,执行案件难了的尴尬状况。

---

① 张先明:“统一规范自赔案件各项工作,及时公正处理国家赔偿请求——最高人民法院赔偿办负责人答记者问”,载《人民法院报》2013年8月10日第3版。

② 唐明:“和谐社会构建中国家赔偿法官的思维”,载《山东审判》2008年第2期。

二、非刑事司法赔偿程序与执行审查程序的差异化比较

执行审查程序是执行裁决机构对执行异议、执行复议和申诉等事项进行审查处理时所依据的程序。2010 年《国家赔偿法》的修改取消了单独的"确认程序",但赔偿委员会对违法采取强制措施、保全行为以及是否错误执行的判断仍存在事实上的"确认"过程。在赔偿委员会拥有广泛司法审查权的当前,探讨非刑事司法赔偿程序与执行审查程序的关系,需要首先围绕可能引发国家赔偿的三类违法行为,厘清国家赔偿司法审查和执行审查两种分属不同范畴的程序关系。

(一)程序构造的相似性

形式上,两程序均由第三方介入审查,即使目前尚未设立国家赔偿理赔小组的基层法院,也需要在国家赔偿司法审查中抽调纪检、监察或有关专业审判人员依法组成合议庭独立审查。以执行异议审查为例,执行裁决庭作为独立第三方,基于当事人或者利害关系人的申请,对争议执行行为的合法性进行审查;而国家赔偿程序的司法审查则是赔偿委员会根据审理报告对可能引发国家赔偿结果的行为进行重新定性判断。二者均不具备诉讼程序的完备形式和实质特征,或者说程序规定的都相对原则、松散和随意,对自由裁量权的限制也比较薄弱。虽然,目前司法实践中的国家赔偿司法审查环节,出现了类似行政诉讼程序的实务操作,最高人民法院也在《关于人民法院赔偿委员会审理国家赔偿案件程序的规定》中对送达、回避、质证等程序进行了规定,但从目前司法背景和社会条件看,法律还没有系统的对其程序要件进行完整的规定。①

(二)功能价值的侧重点差异

二程序分别作为内部纠错机制与赔偿必备环节的功能定位决定了其制度价值上的差异。任何制度的选择设立都是公平、效率和正义价值博弈的结果。执行异议、执行复议等执行审查程序作为执行环节内设的一种监督机制,其设立的初衷是寄希望于将违法执行行为消化在执行环节内部,在确保执行质效的前提下,尽快将争议执行行为定性并补正的一种内部纠错机

① 江必新:《适用修改后的〈国家赔偿法〉应当着重把握的若干问题》,中国法制出版社 2012 年版,第 220 页。

制,其追求"效率"价值;而不论"确赔合一"还是"确赔分离",任何一个涉及国家赔偿的案件,从申请赔偿到最终支付赔偿金,其核心仍然是围绕"违法行为"的确认问题,其追求的必然是实体公正。因此,执行审查程序,在公正和效率的价值选择上,更倾向于后者,而作为赔偿必经环节的"确认"过程,则更注重对当事人受损权益的切实恢复。功能价值差异决定了执行审查要高效快捷便利,国家赔偿审查要公开准确和公平。此外,相对于赔偿司法审查,执行审查具有功能上的铺垫作用。规范有效的执行审查会对具体的行为情节考量、公私法行为共同致害的责任分担以及最终赔偿数额的计算具有实际操作方面的价值。

(三)审查范畴的角度不同

从程度上看,对二者的区分需要首先对"不规范执行行为"和"错误执行行为"进行区分。一般对司法主体在司法活动中的行为可以大致细分为三种:一是依照国家法律、法规包括司法解释的规定实施的行为;二是依照组织、部门纪律制度等规范实施的行为;三是依照司法职业的职业道德规范实施的行为。从国家赔偿的定义出发,影响国家赔偿司法审查的只能限定为违反第一种法律、法规的错误违法行为,而执行审查内容则相对宽泛,比如对查封、扣押财产登记出现笔误或者不完整,或者被执行人核对清单后未让其签字盖章等,对于这些情况可以提出执行异议,但应当依法排除出国家赔偿司法审查的范围。

从范畴上看,审判权与执行权的关系决定了执行审查程序主要是对争议执行行为从外部层面进行再判断,对其的审查相对容易,主要涉及的是执行行为合法性的形式审查,对涉及实体权利处分的内容则更多依托案外人异议之诉从审判角度重新认定;国家赔偿司法审查则是围绕当事人、利害关系人的申请,依法对采取妨害诉讼强制措施、保全和执行行为的合法性进行全面审查与判断。当然,基于对判决权威性的尊重,这种所谓的"全面审查"仅是相较于执行环节的程序审查而言的,其不应当对包括执行依据是否存在的事实认定或法律适用上的错误进行审查判断,况且即使进行了审查,并确实发现了执行依据存在错误,也不可能再通过国家赔偿环节予以补救,因此国家赔偿的司法审查与执行审查一样，要格外注重把握审查的程度与密度。[①] 此外，总结实践经验，二者交集主要体现在“违法保全”和“错误执行”方面，对违法采取妨害诉讼的强制措施的执行审查相对较少。

三、执行审查程序前置的实践分析及思考

（一）执行审查程序前置的合理性分析

当事人可以依据人民法院依法撤销违法司法拘留、罚款、财产保全、执行的裁定、决定提出国家赔偿申请，在《最高人民法院关于审理人民法院国家赔偿确认案件若干问题的规定（试行）》第5条第5款进行了明确的规定。但2013年2月26日，最高人民法院公布该司法解释已被废止。而在实践操作中，执行局和赔偿办之间的程序迂回和反复也着实困扰了大量的赔偿申请人。

不可否认，实践中的大多数赔偿案例仍然遵循执行审查前置。毕竟大部分利害关系人还是希望能在执行环节将损害大事化小，小事化了。这也符合大部分当事人在遭遇权利损害时正常的救济途径选择。当事人在遭遇违法保全、错误执行时，一般会直接针对这一行为向执行机构提出执行异议，希望在执行内部快速解决争议，减少利益损害，这应是申请人作为一个“理性人”处理争议的正常思维。而执行部门在面对申请时具有纠正错误执行的优先条件，执行法院对执行过程最为了解，由其负责审查处理当事人、利害关系人的异议、复议，一旦发现执行行为错误，可以及时纠正，及时执行，既节约成本，又提高效率。当然，实务中也不排除某些案件当事人、利害关系人向执行机构和赔偿委员会同时提出申请的情形。采用这种方式的当事人往往比较心急，对自己获得赔偿胜券在握，或者说这类当事人已经根本不信任执行人员，对执行环节丧失信心。而事实上，这种同时启动的方法，障碍重重，费时费力且效率低下。毕竟赔偿委员会在审查案件时，往往需要涉及两级法院的执行部门在执行依据、执行过程以及相关法律文书等方面是否存在违法行为，需要牵涉的部门利益千丝万缕。[②] 虽然《国家赔偿法》第

---

① 张新民：“人民法院审理国家赔偿确认案件若干实务问题研究”，载《法律适用》2009年第6期。

② 谢开军：“基层法院处理国家赔偿案件纠纷中的相关问题解析”，载 http://hndafy.chinacourt.org/public/detail.php? id=719，访问时间：2013年8月28日。

24条规定对基层法院自己护短不承认违法或对其违法行为避重就轻时,赔偿申请人可以申请监督和救济,但所谓的监督和救济是不是能够真正破除上下级法院的部门保护,仍是未知数。此外,当某些被执行人恶意利用赔偿确认来转嫁其本应当承担的执行风险时,会选择不提执行审查,祈求快速执行终结从而进入赔偿环节。这种情形严重混淆了国家赔偿司法审查程序与执行监督程序的界限,既侵害了国家赔偿秩序,也阻滞了执行救济的及时性。

由上比较分析可知,将执行审查前置的程序设计仍然具有理论上和操作上的可行性和合理性,国家赔偿的司法审查不能代替执行审查,也不能与执行审查程序并行不悖,只有在执行审查等法定监督程序结束后,方可依当事人的申请而启动。

(二)执行审查程序前置的"瓶颈"及进路

理论上的设计总是美好的,执行审查前置在实务操作中也难免会遭遇"瓶颈"。这主要表现在:第一,执行审查是对错误执行行为本身正当性的定性,其确认是否违法的范围与国家赔偿所需确认的范围是否具有一致性,即执行异议审查结果能否当然适用于赔偿阶段?第二,当前对执行审查程序的规定依然不完善,执行异议审理期限和程序规则没有明确规定,执行不作为、乱作为以及基于此的异议受理、审查依然具有很大的随意性和自发性,一旦当事人利益无法在执行环节得到公正对待,当事人又如何拿着"驳回异议申请"的裁定进入国家赔偿确认程序?第三,当利害关系人寻求执行救济无门时,又该如何破除法院立案保全、执行、赔偿办等内部部门的联合利益,重新得到赔偿委员会的确认?这都是摆在当事人和赔偿委员会面前的严峻课题。

由于实践中以"错误执行"引发的执行异议审查和国家赔偿数量多,案情复杂,故以此为例,对执行审查前置遭遇的现实困境予以探讨。

1. 执行异议审查结果当然适用于国家赔偿环节

从节约司法资源和减轻当事人诉累的角度,对错误执行的执行异议审查结果可以从确认行为违法的角度予以认可并当然适用于赔偿环节,执行审查过程中所查明的当事人是否有担保,是否有其他影响责任认定的情节,都会直接影响最终的赔偿范围确定。最高人民法院对法院执行人员与当事人共同致害引发国家赔偿的责任分担问题有明确批复。① 批复实际上承认了民事司法赔偿中的责任分担原则,即人民法院审理的民事、行政案件发生错判并已执行,依法应当执行回转的,或者当事人申请财产保全、先予执行、执行有错误造成财产损失,依法应由申请人赔偿的,国家不承担赔偿责任。如执行回转或申请人赔偿无法弥补受害人损失,且人民法院工作人员有贪污受贿、徇私舞弊、枉法裁判以及其他严重违法行为的,国家应承担剩余损失的赔偿责任。因此,对国家赔偿中许多具体情节的认定都无法逾越执行环节的执行异议审查,对于赔偿范围的最终确认,前期执行异议阶段的审查认定不可或缺。

但对赔偿的审查绝不应当止步于执行异议的审查范围。对损害后果、因果关系的认定等实体方面的确认不仅需要抛开执行环节的束缚,而且更需要在具体操作中,切实破除中级法院赔偿委员会与基层法院执行异议审查在证据提取、事实确认等方面的壁垒。从目前来看,对基层法院无正当理由不提供有关案卷材料、不履行举证责任时,法律并没有授权中级法院强制确认的权限,也没有细化在该种情形下强制确认的方式,更没有规定此种情形下,基层法院不履行法定义务时应当承担的不利后果,只是原则性地赋予赔偿申请人一个监督救济权,操作力度稍显薄弱和乏力。②

2. 防止"错误执行"的异议审查结果对后续赔偿形成阻碍和误导

目前,受理和审查执行异议仍然相对随意,程序比较松散、法官自由裁量权过大。在当事人于执行环节遭遇不公待遇时,当事人该如何拿着"驳回异议申请"裁定步入国家赔偿程序,这就涉及执行异议审查结果对国家赔偿案件立案标准的影响。根据异议、复议结果的不同,可以分为以下几种情形探讨:(1)申请执行异议、复议后,执行机构支持当事人的异议申请。即经复议确认后,执行行为确系错误执行,则应作出撤销原执行行为的裁定,遭受损害的当事人有权依撤销裁定的法律文书直接申请国家赔偿。赔偿委员会可以结合执行环节对执行行为进行认定审查,根据当事人国家赔偿申请的

---

① 参见《最高人民法院关于宋才永申请国家赔偿案的批复》(〔1998〕赔他字第8号)。

② 杨可青:"非刑事司法侵权国家赔偿案件中'确认程序'存在的实务问题",载 http://bolg. sina. com,cn/yangkeqinglawyer,访问时间:2013年7月24日。

范围以及是否在事实上给当事人造成了直接损失来认定是否最终支持其赔偿请求。(2)申请执行异议、复议后,执行机构均未支持其异议申请。此时,当事人及利害关系人仍认为执行行为违法并对其造成损害的,基于对受害人救济权利的保护,建议在此种情形下,当事人仍然可依《国家赔偿法》的规定向执行法院申请国家赔偿。但此时,赔偿委员会在确认是否作出赔偿决定时,需要在尊重事实法律的前提下,重点参考执行异议、复议的裁定理由,必要时,可以申请调取执行卷宗,参考执行听证结论并在此基础上依法作出是否赔偿的决定。(3)申请执行异议,未得到执行法院支持,裁定作出后10日内又未提出复议的,再因对执行异议裁定不服而申请国家赔偿,赔偿委员会则不应受理。基于当事人对执行复议权利的放弃,意味着其在一定程度上对执行法院异议裁定的认可,如若后来对同一行为以同一理由再行提起国家赔偿,则不利于维护执行裁定的权威性。

需要注意的是,实践中大量存在执行机构基于各种原因对当事人所提异议置之不理而导致损失扩大,申请人无奈提起国家赔偿后又遭遇国家赔偿立案难的情形。以笔者所在法院为例,因执行审查问题而引发的国家赔偿案件“体外循环消化”的不占少数。如果仅仅因执行异议程序的错误认定或责任规避,而阻却国家赔偿程序的提起,对当事人来讲,确实颇显不公。笔者认为:这种情形应当作为执行审查前置程序的个别情形给予特殊规定。一是强化赔偿委员会对执行审查的监督职能。赔偿委员会作为中院特设的国家赔偿专门审理部门,在对中院执行部门进行内部监督的同时,可以赋予其对两级法院涉执审查的监督权,比如赔偿委员会可以要求涉案执行机构向赔偿委员会书面说明不予进行执行异议审查的理由,必要时,赔偿委员会可以要求执行机构对执行异议必须作出书面答复。二是赋予当事人在特殊情形下直接提起国家赔偿的选择权。可以针对实践中常见的几种诸如对执行审查无果导致损失扩大或执行案件长期未结,而阻碍国家赔偿立案的情形,赋予当事人直接申请国家赔偿的权利。总之,不论执行异议和复议裁决结果在多大程度上影响国家赔偿决定的作出,处理国家赔偿案件的法定机构必须是中级以上人民法院设立的赔偿委员会,其依法依程序进行的司法审查才应当是决定是否赔偿的核心。执行庭室只能在职责范围内依据当事人的执行异议、复议申请来依法作出执行裁定,应尽量减少执行审查结果对国家赔偿的不当影响。

3. 建立“立执赔”协调配合下的国家赔偿运行机制

利害关系人寻求执行救济无门，执行程序又迟迟不终结，此种情形下该如何破除法院立案保全、执行、赔偿办等内部部门的联合利益。笔者认为：(1)强化责任担当和赔偿意识。扭转法院对自赔案件的抵触情绪，执行局要端正态度，正确处理违法保全和错误执行，通过执行审查在第一时间补正错误，减少损害，坚决制止人为不终结执行来阻却启动国家赔偿的情形出现；赔偿办要守护公平正义底线，依法独立行使审判权，确保国家赔偿审判工作不受审执以及其他法外因素干扰，上级法院要坚决支持下级法院依法办理案件，对正确裁决要坚决支持，错误执行要依法纠正。(2)建立操作性强的部门间监督制约机制。执行审查通过规范的程序运作形成事实认定清楚，法律适用准确的裁决结果，并力争为后续国家赔偿侵权行为的确定提供扎实的第一手资料；赔偿办则准确把握司法审查权的强度与密度，在尊重执行裁定的基础上强化对执行裁定的审查力度，在准确适用裁定的同时，通过国家赔偿自身的听证质证和事实证据认定程序，加大对执行裁定合法性的监督，以期形成对执行工作规范化的倒逼机制。(3)树立全院赔偿工作“一盘棋”的战略思维。整合立案保全、执行审查和国家赔偿的职能分工，强化三部门间对于错误执行和违法保全行为“牵一发而动全身”的敏感性，坚决破除因部门狭隘利益而产生的推诿扯皮，正确运用调解手段弥合法院执行与当事人间的信任危机，通过执行审查的源头防控和国家赔偿的规范审查，落实人权保障，捍卫司法公平。

（作者单位：山东省东营市中级人民法院）

国家赔偿领域精神损害赔偿的量化因素分析

巫鹏飞

引 言

1995年1月1日起实施的《国家赔偿法》,在立法内容和实践状况等方面存在诸多的缺陷①,故2010年4月,鉴于实践需要和解决法律实施中的突出问题,《国家赔偿法》进行了修订,修订后的法律(以下简称新《国家赔偿法》)于2010年12月1日开始实施。新《国家赔偿法》首次明确了精神损害金钱赔偿,这是修改的一大亮点。新《国家赔偿法》实施以来,各地逐渐开始探索在国家赔偿领域适用精神赔偿。刑事赔偿方面,在广受关注的"浙江张氏叔侄强奸案"中,浙江省高院于2013年5月17日对张辉、张高平改判无罪作出国家赔偿决定,分别支付张辉、张高平国家赔偿金110万余元,其中包括限制人身自由的赔偿金65万余元,以及精神损害抚慰金45万元②;而行政赔偿方面,在湖南永州"上访妈妈被劳教"案中,湖南省高院于2013年7月15日判决赔偿"上访妈妈"唐慧侵犯人身自由赔偿金1641.15元,精神损害抚慰金1000元③。但是,就这两个案例来看,一个是45万元,一个是1000元,相差达到450倍之巨,那么,在国家赔偿的精神损害抚慰金方面,司法、行

---

① 杨寅:"我国行政赔偿制度的演变与新近发展",载《法学评论》2013年第1期。

② 2013年5月21日浙江新闻网(www.zj.chinanews.com.cn)新闻:"浙高院向张氏叔侄各支付国家赔偿金110万余元"。

③ 2013年7月15日新华网(www.news.cn)新闻:"'唐慧案'二审作出终审判决 唐慧获赔偿"。

政机关该如何掌握赔偿标准呢？而在确定赔偿标准前，需要量化哪些因素？本文中，我们将在对国家赔偿领域精神损害赔偿这个新生事物的特征进行一个学理分析的基础上，结合其与民事领域精神损害赔偿的差异，对其量化因素进行全面分析。

一、国家赔偿领域精神损害赔偿的特征

（一）精神损害的涵义与范围

精神损害仅指由于人身权益引起的精神方面的痛苦，主要表现为精神上的恐惧、悲哀、烦躁等。精神损害包括精神痛苦和精神利益损害两个方面，对于一些学者认为的法人也具有精神损害问题[①]，我们认为，精神损害相对物质损害而言，强调的是内心的心理感受，作为经济组织的法人，虽具有名誉权和荣誉权，但缺乏如自然人般的内在感受，故不存在遭受精神损害的情形。[②] 故新《国家赔偿法》也未将法人的精神损害赔偿纳入考虑范围。[③]

（二）精神损害的特点

精神损害的特点是相对于物质性损害而言的。首先，精神损害具有非财产性的特点。精神上的损害不同于财产损失，可用金钱、财物来进行精确量化、衡量，精神损害和精神修复的代价之间并不具有线性量化关系。其次，精神损害具有不可逆转的特点。对于自然人遭受的精神痛苦和精神利益损害，即使进行物质或心理的赔偿或治疗，都不能完全消除对个人精神所造成的损害痕迹，只能在一定程度上降低或抚慰其所受的伤害。[④] 最后，精神损害具有无形性。精神损害主要体现为心理的感受，这种内心的感受外人是难以精确体会的，只能通过被损害人的客观表现及其所处的客观环境

---

① 张朝平："论精神损害赔偿"，载《法制与社会》2012 年第 2 期。

② 奚晓明、王利明：《侵权责任法裁判要旨与审判实务》，人民法院出版社 2010 年版，第 89 页。

③ 新《国家赔偿法》的精神损害抚慰金规定于该法第 35 条："有本法第三条（行政赔偿）或者第十七条（刑事赔偿）规定情形之一，致人精神损害的，应当在侵权行为影响的范围内，为受害人消除影响，恢复名誉，赔礼道歉；造成严重后果的，应当支付相应的精神损害抚慰金。"而该法第 3 条和第 17 条分别规定的是行政程序和刑事程序中对"人身权"的侵害，因为法人并不具备法律意义上的"人身权"，故精神损害抚慰金也就无从谈起。故在现行法律框架下，谈论法人的精神损害赔偿，时机还不成熟。

④ 正是基于这一特性，沿袭前苏联立法模式的新中国，在很长一段时期内都不承认精神损害，因为当时主流观点认为精神损害赔偿是资产阶级的产物，用金钱衡量精神是肮脏不堪的，背离社会主义本质的。

进行综合分析、评价。所以,建立一个包含引发因素、损害程度、修复状况(成本)等客观可控的要素在内的,对精神损害进行客观评价的标准和体系,就显得尤为必要。

(三)民事领域和国家赔偿领域的精神损害赔偿的区别

新《国家赔偿法》中的精神损害赔偿,是指国家机关及其工作人员侵犯公民人身权致精神损害所进行的赔偿。而民事领域精神损害则是由普通公民、法人或其他组织对其他人的侵权行为引起。两者在侵权的主体、侵权行为的性质、赔偿费用的来源及赔偿内容等方面有诸多不同。而且从中国的传统观念而言,刑事司法权力对公民人身自由、生命健康的侵害程度远远大于民事侵权行为。若国家赔偿中的精神损害赔偿参考民事侵权精神损害赔偿标准,不仅无法抚慰赔偿请求人已经受损害的精神状态,而且对于违法行使权力的司法、行政机关而言,也起不到教育和威慑的作用。因此,应当建立符合国家赔偿案件特点的精神损害赔偿标准。

二、国家赔偿领域精神损害赔偿的量化因素

对国家侵权精神损害赔偿,确定精神损害赔偿的数额应当把握几个尺度:第一是要考虑对受害人是否起到抚慰的作用;第二是能否对社会有一般的警示作用;第三是要考虑对加害机关及其工作人员是否起到制裁的作用。这三个因素都考虑到了,就是一个非常好的、合理的赔偿数额。[①] 目前,在民事领域,精神损害赔偿是根据《最高人民法院关于确定民事侵权精神损害赔偿若干问题的解释》第10条规定:

“精神损害的赔偿数额根据以下因素确定:

(一)侵权人的过错程度,法律另有规定的除外;

(二)侵害的手段、场合、行为方式等具体情节;

(三)侵权行为所造成的后果;

(四)侵权人的获利情况;

(五)侵权人承担责任的经济能力;

(六)受诉法院所在地平均生活水平。

法律、行政法规对残疾赔偿金、死亡赔偿金等有明确规定的,适用法律、

---

① 杨立新:《民法判决研究与适用》,人民法院出版社2003年版,第74页。

行政法规的规定。”

在国家赔偿领域,精神损害赔偿大体可以参考上述因素。但是,结合上文所述的国家赔偿领域精神损害的特征,可以将上述第(四)、(五)项因素剔除,因为国家(司法、行政机关)作为国家赔偿的责任人,不存在从当事人的精神损害中获利的情形,也不存在是否有经济能力承担赔偿的问题。剔除上述两项因素后,国家赔偿领域精神损害赔偿的量化因素相对更为固定,也为确定精神损害赔偿的统一标准提供了更为有利的条件。当然,除了上述第(一)、(二)、(三)、(六)项外,基于国家赔偿的一方是国家,本身对当事人就具有救助义务这一特点,故还应当考虑侵权行为给当事人造成的生活影响及社会影响等后果。具体而言,国家赔偿的精神损害赔偿方面,应当考虑以下因素:

(一)司法、行政机关及其工作人员行使职权时的过错程度

新《国家赔偿法》将旧法第 2 条中“国家机关和国家机关工作人员违法行使职权”修改为“国家机关和国家机关工作人员行使职权”。删掉了“违法”二字,意味着国家赔偿由单一的过错归责原则转向违法和结果并行的多元归责则体系。① 目前,我国国家赔偿归责原则的体系是以过错原则为主,② 运用到普通的国家赔偿侵权责任之中;以无过错责任原则为辅,适用于特定的冤狱赔偿及公有公共设施赔偿之中。所以,虽然在部分情况下是适用最为严格的无过错责任,但在大多数情况下还是适用过错责任。这就使我们在国家赔偿案件中仍然需要对过错程度进行量化。

我国民法界将过错程度划分为故意、重大过失、一般过失,其中一般过失又分为具体轻过失和抽象轻过失。③ 重大过失、具体轻过失和抽象轻过失的区分标准是:重大过失是指欠缺一般人的注意;具体轻过失是指欠缺与处理自己事务同样的注意;抽象轻过失是指欠缺善良管理人的注意。④ 在国家

---

① 马怀德:“国家赔偿制度的一次重要变革”,载《法学杂志》2010 年第 8 期。

② 对于违反刑事诉讼法规定采取拘留措施及违法使用武器的情况,虽然看似采用违法归责原则,但实际上也是适用过错责任原则——因为在这些情况下,违法就是有过错,不违法就没有过错,无须承担国家赔偿责任。

③ 张广兴:《债法总论》,法律出版社 1997 年版,第 289 页。

④ 值得注意的是,上述过错等级在某个具体的民事侵权行为中并非完全适用,比如损坏拾得的遗失物的行为,就无须尽善良管理人义务,所以无须承担责任。

赔偿领域中,国家机关及其工作人员和普通公民之间是管理关系,两者的事务具有同一性,故而区分具体轻过失和抽象轻过失没有实质意义。此外,在国家赔偿领域中,国家机关及其工作人员对被侵害人本身就具有管理、帮助义务,故对于其管理对象,应当适用更为严苛的标准,所以在某些情况下,适用严格责任(即无过错责任)。新《国家赔偿法》的多元规则体系下,故意、违法是最重的归责标准,其次是未尽管理义务,最后是严格责任。

参照民事领域的过错程度划分,国家赔偿领域国家机关及其工作人员的过错程度可作如下划分:

1. 故意、违法行为

国家机关及其工作人员出于某种不正当目的,在主观故意的状态下违法实施职权行为,侵害公民人身、财产权利,并造成不当后果的。[①] 如违法使用武器、警械造成公民身体伤害或者死亡的。

2. 重大过失行为

国家机关及其工作人员缺乏最基本的注意义务,存在玩忽职守的情形,致使公民人身、财产权利遭到侵害的。如监狱管理机关及其工作人员玩忽职守,放纵他人殴打、虐待服刑人员,造成公民身体伤害或死亡的。

3. 一般过失行为

国家机关及其工作人员在行使职权的过程中,因疏忽违反法定程序,造成公民人身权利受损,未造成严重后果的。如公安机关的调查人员出于疏忽,未及时保障被调查人的休息、饮食权利,但未造成严重后果的。

4. 是否有事后补救行为

国家机关及其工作人员在侵权行为发生后,若能立即停止侵权行为,并深刻反省,采取补救措施,诚恳地向受害人表示歉意并得到受害人谅解的,可以适当减轻赔偿责任。

---

① 在国家机关及其工作人员故意侵害人身权利的情形下,有学者曾提出要将惩罚性赔偿纳入国家赔偿中。比如,应松年教授认为:"在国家赔偿领域,惩罚性赔偿也值得考虑。对国家机关和国家机关工作人员故意侵权行为设立惩罚性赔偿,有助于遏制违法,发挥国家赔偿的功能。"(应松年:"国家赔偿法亟须修改",载《南方周末》2002年10月24日)。但是作为民商法律制度中的一项责任制度,我国学界对惩罚性损害赔偿制度的研究较为薄弱,在民事领域的适用也处于起步阶段,缺乏较为成熟的制度配套,所以新的《国家赔偿法》也未将此制度纳入国家赔偿领域。

(二)司法、行政机关及其工作人员侵害公民人身权利的手段、场合、行为方式等具体情节

对于采取刑讯逼供、虐待、殴打及其他残忍手段造成公民身体伤害的，应当在进行精神损害赔偿时对侵权的行为方式有所体现。精神损害赔偿与财产损害赔偿除了都具有补偿功能之外，还具有抚慰功能和惩罚功能。在国家赔偿领域，对精神损害赔偿不仅要强调其补偿、抚慰功能，更要根据侵害手段、场合及行为方式等程度状况相应增加或减少赔偿金额，体现其惩罚性的功能。

(三)司法、行政机关及其工作人员的侵权行为所造成的后果

《国家赔偿法》第35条规定："……致人精神损害的，应当在侵权行为影响的范围内，为受害人消除影响，恢复名誉，赔礼道歉；造成严重后果的，应当支付相应的精神损害抚慰金。"故而，对于侵害后果的量化，将直接决定是否进行精神赔偿，也决定是采取赔礼道歉的方式还是采取支付精神损害抚慰金的方式承担精神损害赔偿责任。

对于"严重后果"应当如何确定？笔者认为应当从以下几个方面来分析：

1. 受害人死亡时

受害人死亡，应当是最为严重的侵害后果。但是，新《国家赔偿法》第2条规定："国家机关和国家机关工作人员行使职权，有本法规定的侵犯公民、法人和其他组织合法权益的情形，造成损害的，受害人有依照本法取得国家赔偿的权利。"该条款将国家赔偿的请求人限定为"受害人"。而当被侵害人本人死亡时，其家属是否可以提出精神损害赔偿呢？因为精神（法律中的精神）是依附于肉体而存在的，肉体消亡，精神也就不复存在，所以从被侵害人的角度来看，其"精神损害"已经不存在了。

但我们认为，在国家赔偿领域，当被侵害人死亡时，应当增加对其家属的精神损害赔偿：首先，出于公平原则，在被侵害人严重伤残的情况下国家必须进行精神赔偿，而在被侵害人死亡时更不应当免除此项精神损害赔偿责任。其次，家属提出的"精神损害赔偿"并非是受侵害人的"精神"受到损害，而是其家属的"精神"受到了损害。从法理上来说，当被侵害人死亡时，对其精神损害是无法从"死亡赔偿金"中得到弥补的，此时必须转嫁到对其

家属的精神方面进行弥补。例如,一个母亲丧子之后,不会因为其得到赡养费而使其从丧子的精神打击中得到解脱。所以,除对其进行物质补偿外,还应对其进行精神损害赔偿。[①] 最后,目前在民事领域的精神损害赔偿理论与实践中,对被侵害人的家属进行精神损害赔偿也是认可的。[②] 无论是个人之间的行为给受害人造成的精神损害,还是国家与个人之间的行为给受害人带来的精神损害,都应当依法得到赔偿,这样才能体现法律所要倡导的公平正义。一个国家对公民精神层次的关注程度,直接反映了这个国家民主政治与法治建设的程度,国家赔偿法应当顺应大趋势,确立国家赔偿中受害人家属的精神损害赔偿。

2. 当受害人受伤时,其精神损害"严重后果"的认定

如果侵权行为造成受害人残疾的,一般就可以认定其精神损害达到严重程度,并根据伤残等级确定赔偿额。但事实上,人体损伤还包括外观形象上的损伤,如脸部出现伤疤、牙齿受到损伤等,虽然够不上伤残,但给受害人造成的心理伤害却是难以治愈的,因此对于影响受害人外观形象、造成心理阴影伴随其终生的情况,应当作出精神损害严重的认定。在受害人受伤的情况下,要认定精神损害严重程度并将之作为确定精神损害赔偿金的依据,可考虑以下几个方面的情况:其一,造成的损伤是永久性损伤还是临时性损伤,是否留下后遗症;其二,伤害的部位是否特殊并导致生活方面的重大障碍(如生育功能、严重毁容等),伤害程度较高的;其三,结合被害人的职业、社会地位等因素考虑身体伤害对被害人造成的影响,比如说,同样是缺失半个指节,认定为轻伤,十级伤残,但是对于一个钢琴师和一个普通人来说,差别是巨大的。

3. 精神利益损失产生的精神损害严重的认定

国家机关及其工作人员对受害人的不正确评价(如错捕、冤案等),必然使受害人的社会形象受到损害和影响,致使其内心产生不安和痛苦。这种不安和痛苦与上述因死亡、受伤所带来的痛苦不同,它并非因健康权受损而

---

① 宋咏堂、项红兵、罗五金:"立足国情 探讨精神损害赔偿原则",载《医学与社会》2003年第6期。

② 李新合:"公民的名誉权并不随公民的故去而立即消失,侵害亡者'名誉'应承担赔偿责任",载《人民法院报》2012年10月24日第3版。

引起,没有"权利宿主"。在民事领域中,被称为"纯粹精神损害",是指作为民事主体的自然人在其民事权利未受侵害情况下的精神利益损害。在形式上,由于受害人民事权利没有直接受到损害,纯粹精神损害有点类似于间接损害,但纯粹精神损害是侵权行为的直接结果,是一种直接损害,这与间接损害有本质的区别。①

在各国立法中,对于精神利益损失产生的精神损害的"严重程度",各国的标准不一,如德国规定,受害人的损害严重程度必须要有外观表现,如出现精神分裂,精神抑郁等症状。而我国目前尚无具体的解释。当然,由于人类行为、思想的多样性,精神损害有诸多不同的表现,且其属受害人主观上的东西外人是难以把握的,所以应当把受害人的外观表现与行为人的侵权行为结合起来,从一般的社会人的角度进行评定,行为人的侵权如果足以造成受害人精神损害就认定为达到"严重程度"。②

(四)司法、行政机关所在地平均生活水平

在民事领域,"侵权人承担责任的经济能力"能否作为确定精神损害赔偿数额的考虑因素,一直存在争议。而在国家赔偿领域,由于赔偿义务主体是国家机关,不存在上述问题。目前我国各地经济发展不平衡,各地人们对精神损害重视程度、弥补预期值也存在一定差异。在民事领域,早在《最高人民法院关于确定民事侵权精神损害赔偿若干问题的解释》出台之前,就有学者主张,确定精神损害赔偿金额时要考虑当地的实际生活水平,司法实践中法院审理案件也一直坚持此做法。《最高人民法院关于确定民事侵权精神损害赔偿若干问题的解释》第10条提出"受诉法院所在地平均生活水平"作为确定精神损害赔偿金的因素之一,肯定了学者的观点和司法界的做法。在国家赔偿领域,可以参照适用,以"司法、行政机关所在地平均生活水平"作为确定精神损害赔偿的标准之一。必须注意的是,此处是"司法、行政机关所在地"的平均生活水平,而非当事人实际生活所在地的平均生活水平,二者在多数情况下重合,但在目前人员流动较大的地区,也经常存在非同一地的情况,必须准确把握。

---

① 鲁晓明:"论纯粹精神损害赔偿",载《法学家》2010年第1期。

② 胡红蕊、郑瑞琨:"论违约责任中的精神损害赔偿",载《行政与法》2009年第10期。

结 语

鉴于新《国家赔偿法》所规定的精神损害赔偿的事项范围,不仅包括对侵犯人身自由权的赔偿,也包括对公民生命健康权侵犯的情形,而且增加了精神损害抚慰金,因此在实践中,几乎每个国家赔偿案件的赔偿请求人都会提出精神损害赔偿的请求。在目前的司法实践中,一些省市的司法部门已经尝试对精神损害"严重后果"的标准作出具体规定①,这些细化的规定,较之目前国家赔偿领域精神损害部分的空洞法条而言,具有极大的可操作性,不失为一种有益的尝试。但由于精神损害本身是一个难以定量的损害,具有无形性、非财产性的特点,需要我们在在实践中不断地研究、探索,在严谨分析赔偿量化因素的基础上,结合已有赔偿案例,制定明确、统一、具有可操作新的标准,才能使国家赔偿法的要义落到实处,切实履行新《国家赔偿法》第35条的规定,维护受害人的合法权益。

(作者单位:上海市公安局法制办公室)

① 朱香山、韦磊:"广东明确精神损害赔偿标准",载《检察日报》2012年1月5日第1版。广东省明确精神损害赔偿标准:对发生国家赔偿法第3条或者第17条规定情形,导致受损害人:死亡、重伤或者残疾;精神疾病或者严重精神障碍;婚姻家庭关系破裂或者引致家庭成员严重伤害;失去重要(就业等)机会或对其生产经营造成严重影响或者重大亏损而产生重大精神损害等。其中还规定了三种精神损害后果特别严重的情形:受损害人非正常死亡;因超期羁押造成重大人身损害;因刑讯等造成伤残或者精神失常。

浅谈隐性赔偿现象的成因和治理

张丽娟

所谓国家赔偿，是指国家机关和国家机关工作人员行使职权，侵犯公民、法人或者其他组织的合法权益并造成损害后，由国家机关依照法定的程序向赔偿请求人承担赔偿责任的一种权益救济。国家赔偿涉及的赔偿主体、程序和方式均由国家赔偿法作出了严格规定，但基层公安机关在处理与权益被侵害人纠纷的现实工作中，常常没有严格依照国家赔偿法规定的赔偿范围、程序、方式、计算标准对赔偿请求人给予赔偿并按照规定由财政部门支付，甚至根本没有启动国家赔偿程序，而是在法定国家赔偿程序外与权益被侵害人私下达成协议，赔付若干款项，了结与权益被侵害人之间的纠纷。本文将此类为了结与权益被侵害人之间纠纷而在法定国家赔偿程序外支付款项的纠纷解决方法称之为隐性赔偿。

一、公安机关隐性赔偿的危害

基层公安机关在执法工作中不可避免与执法对象或者其他有关第三方产生纠纷，当事人或者有关第三方认为公安机关侵害其合法权益，故而通过种种方式向公安机关提出各种救济诉求，公安机关出于各方面考虑，与权益被侵害人达成协议，通过不同名义给予权益侵害人若干金钱，了结双方纠纷（为便于表述，本文姑且将这种纠纷归类为警民纠纷）。隐性赔偿效率高，息访息闹效果明显，事实上也化解了大量警民纠纷，平息了事态。但隐性赔偿的长期和大量存在，也积累了以下突出问题：

1. 隐性赔偿的危害首先是破坏了国家法律的正确实施，损害了法律尊严。目前，我国已经建立起健全的社会主义法律体系，包括警民纠纷在内的几乎所有的社会矛盾都有相应的法律法规等一系列法律框架内的解决制度和程序。国家赔偿是由国家赔偿法规定的为救济权益被侵害人而设定的赔偿制度,其最大的功能虽然是权益救济,但同时又是对国家公权力的制约和监督,而且这种制约和监督具有强制性,不能任意放弃或规避适用,这是与平等主体之间的民事纠纷的不同之处。绕开国家赔偿法的强制性规定另行以处理民事纠纷的方式处理警民纠纷,被侵害人的权益救济是实现了,但国家赔偿法的立法目的却没有得到实现,严重损害了法律的尊严。有例可证:2005年9月某日,罗某伙同他人合谋抢劫摩托车,约定由罗某与一同伙持刀到预定地点埋伏,另一同伙假装租乘摩托车将司机骗至埋伏地点后实施抢劫。不料罗某与同案人在埋伏地点被当地巡查的村治保人员发现,罗某与同案人逃跑,治保人员遂追捕,罗某持刀反抗,多名治保人员持铁棍将罗某四肢、头部打伤,后罗某被鉴定为轻伤。对罗某参与抢劫一案,公安分局立案侦查,并对罗某取保候审。此后,罗某之父(以下简称罗父)不停上访,要求追究打伤罗某的治保人员的刑事责任并赔偿经济损失,认为罗某的伤势已达重伤要求重新鉴定。公安分局同意其重新鉴定的申请,聘请同济医科大学司法鉴定中心对罗某的伤势重新进行了鉴定,结论为重伤。辖区派出所及时履行职责,将部分参与殴打罗某致伤的治保人员抓获归案,认定其中治保人员谢某有参与殴打,将谢某移送起诉,后谢某被法院判处有期徒刑三年。罗父继续上访,要求继续追究参与殴打罗某的其余治保人员的刑事责任,并在2006年至2008年间多次重大敏感时期如两会、奥运会等期间进京上访。其间,公安分局对罗某被故意伤害案投入了大量人力、物力进行侦查,但均无法认定其他人员是否参与殴打罗某。另外,为安抚不断缠访的罗父,辖区派出所多次为其免费安排宾馆长期食宿,在敏感时期还派出民警全程陪同稳控罗父。2008年北京奥运会开幕前夕,罗父以罗某系被政府和公安部门管理的治保人员打伤为由,将区政府和区公安分局诉至法院,要求共同赔偿因罗某被伤害造成的直接间接损失200余万元,并扬言要进京上访。公安机关承受巨大的维稳压力,经过区政府和公安分局协调,由案发地街道办、公安分局共同出资80万元支付给罗父,罗父同意停访息诉。显而易见,无论是区政府还是公安分局都无须对罗某的伤害结果承担任何赔偿责任,此案的了结(不能真正被称为办结),并未彰显法律的尊严和力量,而是在法律之外的交易。这种不分责任、不辨是非、只求息事宁人的妥协,从某种意义上讲是对法律秩序的践踏和破坏。

2. 助长了当事人信访不信法的不良风气,为日后当事人反复缠访索要赔偿埋下了隐患。近年来,有些警民纠纷中的权益被侵害人(也有部分自称是权益被侵害但实际上未被侵害或不是被公安机关侵害的)不遵循国家赔偿法规定的程序申请国家赔偿,或者经过申请被决定不予赔偿后到各级部门信访要求给予赔偿,由于其请赔理由往往并不充分,经过一定时期的连续上访后被公安机关纳入重点信访人员名单,再经过一定时期的反复缠访,公安机关或者政府信访部门为息事宁人在取得对方停访息诉的承诺后给予一定数额的经济救助。但树欲静而风不止,部分信访人在获得救助后并不息访或者停访一段时间后又继续缠访,以补偿不足或公安机关有错才会给钱为由继续缠访。薛某信访案就是典型案例:2005 年,薛某到公安分局控告某建筑工程发包方合同诈骗,分局决定不予立案后,长期到公安分局和区法院缠访,多次扰乱信访接待办公场所秩序被我局行政拘留。2010 年,分局为安抚薛某,向区政府为其申请信访救助基金 3 万元。薛某停访一段时间之后又故伎重演,缠访至今未止。

3. 姑息和纵容了公安机关和部分民警的执法错误甚至渎职行为,不利于执法水平的提高,不利于民警工作责任感和守法意识的培养。例如,2007 年,某分局在侦办常某等人结伙抢劫系列案中,抓获常某等人,在对常某刑事拘留后,办案刑警组织了对常某等人的轮番攻审,用手铐将常某双手铐住吊在审讯室窗户铁枝上连夜审讯,期间常某突发急病死亡。在处理善后过程中,分局考虑到民警在审讯过程中存在刑讯逼供的问题,为避免追究当事民警的刑事责任和分管领导的责任,分局积极与死者家属商谈,最终家属同意获赔 57 万元后不再追究当事民警和领导的责任。又如,2011 年某派出所抓获一吸毒女苏某,苏某在候问室询问查证期间突然发病,派出所值守民警未及时发现和送院治疗,该女子送院后证实不治,家属在善后工作期间到上级公安机关上访施压,为避免相关领导和民警被追责,该派出所自筹 43 万元赔付家属,最终息事宁人。

4. 隐性赔偿使公安机关有限的办公经费受到挤压,正常的公安工作得不到应有的保障。当前公安机关的管理体制是条块结合,城市区公安分局的经费保障依赖区一级政府,派出所在一定程度上也依靠街道办或者镇政府的经济支持。公安机关办公经费往往实行包干制,年度预算的经费总额是固定不变的。由于隐性赔偿不能列入政府财政开支,在经非法定方式赔偿若干数额的款项后,意味着等同数额办公经费的减少或者民警福利待遇的相应降低。

二、公安机关隐性赔偿现象的成因

隐性赔偿现象的大量存在,并非公安机关对其有所偏好,而是在当前环境下为了实现以最小代价换取既履行职责又避免被追责的无奈之举。

1. 当事人不愿意循正常的法律渠道解决纠纷,乐于通过缠、闹的手段实现利益最大化,公安机关因此承受巨大的维稳压力。近些年,为化解各领域积累的社会矛盾,从中央到地方各级政府及其职能部门开展了轰轰烈烈的大接访活动。各级信访部门在大接访活动中急于清理旧账的心态也使"信访不信法"的观念在信访人员中普遍蔓延。"大闹大解决,小闹小解决,不闹不解决"俨然成了信访人员的指导思想,部分无理信访人员坚信闹访、进京上访是解决信访问题的不二法门。维稳是公安机关的首要职责,每一个进京上访、到政府首脑机关闹访的非正常上访事件都牵动着公安机关紧张的神经。为阻止信访人非正常上访和闹访,公安机关不得不花费大量的人力、财力去处置。对属于执法有过错引发的信访案件,公安机关往往为避免被卷入舆论漩涡或被上级追责而选择主动寻求与当事人协商,赔付若干款项以求息事宁人。即使不涉及公安机关执法过错,部分公安机关为安抚信访人也往往情愿自掏腰包以免常被媒体曝光。

2. 监督和惩治措施执行不到位,公安机关领导及民警为规避责任追究急于"花钱买平安"。当前公安机关各项监督和过错惩治措施的制度已经相当完备,但由于执行不到位,执法民警出现执法过错或者渎职问题后往往不直接进入调查追责程序,而是由当事民警所在部门或者单位先行处理,监督部门再视情况对责任民警或者领导作出处理,一般情况下,纠纷化解处理效果得当,付出代价较小的,对责任人处理力度相应较轻,反之则惩处力度较大。有的纠纷由于处理及时得当,当事人没有进一步信访投诉,事件根本不进入公安机关机关内部监督程序。因此,执法监督和惩治措施落实不及时、不到位,也给隐性赔偿留下了运作的空间。

3. 公安机关经费保障制度下部分公安机关有自由支配一定款项的能

力。目前公安机关经费保障来源以同级人民政府为主,在预算年度内,如无特殊情况公安机关的经费开支额是预定不变的,在总额不变的前提下,公安机关对划入其办公经费预算额度内的款项有一定的自由支配权。如本可以用于购置办公设备的款项可以通过一定的形式用于支付对执法相对人的经济补偿而不会违反财务审计制度。因相对于数额庞大的办公经费预算而言,隐性赔偿所占的比例显得微不足道,公安机关往往有能力通过各种形式和渠道消化而不至于在财务审计中被发现开支违反财务制度。

4. 公安机关有动用其他社会资源解决当事人获得金钱补偿的能力。在隐性赔偿中,一部分支出由公安机关通过上述挤占办公经费开支的方法得以解决,但公安机关办公经费毕竟有限,不到万不得已一般不会出此下策。而对既涉及民警执法过错同时又涉及第三方民事责任的案事件中,公安机关动用其他社会资源出资解决当事人救济问题的现象就相对普遍。如某派出所在工作中得知辖内某饭店二楼包间内有人聚赌后到场查处,民警刚到场即被参赌人员察觉,部分人罔顾安危仓皇越窗而逃,其中一人在跳楼过程中不幸头部着地伤重死亡,另一人多处骨折受伤。事发后,为妥善解决善后,派出所积极组织饭店老板出面与死伤者家属商谈,成功促使双方签订赔偿协议,由饭店老板支付死者家属 31 万元了结事件。近年来,类似的案件在基层派出所层出不穷,涉事场所的老板、物业业主、所在单位、企业往往被公安机关施加压力,在一番利害权衡之后,大部分涉事人员往往最终承担了超出法律规定应承担份额的全部或者大部分的经济赔偿责任。在这些由公安机关促成的经济赔偿案事件中,相当部分属于法定国家赔偿的范围。

三、公安机关隐性赔偿现象的治理

1. 改革目前对信访维稳工作的评价机制。信访制度设计的初衷是密切联系群众,倾听群众对政府工作的意见和建议,并非承担维稳功能。但近年来特别是 2005 年《信访条例》修改后,各级各部门对信访工作空前重视,民众通过信访解决个人诉求的风气日盛。公安机关推行的领导包案、首长接访等信访工作制度进一步加剧了严重程度。实际上,需要公安机关领导包案解决的信访案件,往往已经过其他法定程序而当事人不满意处理结果的硬骨头。领导特别是高层级的领导包案后,本级或者下级公安机关必然不惜代价解决信访人的信访诉求。因此,不改变当前“维稳就是停访息访”的工作思维和评价机制,只在乎息事宁人不考虑方法手段的信访工作制度,公安机关隐性赔偿的现象就没有杜绝的可能。

2. 改革和规范公安办公经费保障制度。目前的经费保障制度给公安机关隐性国家赔偿提供了现实可能性。从财务管理制度的角度看,公安机关挤占办公经费用于支付隐性赔偿当然属于违规行为,但正是目前的财务管理存在一定程度的制度性漏洞,使公安机关有将该部分不合法的开支进行合法化处理的运作空间。由于保障制度牵涉的法律制度和改革权限较为复杂,要对基本的制度框架破旧立新不太现实,目前比较切实可行的规范措施应该是加强公安机关财务开支内部决策的民主和科学性。建立大笔开支决策必须经过集体合议程序和联名签署的硬性制度,克服目前普遍存在的"一把手"和分管财政的领导个人说了算的弊端。

3. 改进和加强执法监督。要从源头上防止隐性国家赔偿,归根结底还是要加强执法质量和执法监督力度,杜绝或者减少不作为或者执法活动侵害相对人合法权益事件的发生。从近年发生的隐性赔偿案事件来看,相当一部分是因为执法过程不规范或者存在不作为、乱作为的过错,导致当事人损害结果的发生。如本文前述常某被刑讯逼供致死案就属于典型的故意违法侵害当事人权益的案例。而吸毒人员苏某在派出所询问查证期间死亡案,则是民警渎职不作为导致赔偿的典型。

4. 改革国家赔偿制度设计,提高国家赔偿的效率。隐性赔偿的大量存在,与现实中的国家赔偿渠道不够畅顺也有莫大的关系。修改前的国家赔偿法被戏称为"国家不赔法"反映的正是赔偿渠道不畅通、获得赔偿非常艰难的现实。新修改的国家赔偿法对这一问题作了改进,取消了部分前置环节,但必须首先向赔偿义务机关提出赔偿申请的制度没有改变,这种"与虎谋皮"式的赔偿启动模式屡遭诟病,被指为实现国家赔偿的第一障碍。笔者认为,要从根本上解决赔偿效率问题,必须改变现有的由赔偿义务机关先行受理和决定的模式。但国家赔偿制度属于国家法律规定的法律制度,必须通过立法才能改变现有的制度模式,而国家赔偿法刚修改不久,希望再次改变国家赔偿的制度设计来提高国家赔偿效率,实现减少隐性赔偿的目标恐怕只能作为长远蓝图来描绘了。

(作者单位:广东省广州市公安局白云区分局)

【工作交流】

编 者 按

2013年10月31日,全国法院国家赔偿工作座谈会暨中国审判理论研究会国家赔偿理论专业委员会第二届年会在山东省淄博市召开。现将部分高院在本次会议上经验交流材料予以刊登,供参考。

积极探索 建立完善国家赔偿工作新机制

陕西省高级人民法院

近年来,陕西省国家赔偿审判工作立足人民群众对司法日益强烈的新期待、新需求,及时调整思路,勇于尝试,积极探索,建立和完善国家赔偿审判工作新机制,不断提升国家赔偿审判工作水平。近三年来,全省各级法院受理各类国家赔偿、确认案件129件,审结111件,决定赔偿金额近300万元。有力地保护了赔偿请求人的合法权益,促进了国家机关依法行使职权。

一、建立诉权保护机制,畅通请求国家赔偿的渠道

为畅通国家赔偿请求渠道,解决一些法院存在的国家赔偿案件"立案难"、有诉不理的问题,2012年年初,省法院赔偿办积极探索赔偿请求人诉权保护机制,在充分调研的基础上,制定下发了《关于依法保护国家赔偿请求人申请权的会议纪要》,就不得限制国家赔偿请求人的申请权,依法受理国家赔偿案件和明确立案分工,为赔偿请求人提供优质司法服务、便民措施以及“应为不为”的相关责任的追究等方面作出了总体的规定。同时,对国家赔偿案件受理中遇到的若干实务问题提出了指导意见,以统一执法尺度,规范法律的适用。在具体的操作层面,指导各中级法院进一步细化。如西安中院建立国家赔偿告知制度,在宣告无罪和纠正违法执行、财产保全、强制措施之后,主动告知受害人有申请国家赔偿的权利,在需要穷尽其他救济途径的情况下,及时告知并指导受害人向有关机关申请,避免出现受害人因不知申请、不会申请而丧失救济的权利。西安、咸阳等中院建立风险提示制度,通过印制立案条件、权利义务告知书、举证须知,提示赔偿请求人行使权利的风险,以帮助请求人正确、理性行使权利,减少维权中的误区。

二、完善审判公开机制,确保国家赔偿案件公平、公正

以往的听证、质证程序,虽然对保证案件审理的公开、公平、公正起到了重要的作用,但我们认为在法院的主持下,仅限于赔偿请求人(或确认申请人)和赔偿义务机关的参加还存在一定的局限性,主要表现在社会的监督、司法的民主性不够。为此,我们在总结以往听证、质证程序的基础上,以省院下发的《关于征询旁听庭审公民对案件裁判意见和建议的若干规定(试行)》为切入点,对一些有重大影响的案件、当事人多次申诉上访的案件、适用法律疑难等类型的案件实行邀请公民旁听,并在听证后征询旁听公民的意见和建议。被邀请的公民,既有普通的群众,也有人大代表、政协委员;既有律师等专门的法律工作者,也有专家、学者,被邀请的人员主要是因案而异。实践证明,在听证、质证中邀请公民旁听和征询旁听公民意见及建议,体现了三个“有利于”:有利于强化监督机制,提高办案质量;有利于建立畅通的民意沟通和表达机制,促进人民法院从法律、社会、人民多维视角观察、分析和处理问题,实现办案的法律效果和社会效果的有机统一;有利于提升司法的公信力与认同度,有效化解纠纷,确保公正高效和谐司法。

三、完善国家赔偿案件实质化解决机制,努力实现案结事了

人民法院的司法功能应该是通过裁判,实现定分止争,案结事了,以达到社会秩序的稳定与和谐。这也是新时期人民群众对司法的期待和要求。国家赔偿案件涉及的是“官民”矛盾,实现实质化解决,从一定意义上讲,对巩固党的执政地位,加强党的执政能力,有着十分重要的意义。为此,近年来,我们始终把力争实现国家赔偿案件的实质化解决作为工作的目标。一是上下联动,内外互动,以调解形成合力促化解。即充分利用各种有利因素,调动法院内外部各种力量,共同参与调解,以形成合力,最大限度减少工作的盲区,提高案件化解的成功率。2013 年以来,省法院不断完善工作机制,加大调解力度,案结事了效果显著。截至 2013 年 9 月底,所结案件,调撤率达到 73.33%。二是建立判后答疑制度。由于一些当事人对国家赔偿条件、范围、归责原则、赔偿原则等存在认识上的偏差和误区以及期望过高,致使在法院处理以后,仍然不服,有的甚至上访、缠访。针对此种情况,我们不是简单地敷衍处理当事人的申诉来访,而是规定由承办人与赔偿办主任或副主任负责约谈答疑,同时邀请信访办、纪检监察室的同志一并参加。通过耐心地答疑和释法明理,缓解当事人的抵触情绪,增进当事人对法院的理解,提高服判息诉率。三是积极做好国家赔偿的善后工作。对不属国家赔偿范围的事项,但确属赔偿请求人合理诉求的,我们不是简单推脱,而是积极与相关部门协调,尽可能地做好对赔偿请求人的抚慰,从而最大限度地取得赔偿请求人的理解。

四、建立国家赔偿职能延伸机制,促进司法机关执法的源头治理

近年来,我们秉持"防为上,救次之,戒为下"的司法理念,改变纠错一件赔一件,被动应付的做法,通过建立国家赔偿职能延伸机制,加强源头治理,提高司法水平,最大限度地减少国家赔偿案件的发生。一是建立国家赔偿司法审查报告制度。2012 年,我们在广泛调研和案件评查的基础上,对近年来全省法院国家赔偿案件的基本情况、特点和成因,特别是国家赔偿案件反映出的公检法等司法机关在行使职权中存在的问题,进行了梳理和分析,首次形成了万余字的《全省法院国家赔偿案件司法审查报告》(以下简称《报告》)。该《报告》通过对决定赔偿和确认违法案件的分析,归纳出司法机关在刑事诉讼、民事执行、财产保全、强制措施中存在的涉及十四个方面的问题。针对存在的问题,提出改进的意见和建议,并印发全省各中级法院。省委常委、省委政法委书记安东对《报告》作出重要批示,指出报告"体现了推进工作的创新精神。报告有情况,有分析,有建议,写得也很好,应予表扬和鼓励"。《报告》印送检察、公安机关参阅后,取得良好效果。省检察院针对《报告》中所涉及的案件,逐案深入剖析检察机关存在的问题,以总结经验教训。二是积极开展司法建议活动。如针对在审理国家赔偿案件时,发现的批捕工作中因对批捕条件把握不严,最终导致国家赔偿发生带有一定普遍性的问题,及时向省和有关市、县检察机关发出司法建议,引起检察机关的高度重视。某市检察院针对司法建议中所指出的问题,及时召开专题研讨会,认真分析查找在案件办理过程中存在的不足,并就如何进一步严把事实关、程序关和法律适用关,增强证据意识,加强监督等方面制定了具体的措施并致函我院。三是"点、面"结合,多方位指导。即一方面对国家赔偿个案中所反映的司法机关特别是人民法院执法中不规范的问题,通过走出去,请进来的方式,进行面对面个案指导,与所涉法院一起分析原因,提出改进的意见和建议。一些法院以此开展"回头望",查找执法中的问题,进一步规范执法行为。另一方面,以点带面,进一步扩大个案经验教训的辐射作用。通过积极参与公、检、法司法机关组织的研讨、座谈、培训等活动,以典型国家赔偿案例为教材,增强执法人员国家赔偿风险意识,提高执法水平,促进源头治理。

五、建立联席会议机制,优化国家赔偿审判司法环境

国家赔偿审判工作的开展,涉及公、检、法、司、政府财政等部门,这些部门相互之间能否理解、支持和配合,是国家赔偿审判工作能否健康发展的重要保障。为了改变以往法院单打独斗的局面,积极争取党委、人大对国家赔偿工作的领导和监督,加强法院与其他司法机关和相关行政机关之间的联系和沟通,理解与支持,2011年省法院赔偿办与省委政法委、省人大内司委、省检察院、省公安厅、省国家安全厅、省司法厅、省财政厅、省人力资源和社会保障厅、省政府法制办、省监狱管理局等部门的有关负责同志,就建立国家赔偿工作联席会议机制达成共识:(1)建立信息沟通与共享制度。省法院与相关部门就各自涉及的重大国家赔偿工作部署、新颁布的重要相关司法解释、司法政策和行政法规、规章及其他规范性文件,办理国家赔偿案件的情况及相关统计分析,国家赔偿案件的执行情况等国家赔偿工作的信息及时进行通报和交流。(2)建立学习、交流与调研制度。相互邀请参加各自组织的工作考察、调研、法律和业务培训;以省法院国家赔偿审判工作参考(内部刊物)为依托,对在办理国家赔偿案件中遇到的带有普遍性、典型性意义的案例,进行共同梳理、汇总和编发。通过案例指导,不断提高办理国家赔偿案件的水平。(3)建立重大案件和重要事项协调机制。对重大、复杂、敏感的国家赔偿案件，及时向党委政法委、省人大内司委报告，在党委政法委的领导和人大的监督下，确保案件的稳妥处理。对在审理国家赔偿案件、执行以及善后工作中遇到的问题，通过相互配合，相互支持，相互协调，最大限度地予以解决，以实现国家赔偿案件法律效果和社会效果的统一。

江苏法院国家赔偿审判工作情况汇报

江苏省高级人民法院

2010年以来,江苏全省法院国家赔偿工作在省法院党组的领导和最高人民法院赔偿办的监督指导下,全面落实修正后的国家赔偿法,认真履行国家赔偿工作职能。2011年以来,全省法院共受理各类国家赔偿案件114件,依法决定赔偿25件,决定赔偿金额342.6457万元,对于保障国家赔偿请求人的合法权益发挥了重要作用。现将全省情况汇报如下:

一、江苏法院国家赔偿工作的基本特点

修正后的《国家赔偿法》生效实施以来,全省法院国家赔偿工作中出现了不少新情况、新问题与新变化,主要呈现出以下几个方面的特点:

(一)国家赔偿案件每年都呈上升趋势

江苏全省法院受理的国家赔偿案件绝对数量依然很少,但总体呈现上升态势。2011年全省共受理赔偿案件37件,2012年受理53件,今年1~9月受理54件,同比分别上升88%、43%和2%。其中,刑事赔偿案件上升幅度较小;非刑事司法赔偿案件上升幅度较大,分别上升170%、27%和28%。此外,地区差异较大,主要集中在徐州、南通、淮安、盐城以及宿迁等江苏北部地区。但由于国家赔偿案件申诉率高,如果扣除省法院受理的申诉案件(2011年至今年9月底共计57件),全省新收国家赔偿案件数量则处于萎缩状态。

(二)国家赔偿案件矛盾化解难度较大

目前,刑事赔偿案件主要问题集中在高额赔偿请求上,非刑事司法赔偿案件基本上都是因执法瑕疵引起的,两类案件当事人对立情绪及请求预期

普遍较大,很难做工作。尤其是涉及精神损害赔偿以及财产赔偿案件,动辄上千万或者数百万,协调化解难度很大。刑事案件赔偿请求人往往经过多年申诉信访才使案件得到纠正,期间往往付出了大量的金钱和精力,尤其是信访涉及的交通费、律师费以及住宿费,有的甚至卖掉住房举家信访,当事人往往要求国家赔偿这些费用。即使给予足够的法律政策释明,还是难以得到理解。同时,善后工作也难以得到解决,包括工资补发、就业安置以及职级落实等问题,协调难度很大。这些因素导致国家赔偿审判人员必须花费大量的精力用于协调及矛盾化解工作,导致赔偿案件结收率比较低。

(三)国家赔偿工作法律适用存在困难

突出表现在两个方面:一是精神损害赔偿标准及数额不易确定。实践中,刑事案件请求人无一例外地申请精神损害赔偿,而且数额巨大。但损害严重后果如何确定,支付标准如何把握,数额如何确定,实际操作非常困难。不仅申请人与法院之间理解有差距,就是上下级法院之间或者法院与其他被申请机关、财政部门等之间的理解也存在差距。二是消除影响、恢复名誉等缺乏统一规范的操作标准。刑事赔偿请求人普遍要求赔偿义务机关在侵权范围内赔礼道歉、恢复名誉和消除影响。由于不少刑事案件在破案及判决后往往进行广泛舆论宣传,改判无罪赔偿时如何确定侵权范围以及消除影响方式等存在争议,做法也各有不同。有的在送达文书时一并给予道歉,有的到申请人原所在单位给予说明。当事人往往不满意,要求义务机关在当初宣传范围内向社会公众作出说明予以消除影响。因此,不少申诉案件均是由此引起。

(四)国家赔偿审判体制、机制及队伍不能完全适应工作要求

一是国家赔偿机构不健全。目前除苏州外,其他 12 个中级法院均无独立的赔偿机构,由此造成工作布置及落实困难等问题。尤其是没有独立机构,还存在国家赔偿申请难问题,导致相当数量的赔偿案件在赔偿程序之外解决,这是赔偿案件数量少的重要原因。二是国家赔偿审判力量薄弱。由于机构不独立、人员不固定而且流动性大,造成培训工作跟不上人员变化的问题。而且,即使人员相对固定的法院,也存在整体力量较弱,与现有任务不能完全适应的问题。三是国家赔偿工作机制不完善。一方面,没有独立的机构,就根本谈不上健全完善机制的问题。另一方面,案件数量较少,又

难以积累有效的工作经验,从而制约了赔偿工作的健康发展。

二、江苏法院国家赔偿工作的基本做法

近几年来,江苏全省法院国家赔偿审判工作总体发展态势良好。特别是全省赔偿条线紧紧围绕国家赔偿法修改后提出的新情况、新要求与新变化,坚持以"权利保障为要、和谐赔偿为纲"的工作导向,着力在贯彻与落实国家赔偿法的立法精神上下功夫,在保障与救济当事人的合法权益上下功夫,在监督与促进公权力机关依法履行职能上下功夫。

(一)坚持"能立则立"原则,依法保护公民、法人或其他组织的国家赔偿请求权

依法保护当事人享有的国家赔偿请求权,既是贯彻落实国家赔偿法的基本要求,也是当事人实现国家赔偿权利的前提条件。因此,只要赔偿申请符合基本条件的,都确保其及时进入国家赔偿程序进行审理。为此,我们坚持畅通国家赔偿案件请求渠道,对赔偿申请做到不推不拖、不阻不拦,该收则收、该立则立。只要申请人的赔偿申请或者来信来访,大体上符合法律和司法解释规定的立案条件和管辖权限的,就及时立案审理;缺少立案材料的,积极指导申请人补齐材料,材料补齐后及时移送立案。对于应当由其他机关或其他程序解决,不符合国家赔偿立案条件的诉求,主动向申请人指引正确的救济途径;对于确无道理却坚持要求国家赔偿的申请人,给予其请求权,并在立案后进行耐心说服、解释和劝导,力争使申请人息诉罢访。对于符合条件、下级法院不予立案或者不予受理的赔偿申请,坚决指定受理或者立案后直接作出赔偿决定。2011年以来,省法院共收到19件下级法院不予受理或者不予立案的赔偿申请案件,其中12件案件指定相关法院立案受理,7件案件直接立案审理。为此,省法院赔偿办还出台立案审查规范,明确立案条件及标准,确保受害人依法享有的国家赔偿请求权得到充分尊重和保护。

(二)坚持"当赔则赔"原则,充分保护法律规定的请求人享有的实体性权利

在赔偿程序中,受害人最关心的是合法权益能否实现问题。因此,赔偿工作中必须切实保障与实现受害人的实体权利。对于确认申诉案件,严格坚持确认违法的条件及依据,只要国家机关或工作人员的职权行为违反法

律规定,就坚决确认其违法,既不照顾情面,也不"和稀泥",共依法确认4件确认申诉案件中被申请机关行为违法;对于明显符合国家赔偿条件的案件,严格依照法律规定的赔偿范围及其标准,依法及时作出赔偿决定;对于法律规定不明确、可赔可不赔的案件,坚决向赔偿请求人倾斜,尽可能作出赔偿决定,在6件案件中决定赔偿义务机关支付返还财产或取保候审保证金的同期银行定期存款利息;对于赔偿义务机关施加压力、迫使受害人放弃赔偿请求的案件,坚决依法受理,并按照"填平补齐"的原则,对4件案件赔偿决定,要求赔偿义务机关对缺额部分予以赔偿;对于受害人申请精神赔偿的案件,尽可能予以支持,共对11件刑事赔偿案件受害人支付65万元的精神抚慰金。

(三)坚持"当补则补"原则,努力探索多样化的解决问题机制

在赔偿程序中,很多时候并非界限分明或者非黑即白,有些赔偿请求或者职务行为处于模糊地带。对此,我们没有机械执法,死扣条文,而是根据不同案件的具体特点,因人制宜,因案施策,针对各类案件结案措施的多样性,积极探索开展国家补偿工作的可行性,认真研究程序之外予以善后处理的必要性,有的放矢,针对不同的情形采取不同的解决措施。一是对侵权时财产价格与现行财产价格差异过大案件,尽可能根据现行的市场价格进行补偿。如袁春潮与扬州广陵区公安局刑事赔偿案件中侵权时与现行财产价格相差数百万元,依照赔偿法只能赔偿100万元左右,我们在最高法院赔偿办指导下协调扬州相关部门另行补偿400万元,最终使多年申诉的案件得到圆满解决。二是对国家赔偿法生效前的国家赔偿请求,我们按照就高不就低、尽可能保护受害人权益的原则,积极协调相关地方政府部门给予赔偿。如这两年受理的"文革"期间及其后判处刑罚、其后被改判无罪的3件案件,均按照此原则处理,补偿受害人财产损失、工资损失及人身自由损失。三是对于虽然工作中存在瑕疵但不构成国家赔偿,能够通过补偿解决矛盾的,尽可能给予当事人协调补偿,并非生硬地或者简单地予以驳回,做到应赔则赔,能补则补,补赔结合,案结事了。这两年,共对32件非刑事司法赔偿案件协调相关法院给予适当补偿,涉及金额200余万元。

(四)坚持和谐赔偿原则,最大限度地化解国家赔偿中各类矛盾争议

一是完善导诉及风险告知制度。在立案审查环节,精心指导受害人提

出赔偿请求,帮助其确定合理预期,防止受害人盲目请求高额赔偿,增加后续处理难度;主动告知请求人对自己的赔偿请求必须提供证据以及可能存在的请求风险及不利后果。二是完善协调、协商及赔偿救助制度。对于能够协商、可以协商的赔偿案件,尽可能协调和协商解决,从根本上化解矛盾,解决问题。对于生活特别艰难的请求人,要继续做好司法救助工作,适当帮助解决具体困难。对于无法及时协调的案件,尽快作出赔偿决定。三是完善矛盾化解工作制度。不少长期积累遗留的赔偿信访案件成因复杂,解决的问题难度很大,我们坚持上下联动、各方参与的工作方式,主动到当地做好协调工作,使问题得到积极有效地消化处理。特别注意矛盾解决的彻底性,防止问题反复发作。四是增强赔偿工作的主动性。尤其是注意克服片面强调当事人举证责任的倾向,对于当事人不能或者客观上无法提供的证据,主动调查取证。五是认真审理赔偿申诉案件。凡是赔偿信访申诉信件,都一律立案审查,对于原决定或裁定确实存在问题的,坚决予以纠正或重新作出决定,切实维护申诉人的合法权益。

(五)坚持"阳光程序"原则,确保请求人在赔偿程序中的参与权与话语权

一是在发出案件受理通知书的同时,告知赔偿请求人案件承办的具体人员,告知其可以依法对案件承办人行使申请回避的权利。二是在赔偿案件审理中全面实行公开听证与质证,请求人的请求事项与请求依据,赔偿义务机关的决定理由与决定依据,争议双方的证据与争议焦点等,做到有话当面说、有理当面讲,使问题全部在听证或者质证过程中予以解决,以此查明事实、听取意见,化解矛盾、息诉息访。通过公开听证或质证,使案件办理过程成为听取群众意见、化解矛盾的过程。三是完善举证责任规则。区分刑事赔偿与非刑事司法赔偿的各自特点,合理分配确定两类案件中赔偿义务机关与赔偿请求人不同的举证责任。基本思路是:刑事赔偿的举证责任应当更多地分配给掌握优势资源的赔偿义务机关,非刑事赔偿案件的举证责任应当平等分担。

三、江苏法院国家赔偿工作的今后设想

2013年以来,通过群众路线学习教育实践活动,我们广泛开展征求案件当事人、赔偿义务机关以及下级法院的意见和建议活动。我们将根据这次

会议提出的各项要求,在下一步工作中认真抓好意见、建议以及这次会议精神的落实工作。具体做好以下几项工作:

(一)进一步明确国家赔偿审判的工作理念

国家赔偿制度的根本目的是保护人权,救济权利。但目前赔偿工作的现状与此要求相比,与人民群众的要求相比,还有不小差距。今后,必须进一步确立赔偿工作的人权保障与权利救济意识,把维护与实现请求人的合法利益放在赔偿工作首位。

(二)进一步规范国家赔偿审判的工作程序

完善赔偿案件流程管理制度。从案件受理、听证质证、现场办案、化解矛盾到案件合议、文书起草、卷宗归档等各个环节都明确时间及质量要求,明确规定动作,实现均衡结案。完善案件评查工作机制。通过案件评查,发现与解决问题,加强业务指导与监督。

(三)进一步增强国家赔偿审判的能动意识

对国家赔偿审判中发现的苗头性、倾向性或者普遍性问题,主动提出工作建议,帮助领导工作决策。对国家赔偿审判中发现的违法违纪问题,主动向有关机关或者纪检监察部门发出建议函。今年省法院赔偿办已经作出尝试,对1件涉嫌违法审判的案件向纪检监察部门发出建议函。同时对需要追偿的赔偿案件,主动提出追偿建议,努力防止“个人犯错、国库担责”的问题。

(四)进一步加强国家赔偿审判的能力建设

切实加强密切联系群众工作,常听取、多听取群众的意见与建议,及时改进和加强赔偿工作。切实加强业务培训,使新老审判人员掌握法律规定,了解法律精神,确保赔偿案件办理水平不断提高。切实加强作风建设,在工作中善待受害人,坚决克服官僚主义、形式主义现象,坚决杜绝冷横蛮硬习气,戒绝简单粗暴行为。

广东法院国家赔偿法修正以来国家赔偿审判的工作总结

广东省高级人民法院

自国家赔偿法修正案颁布实施以后,广东省法院国家赔偿工作出现了一些新的情况,主要体现在案件数量大幅增长,案件审理程序化加强,案件办理难度增大,个案赔偿金额不断创新高等情况,给赔偿办的工作带来了前所未有的困难和挑战。挑战同时也是契机,广东法院积极应对挑战,和谐司法,公开司法,从办案质效、机制建设、调研指导等方面强力推进,使我省国家赔偿审判工作呈现稳步发展的局面。

一、扎实办案,案件质效明显

广东法院国家赔偿案件数量近年来一直位列全国前茅。新法修正以来,案件数量继续上升,2011 年全省审理各类司法赔偿(确认)案件 171 件,同比增长约 20%;2012 年受理各类司法赔偿(确认)案件 178 件;而截至今年第三季度,全省新收各类司法赔偿案件 196 件,同比增长 47.3%;省高院今年前三季度新收案件 97 件,同比增长 70.2%。除了数量大幅增长,案件办理难度也在不断加大:一是非刑事司法赔偿案件数量比例不断增加,从 2011 年 26.7% 的比例上升至今年 57.9%;二是涉及赔偿金额大幅增长,其中邓春生申请广州中院国家赔偿和羊城公司申请湛江市茂港法院国家赔偿两案,赔偿金额超过 500 万元,深圳保怡富公司申请确认执行违法一案,涉及赔偿金额超 4000 万元,深圳市水产公司申请错误执行赔偿一案,涉及赔偿金额超 5000 万元;三是赔偿要求更多样化,涉及的人身损害和财产损害项目繁多。

在严峻的办案压力下，全省法院国家赔偿审判人员在普遍兼任行政案件审理的情况下，始终坚持以案件质效为宗旨，艰苦奋战，扎实办案，公正司法，当赔则赔，较好地实现了国家赔偿工作的目的和宗旨：一是结案率较高，近两年结案率均保持在93%以上，省法院今年前三季度在案件激增的情况下仍然保持有80%的结案率。二是中级法院及基层法院的赔偿案件或自赔案件质证、听证率较高。以去年为例，惠州中院、江门中院、湛江中院、中山中院质证率达100%，佛山中院达83.3%，而深圳中院和广州中院的听质证也达60%以上，基层法院的自赔案件绝大部分都进行听证。三是申诉率不高，发改率、信访率低。今年全省前三季度审理的216件案件中，申诉案件41件，占全省法院审结案件的18.9%，2012年27件申诉案件，占全年审结案件的15.3%；2013年省高院发回重新审理的案件4件，部分撤销、改判5件。四是坚持公正司法，当赔则赔。今年前三季度全省审结的赔偿案件中，决定赔偿的案件共18件，其中邓春生申请广州中院错误执行赔偿一案，高院决定广州中院赔偿邓春生500多万元的拍卖款及利息，广州中院在赔偿决定生效后已全部支付赔偿款。

二、积极应对，统一精神损害抚慰金标准

针对修正的国家赔偿法增加了精神损害抚慰金赔偿的情况，为解决实务需要，统一赔偿标准，广东省高院敢为全国之先，在新法实施后立即起草了《精神损害抚慰金的适用（讨论稿）》，并提交公、检、法联席会议讨论。经三家分别征求意见及反复研讨，达成共识，形成了公、检、法三家《关于在国家赔偿工作中适用精神损害抚慰金若干问题的座谈会纪要》，为省内精神抚慰金的统一适用提供了参考，对审判实务起到了很好的指导作用。参考该会议纪要的精神和内容，我省法院对无罪羁押8年多的林帝安和廖位荣分别予以赔偿精神抚慰金12万元及13万元，对无罪羁押11年的黄立怡予以赔偿精神损害抚慰金16万元，对无罪羁押近3年的韩亚福予以赔偿精神抚慰金5万元，对错误逮捕80天的郭卫国予以赔偿精神损害抚慰金8000元等案件，判后赔偿请求人皆服判息诉，没有对赔偿金额进行申诉及信访的情况。

三、主动协调，重视法律效果和社会效果的统一

主动协调、能动司法是我省法院办理赔偿案件的一个共同原则。对于裁决效果不好的案件，尽量协商赔偿义务机关和赔偿请求人，促其达成和解,努力在请求人利益保护和公权力依法行使之间寻求平衡。如深圳水产公司因错误执行申请国家赔偿一案,由于该案历时久远,涉及赔偿金额很大,深圳中院利用水产公司在辖区内法院还有多起执行案件尚未履行债权的条件,协商赔偿请求人及相关案件当事人,综合筹谋,整合处理,以达最佳效果。此外,对于因违法保全、错误执行提起的非刑事司法赔偿案件,原则上先帮助请求人用尽救济程序,沟通协调相关执行部门,尽量使矛盾通过多元化途径解决,达到法律效果与社会效果的统一。如珠海经济特区盛海工贸联合公司申请确认珠海中院执行行为违法一案,经与珠海中院多次协调,珠海中院执行部门另行寻找到被执行人的财产线索,使申请人的权益得到保障。

四、完善机制,促进审判工作发展

(一)审判流程管理科学化

一是赔偿案件入门渠道畅通。与立案部门沟通,由立案庭按照《最高人民法院关于国家赔偿案件立案工作的规定》对案件立案进行形式审查,相对放宽立案口,进一步保障赔偿请求权。二是办案流程诉讼化。严格按照法定审限、赔委会讨论程序、归档结案、文书送达等相关程序规定办理案件。三是案件评查促质量。赔偿案件并入其他类型案件的年度案件评查,及时发现问题,纠正问题。

(二)对下监督指导机制灵活

高院赔委会对中院赔委会未在法定期限内审结的案子,向其发函督促审理;对于审理过程中发现中院的程序、文书、案号等问题,针对个案发函进行指导纠正。此外,利用机构较小的特色,灵活借助个案协调,对个案中存在的法律适用、程序、文书、案号等问题及时予以指导,大大促进了下级法院的司法能力和水平。

(三)司法公开往前迈

打破过去的惯例和做法,我省国家赔偿案件逐步登上司法公开的平台,全省法院赔偿案件的各项信息(包括立案时间、承办人、合议庭成员、听证质证时间、结案时间等)均已在法院网对公众公开,赔委会质证听证不仅对当事人公开,且对公众公开。目前已有媒体记者旁听了省高院赔委会两件赔偿案件的质证过程,并于相关媒体作了报道,反响较好。此外,善用省高院微博平台,对我省国家赔偿工作,法律动态等相关信息进行宣传报道。

五、专项调研,推进理论和实务水平

2013 年,省高院在配合最高法院调研工作的基础上,对辖区内 2008 年以来非刑事司法赔偿案件的详细情况、存在的问题等进行调研,形成了《规定非刑事司法赔偿案件新问题新情况综述》调研报告;对新法修订以来的辖区内案件的总体情况和国家赔偿工作的情况进行了调研,形成了《广东法院国家赔偿工作的汇报》调研报告。两调研报告均对相关案件的各项数据与指标进行了详细的统计分析,对存在的困难与问题进行了仔细的研究和论述,较全面地反映了辖区内国家赔偿工作的面貌,为下一步工作的开展提供了有效的参考。此外,下辖中院连续两年中标最高法院审判理论重大课题和司法调研重大课题中标最高法院年度调研课题,分别是 2012 年东莞中院主持的《关于完善刑事赔偿制度的研究》及 2013 年广州中院主持的《关于国家赔偿精神损害赔偿制度的调研》。此外,今年广州中院花大力气针对非刑事司法赔偿中因执行错误提起的国家赔偿进行了专项课题研究,走访了上海、重庆、河北及深圳等兄弟法院,形成了《非刑事司法赔偿中有关执行行为疑难问题研究》调研报告,为相关实务问题提供了理论依据和实务参考。

六、拓宽职能,实现国家赔偿目的

(一)建立联席会议机制

为促进国家赔偿审判工作的开展,加强横向业务交流与学习,省高院、省检察院、省公安厅自 2006 年以来每年召开一次联席会议,互通上年度各单位国家赔偿案件的总体情况,加深对全省司法赔偿情况的认识,并就当年赔偿案件的实务问题进行研讨,以达成共识,形成统一意见。2011 年的三家联席会议就精神损害抚慰金问题,进行了研讨,形成了公、检、法三家《关于在国家赔偿工作中适用精神损害抚慰金若干问题的座谈会纪要》;2012 年则对质证听证程序进行了研讨并达成共识,形成了《关于人民法院赔偿委员会组织听证、质证程序的座谈会纪要》,明确了听证、质证程序中存在的一些具体问题,解决了实务的需要。

(二)主动延伸裁决后工作

为协助请求人的生活生产尽快恢复和重建,减少对国家法律及司法机关的负面情绪,省法院通过发出司法建议的方式,主动与相关部门沟通,协调解决赔偿请求人工资补发、社保关系衔接、困难生活救助等问题。如省法院在审理原广东体彩中心主任麦良错判羁押一案中,麦良申诉提出应向其补发被羁押期间的工资、津贴、奖金,并帮助理顺工资档案等关系,省法院向广东省体育局发出司法建议,建议该局对麦良提出的上述事项依照法律和相关规定予以处理,该局迅速对此事进行了处理,补发了麦良羁押期间的工资并答复本院,及时保护了麦良的合法权益。

搭建平台　夯实基础　完善机制
切实履行国家赔偿审判职责

上海市高级人民法院

相较于其他审判领域和其他兄弟省市法院，上海法院国家赔偿案件总体数量相对不多，但涉及面广，审理难度大。上海法院立足于国家赔偿审判工作特点，搭建“一个平台”，努力实现国家赔偿纠纷的源头预防；夯实“两个基础”，努力提升国家赔偿审判队伍能力水平；完善“三个机制”，努力维护赔偿请求人合法权益，取得了一定工作成效。

一、搭建“一个平台”，努力实现国家赔偿纠纷的源头预防

上海法院在国家赔偿工作中秉持“防为上，救次之，戒为下”的司法理念，注重前端预防，强化实质化解，在法院内部各相关部门之间，以及外部与公安、检察、监狱等司法机关之间搭建制度化沟通平台，为从源头上预防和减少国家赔偿争议发挥了重要作用。

加强个案沟通研判。理赔小组对法院自身作为赔偿义务机关的案件，在妥善处理赔偿事宜后，积极配合纪检监察部门、审判管理部门等进行责任分析，认真分析原因，供党组和院领导决策时参考；上级法院赔偿办对审理中发现的下级法院审判、执行过程中存在的不规范问题，注重向下级法院相关部门发出工作建议，并抄送本院相关审判、执行部门，进一步规范相关司法行为；高中院赔偿办对公安、检察院等为赔偿义务机关的案件，通过司法建议、召开座谈会、研讨会等形式，指出个案审理中发现的问题，提出建议，促其改进。

加强定期通报交流。建立了与公安、检察、监狱等司法机关的制度化沟通平台,对案件审理中发现的司法行为中的共性问题,定期向公安机关、检察机关、监狱管理机关等进行通报,以进一步规范司法行为,实现国家赔偿审判救济和预防的双重职能。

二、夯实"两个基础",努力提升国家赔偿审判队伍能力水平

(一)设立机构,充实力量,夯实组织基础

根据最高法院统一部署,上海法院有序推进国家赔偿委员会的实体化改造、基层法院理赔小组的设置等工作。铁路法院划归地方管理以后,上海铁路中院成立了以分管副院长为主任的赔偿委员会。上海各基层法院继续稳步推进自赔小组的设立工作,均成立了由分管院长任组长,刑庭、执行庭、立案庭、行政庭、审监庭、监察室等部门负责人为成员的理赔小组,为国家赔偿工作发展提供了有力的组织保障。

(二)加强培训,注重调研,夯实业务基础

积极开展学习培训。利用条线工作会议、专题培训等多种形式开展学习培训,在继续深入学习《国家赔偿法》修正案的基础上,重点加强对最高法院颁布的《最高人民法院关于国家赔偿案件案由的规定》、《最高人民法院关于国家赔偿案件立案的规定》、《关于国家赔偿法实施中若干问题的座谈会纪要》等司法解释和相关规范性文件的学习培训,准确理解其基本原则、主要内容和精神实质。

积极开展实务调研。及时梳理《国家赔偿法》修正案实施中以及非刑事司法赔偿案件中的新情况、新问题,上报最高法院赔偿办;坚持问题导向,对审判实践中出现的热点、难点问题加强研究,撰写的"刑事赔偿的合意及其限制"一文在中国审判理论研究会赔偿委员会2012年年会论文评选中荣获一等奖,上海法院关于实行裁执分离模式的行政非诉强制执行案件中赔偿义务机关如何确定;一审法院判处被告人成立两罪,二审法院撤销其中一罪且依法对另一罪不追究刑事责任的,国家是否应承担赔偿责任;法院已将错判的罚金返还给赔偿请求人,赔偿请求人依照修正后的国家赔偿法再行主张支付利息的应否支持等问题的处理意见,为最高法院相关文件所采纳。通过开展针对性的业务培训和实务调研,切实提高了国家赔偿审判业务水平。

三、完善“三个机制”，努力维护赔偿请求人合法权益

在处理国家赔偿案件中，维护赔偿请求人的合法权益是重中之重，上海法院致力于对赔偿请求人实体性权益和程序性权益保护并重，建立健全了依法受理、公正审理、实质处理机制，取得了一定效果。

（一）完善依法受理机制，依法保护诉权

加强立审会商。上海各法院赔偿办（理赔小组）靠前一步，与立案庭加强沟通会商，共同做好国家赔偿案件的立案工作，依法保护赔偿请求人的诉权。对于符合国家赔偿法、最高法院司法解释规定的立案条件的，不论经过实体审理能否得到赔偿，均依法立案，2012 年全市法院共受理国家赔偿案件 28 件，同比上升 154.55%；2013 年有所回落，1 ~ 9 月共受理国家赔偿案件 9 件。

加强上下联动。对于涉及面上有指导意义或者具有法律适用疑难问题的案件，下级法院及时上报，上级法院及时指导。通过有效沟通、上下联动，实现全市法院国家赔偿案件立案标准的统一。

加强释明疏导。在依法受理案件的同时，对于不符合受理条件的赔偿申请，视情况进行必要的释明，对于需在穷尽其他救济途径后方可向法院申请国家赔偿的，引导其先向有关机关提出，对于《国家赔偿法》实施之前发生的行为要求赔偿的，引导其通过落实政策等途径解决。释明疏导利于引导当事人正确行使救济权，对矛盾化解分流也起到了积极作用。

（二）完善公正审理机制，实现审判程序公开透明

完善听证程序机制。上海法院国家赔偿委员会审理国家赔偿案件，由原先的大要案、复杂案件听证，逐步实现对所有案件的听证；法院理赔小组办理法院自赔案件，在坚持听取赔偿请求人意见的基础上，对于重大疑难案件探索听证程序，切实保障赔偿当事人的知情权、陈述权。通过听证程序，给予各方当事人以平等对质权利，确保各方当事人能就侵权事实、损害后果、因果关系、赔偿方式、赔偿项目、赔偿数额等争议问题发表意见，实现案件审理的公开透明。

完善举证责任机制。合理分配当事人的举证责任，赔偿委员会审理赔偿案件，以赔偿请求人承担举证责任为原则，以赔偿义务机关承担举证责任为例外；以当事人举证为原则，以法院依职权调查取证为例外，实现当事人

诉讼地位的真正平等。理赔小组办理自赔案件,要求原承办部门对于司法行为合法性的相关证据作必要说明。

2012年至2013年9月,全市法院共有3件案件决定赔偿,分别涉及公安、检察院、法院,总计赔偿金额148,234.51元。其中1件案件中决定支付赔偿申请人精神损害抚慰金1万元,切实保障了赔偿申请人的合法权益。

(三)完善争议实质解决机制,努力实现案结事了

完善互动联动机制。对内法院赔偿办、理赔小组与刑事、民事、执行等兄弟部门加强沟通衔接,对于赔偿案件涉及其他民事、执行等关联案件的,努力促成相关争议的"一揽子"解决;对外高中院赔偿办在党委、人大等支持下,加强与公安、检察、监狱等司法机关的联动互动,形成工作合力,对赔偿方式可以选择、损害事实难以查明、致害责任难于分清的案件,尽可能促成协调化解,努力使纠纷得到实质解决。

完善统筹协调机制。正确处理依法裁决与协商协调的关系,以依法审查促进协调化解,加大协调化解工作力度,努力促进赔偿争议实质解决;正确处理协调化解与提高效率的关系,对于有条件、有可能协调的案件,审理环节适当前移,为协调化解预留空间,对于不宜协调、协调未果的案件,当裁则裁,防止久拖不决。

上海法院在贯彻国家赔偿法,完善审判机制,提高审判质量方面取得了一定成绩。但是,与其他兄弟省市法院相比,仍存在一定的差距。我们将通过此次会议,寻找差距,扬长补短,进一步完善工作机制,提升审判水平,努力实现国家赔偿审判工作的新发展!

北京法院国家赔偿工作情况汇报

北京市高级人民法院

在最高人民法院赔偿办的关心指导下,北京市各级人民法院紧紧围绕法院中心工作,充分发挥国家赔偿审判职能作用,服务首都经济社会发展。借此之际,与兄弟法院交流经验,探讨学习,共同提高。

一、从人民群众诉权保障上着力,切实解决国家赔偿立案难

国家赔偿请求权是公民、法人或者其他组织的合法权益在遭受国家机关及其工作人员的侵害后,依照法律规定向国家申请赔偿的权利。国家赔偿请求权是一项宪法权利,它表明了公民、法人或者其他组织的宪法地位,反映了国家权力与公民、法人或者其他组织权利的相互关系,是国家政治制度运行的基础。有效保障国家赔偿请求权,首先要保障实现其国家赔偿程序上的国家赔偿请求权能。审判实践告诉我们,保障国家赔偿请求权,就要切实解决国家赔偿案件立案难,将矛盾推出门外不仅不能息事宁人,还会造成人民法院工作上的被动。为此,我们以辖区内法院自赔案件的立案为突破口,推动解决国家赔偿案件立案难,力争将矛盾化解在国家赔偿程序之内。一是结合我市具体情况,协调立案部门进行合理的立案审查分工协作。目前,我市法院的普遍做法是,赔偿申请材料审查工作由基层法院的理赔小组和中、高级法院赔偿委员会负责,对审查符合立案条件的,协调立案部门立案,效果较好。二是针对国家赔偿审判队伍尤其是基层理赔小组人员流动性大的特点,依据法律及司法解释下发指导性办案规范,统一立案标准。我市高级法院赔偿委员会在调研基础上,制定下发了《关于人民法院办理本院作为赔偿义务机关的国家赔偿案件程序的规范》和《关于人民法院赔偿委员会审理国家赔偿案件的规范》两个指导性意见,其中对国家赔偿案件的立案标准、受案范围、赔偿请求人及其赔偿申请、赔偿义务机关以及不予受理案件的处理作出详细规定,统一了立案标准且易于操作,进一步完善了辖区内赔偿请求人的诉权保护机制。三是摒弃立案审查就是收集材料、走手续的观念,有针对性地进行理论研究,从而指导实际工作,部分成果已为我们参加的国家赔偿理论委员会第二届年会学术论文所吸收。四是由高、中级法院赔偿委员会对辖区内国家赔偿案件立案工作进行专项督导。2012年以来,我市高级法院赔偿委员会将解决人民法院国家赔偿案件立案难作为重点督导事项,会同中级法院赔偿委员会对部分基层法院进行走访,对个别案件的立案进行重点协调,对有的案件进行了提审。上述措施进一步推动了我市各级法院切实转变司法理念,依法受理国家赔偿案件,保障国家赔偿请求人赔偿请求权的正当行使,实质解决国家赔偿案件立案难的问题。

二、从强化工作重心下移上着力,力争将矛盾妥善解决在基层、化解在初始

在坚持依法赔偿的基础上,我市各级法院着力做好赔偿请求人的释明、疏导工作,引导其理性维权,从而妥善化解了一批涉及国家赔偿信访案件。一是进一步加强国家赔偿审判中的应急处理工作,积极稳妥处理群体性来信、信访。当前,我市法院国家赔偿审判中的一个新变化是涉外省、市的群体性来信、来访案件的出现。这些群体性信访案件多与历史遗留问题、诉讼信访案件相交织,涉及多家中央国家行政机关和央企,赔偿请求人的诉求大多不属于法定刑事和非刑事司法赔偿范围,法外要求多,并集中于敏感时期来信来访。如十八大前妥善处理了马某等多人跨六省一直辖市申请国家赔偿信访案件,今年处理了重庆18人的国家赔偿案件。二是充分发挥基层法院的“屏障”化解功能,切实将矛盾解决在基层。我市基层法院理赔小组办理的自赔案件,数量不多,但在全部自赔偿案件中所占比例较大。2011年以来,全市各级法院受理自赔案件110件,其中基层法院24件,占21.8%。这部分案件中,赔偿申请人不服基层法院决定向中级法院赔偿委员会申请作出决定的有1件,占0.9%,向高级法院赔偿委员会申诉的有4件,占3.6%。三是强化群众路线观念和群众观念,高、中级法院赔偿委员会重心下移,进一步加大国家赔偿案件审判监督和协调指导力度,加强对个案的审判业务指导和督导，完善请示汇报制度，实行上下联动，提高矛盾源头治理效率。四是注重各个阶段矛盾化解，把问题解决在第一时间。对于因赔偿申请不属于国家赔偿案件受案范围而决定不予受理、驳回赔偿请求或者驳回赔偿申诉请求的案件，我市各级法院不是简单拒之门外，而是采取多种措施向赔偿请求人释明法律，做好矛盾化解工作。如我市第一中级法院赔偿委员会对经初步审查不符合国家赔偿立案条件的，都采取谈话方式，释明法律；第二中级法院赔偿委员会分别采取不同处理方式，或者给予赔偿请求人必要的释明提示，或者对需要寻求其他救济途径的给予适当帮助，及时分流到能够更加有效解决问题的机关，从而引导赔偿请求人依法、有序维权。高级法院分管院长亲自接访案件申请人，申请人撤诉并送来锦旗。五是着力办理信访积案。我市第二中级法院赔偿委员会对于其作为责任单位的清积案件，严格按照市委政法委的处理精神及市高级法院的具体要求进行办理，并拓宽化解思路，采取为信访人寻求新的救济途径或者与其他相关部门联合化解等举措，取得了良好的社会效果。如中央政法委交办的房某不服国家赔偿确认信访积案，第二中级法院赔偿委员会由部门领导承办案件，在充分了解案情基础上，提出信访人进入新的诉讼程序的化解方案，成功引导信访人依法通过正常诉讼程序维护权益。六是紧紧依靠党委的统一领导，进一步加强与检察、公安、监狱管理以及国家海关等部门的联动互动，共同应对重大、敏感案件，合力化解矛盾。如高级法院会同第二中级法院协调市公安局、丰台分局，妥善解决了李某申请丰台分局国家赔偿的案件。

三、从切实开展调研工作上着力，统一执法尺度

我市法院依法妥善审理国家赔偿案件的同时，注重紧紧围绕国家赔偿审判实践中亟待解决的问题，力求有的放矢，切实解决国家赔偿审判中的实际问题，形成调研与审判的良性互动，同时结合我市国家赔偿工作特点，改进调研方式方法，与中级法院赔偿办组成联合课题组，申报辖区内年度重点调研课题并连年获奖。一是与落实最高法院赔偿办部署的专题调研任务相结合。近年来，我们相继组织落实了辖区内的案件评查并完成相应调研报告。二是与我市国家赔偿审判实践相结合。在总结经验的基础上，根据法律及司法解释，制定了《关于人民法院办理本院作为赔偿义务机关的国家赔偿案件程序的规范》、《关于人民法院赔偿委员会审理国家赔偿案件的规范》两个指导性办案规范。三是以实践调研为基础，搞好理论研究。近年来，我们围绕国家赔偿审查决定权运行进行了研究，相关研究成果参加了两届国家赔偿理论专业委员会年会的学术征文。

【调研报告】

关于《国家赔偿法》修改后人民法院国家赔偿工作的调研报告

最高人民法院赔偿委员会办公室调研组

引言

《国家赔偿法》自 1995 年 1 月 1 日起施行，自此国家赔偿审判成为人民法院承担的一项新的审判任务。各级人民法院认真贯彻执行《国家赔偿法》，依法审理了一大批国家赔偿案件，组建了一支国家赔偿工作专业队伍，建立了一系列审判规则和工作机制。国家赔偿审判在保护公民合法权益、促进国家机关依法行使职权、化解社会矛盾维护社会稳定、推动社会主义民主和法治建设方面的作用已经显现。2010 年《国家赔偿法》修改后，人民法院国家赔偿工作处于新的历史节点，面临诸多机遇和挑战：第一，时代的需求性。国家赔偿法将实行法治与保护人权相结合，是一部与宪法相配套、直接保障宪法实施和国家政权运作的法律。在当前新的社会历史条件下，在我国建设平安中国法治中国的进程中，人民法院国家赔偿工作理应在扩大人民民主、推进依法治国、尊重和保障人权方面发挥更加积极的作用。第二，矛盾的突出性。人民群众日益增长的司法需求与国家赔偿审判权利救济功能有限性的矛盾比较突出，成为新时期国家赔偿工作的主要矛盾。第三，发展阶段的特殊性。国家赔偿审判开展 19 年，经历了艰难的起步阶段和大胆实践的探索阶段，现在正处于全面发展阶段。国家赔偿审判已从简单的算账理赔向依法全面行使司法审查权转变，工作重心已从单纯办案向研究和解决深层次问题转变。第四，问题的复杂性。国家赔偿审判较刑事、民事、行政审判起步晚,力量相对单薄,面临的问题和困难较多。当前,国家赔偿工作中既有历史遗留问题,也有新形势下特别是2010年《国家赔偿法》修改后出现的新情况、新问题;既有立法方面的问题,也有司法方面的问题;既有制度本身的问题,也有运行机制的问题;既有法律问题,也有社会问题;既有局部性问题,也有全局性问题。这些都是亟待研究和解决的问题,关系到人民法院国家赔偿事业未来的发展,具有重要的理论和现实意义。鉴于此,最高法院赔偿办决定对《国家赔偿法》修改后人民法院国家赔偿工作进行调研,目的是:第一,全面认识人民法院国家赔偿审判现状,准确把握国家赔偿领域的矛盾和问题,深入分析其原因与症结。第二,收集总结审判实践中的有益经验,加以提升和推广。第三,明确当前和今后一个时期国家赔偿工作的主攻方向,研究采取切实可行的措施,提出相应的对策和建议。

为了顺利完成任务,此次调研采取了一般性调研与重点调研相结合,文献研究与实证调查相结合、个案分析与综合比较相结合、定性分析与定量分析相结合的方式。"科学有两大要素:逻辑完整性和经验实证性。"本次调研集中体现了三个特点:第一,注重思想性。调研以马克思主义的立场和方法分析研究问题,实事求是,对国家赔偿工作所涉及的基本问题、重要问题、难点问题都进行理论上的探讨和回应。第二,突出针对性。调研以审判实践中的问题为导向,有寻找问题、解决问题的强烈意识,不务虚,不空泛。第三,强化实证性。调研深入基层、深入实践,一切从现实出发,一切以素材说话,力求结论和观点要有依据,对策和建议注重实效。

此次调研活动分四个阶段展开:第一阶段,2012年3~4月,组织部署各省级人民法院对本辖区内2009年至2011年的国家赔偿案件(含确认案件)进行自查和互查,共评查案件4149件。通过对国家赔偿案件统计数据、地方法院报送的评查报告进行分析,对全国法院国家赔偿工作有了概括性的了解。第二阶段,2012年和2013年7~9月,最高法院赔偿办组成评查小组,赴江苏、山东、甘肃、青海、湖南、湖北、河南、黑龙江、辽宁、河北、吉林、四川、重庆、广西、云南、贵州、福建、广东、江西、安徽、陕西、内蒙古等22个省、市、自治区,对高级和中级法院的国家赔偿案件进行抽查,对各地的办案质量和工作情况有了更直观的认识。第三阶段,通过实地考察、座谈走访、专题汇报等形式进行集中调研，共召开工作座谈会20余场，收集地方法院报送的书面材料100余份，获得了丰富的第一手资料，并在此基础上对主要问题进行了梳理和汇总。第四阶段，对前三个阶段收集获取的各方面数据和材料进行系统地整理和分析，经过数次讨论和修改，最终形成了本调研报告。

一、近年来人民法院国家赔偿工作的进展和成效

（一）坚持公正审判，切实维护赔偿请求人合法权益

近年来，人民法院忠实履行国家赔偿审判职能，全国法院2009年收案1524件，结案1531件，赔偿金额3406.8137万元；2010年收案1372件，结案1419件，赔偿金额3764.0998万元；2011年收案2108件，结案2035件，赔偿金额5019.4257万元；2012年收案2071件，结案2065件，赔偿金额6099.553万元；2013年收案2050件，结案2045件，赔偿金额8735.2236万元。2013年与2009年相比，收案增长34.51%，结案增长33.57%，赔偿金额增长156.40%。这说明2010年《国家赔偿法》修改后，赔偿请求人更加及时、充分地获得了赔偿，国家赔偿审判的人权司法保障水平明显提高。

（二）扩大司法公开，进一步提升国家赔偿工作透明度

国家赔偿法规定人民法院赔偿委员会以书面审查为原则，但调研发现，各地在办理国家赔偿案件过程中普遍都会听取赔偿请求人的陈述和意见。听证和质证的比率较高，如山东省达到60%，陕西省达到了66.67%。有些法院对社会影响大、当事人反复上访、疑难复杂的案件还邀请人大代表、政协委员、律师、学者、干部、群众等参加旁听。公开审理既达到了核实证据，查清事实的目的，也极大地提高了司法公信力。广东省在国家赔偿审判流程公开、健全司法与社会沟通方面走在前列，该省将国家赔偿案件信息，包括立案时间、承办人、合议庭成员、听/质证时间、结案时间等全部通过法院网对公众公开，同时利用省院微博平台对省内国家赔偿工作、法律动态等信息进行宣传。已有媒体记者旁听了广东高院赔偿委员会两件赔偿案件的质证，并编发了新闻报道，反响良好。

(三)实行多措并举,全力做好刑事冤假错案赔偿工作

各级法院高度重视刑事冤假错案①赔偿工作。经人民法院处理的刑事赔偿案件②,2009年收案732件,结案748件,赔偿金额2146.4655万元;2010年收案609件,结案648件,赔偿金额2508.8391万元;2011年收案913件,结案868件,赔偿金额3067.5052万元;2012年收案881件,结案877件,赔偿金额3869.1991万元;2013年收案896件,结案890件,赔偿金额5779.6821万元。针对刑事冤假错案相继出现并形成社会焦点的情况,最高法院将冤假错案赔偿列为工作重心,对重大敏感案件逐一进行梳理,就舆情应对和法律适用特别是精神损害抚慰金标准加强了对下指导和督导,下发了关于加强刑事冤错案件国家赔偿工作的通知。通过一系列工作,一批刑事冤假错案受害人及时得到救济,司法公信得到修复,人民群众的法治信心得到增强。

(四)重视协商协调,促进国家赔偿纠纷实质性解决

各地法院普遍重视协调工作,一是加大与立案、审监、执行等部门的工作协调与配合,促使矛盾通过多元化途径解决,合理分流赔偿案件。江西省探索诉前沟通疏导模式,有50%的国家赔偿纠纷在立案之前得到化解。辽宁省在办理非刑事司法赔偿案件中,对于其中涉及所有权归属、合同效力等实质性争议的问题,引导当事人进入民事诉讼程序;对于存在执行瑕疵的,启动执行监督程序。广东省对于违法保全、错误执行引起的国家赔偿案件,原则上先帮助赔偿请求人用尽其他救济手段。如珠海经济特区盛海工贸联

---

① 冤案是客观上存在刑事案件,但被追诉人不是犯罪人。假案是客观上不一定存在刑事案件,进入诉讼程序的案件或被追诉人是假的。冤案和假案的共同点就是"把人搞错了"。错案有狭义和广义之分,狭义的错案与冤案假案相同,都是指"把人搞错了"。广义的错案还包括将犯罪事实不清、证据不足的疑案作为犯罪来追究。一般所说的冤假错案,首先是指"把人搞错了",同时也包括把疑案当犯罪处理。参见朱孝清:"发现领导决定或致冤错案可越级报告",载《法制与经济》(上旬)2013年第8期。

② 按照目前最高法院制发的《赔偿案件统计表》,刑事赔偿案件的统计类型包括:错误刑事拘留,错误逮捕,错捕错判共同赔偿,再审改判无罪,刑讯逼供致人伤害、死亡,使用暴力、唆使他人使用暴力,违法使用武器、警械致人伤害、死亡,违法查封、扣押、冻结、追缴,错判罚金、没收财产。在这九类刑事赔偿案件中,"错误刑事拘留"、"错误逮捕"、"错捕错判共同赔偿"、"再审改判无罪"、"错判罚金、没收财产"赔偿属于刑事冤假错案赔偿,其他四类中也包含部分刑事冤假错案赔偿。刑事冤假错案,不仅包括对人身权的侵害,也包括对财产权的侵害。

合公司申请确认珠海中院执行行为违法一案，广东高院经与珠海中院多次协调，由珠海中院执行部门另行寻找被执行人的财产，最终使申请人的债权得以实现。二是在审理国家赔偿案件中积极组织协商协调，取得了良好成效。河南省中级人民法院的国家赔偿案件协调结案率达到23.1%。四川省2009～2011年审结的国家赔偿案件中，促使赔偿请求人与赔偿义务机关达成协议，进而以撤回赔偿申请和其他方式结案的占结案总数的49%。贵州黔南中院办理的9件赔偿案件，通过协调处理的有6件，占总数的66.7%。

（五）创新工作举措，提高国家赔偿工作的民生关切

一是规范和促进国家赔偿案件的法律援助。为保障困难群体依法行使国家赔偿请求权，2013年福建高院与省司法厅会签了《关于为行政诉讼、国家赔偿案件当事人提供法律援助的会议纪要》，2014年最高法院与司法部联合制定了《关于加强国家赔偿法律援助工作的意见》，拓宽了国家赔偿法律援助的告知和申请渠道，扩大了法律援助对象的范围，采取一系列扶持政策和保障措施提升法律援助的质量和效果。二是积极做好国家赔偿善后工作。在坚持法定赔偿原则的基础上，各地法院因案施策、因人制宜，主动与相关部门沟通，探索依法赔偿之外的合理补偿来填补受害人的实际损失。江苏省对侵权时财产价格与现行价格差异过大的案件，根据现行市场价格补偿差价。浙江省要求补偿必须在赔偿之后，且尽量采取非货币化方式，解决受害人的养老、住房、基本生活等问题。"萧山五青年抢劫案"、"张氏叔侄强奸案"即通过适当补偿实现了良好的社会效果。河北省充分利用省涉法涉诉信访救助平台，解决受害人实际困难。三是加大对赔偿决定的执行力度。湖南高院赔偿委员会与执行局共同研究并出台措施，对赔偿义务机关不履行生效赔偿决定的，先发出执行督办函，仍不履行的由执行部门参照执行工作相关规定采取执行措施。对于财政部门逾期不支付赔偿金的，向其同级或上级人民政府发出司法建议，并向人大通报情况。在中政委、最高法院开展的关于党政机关执行人民法院生效裁判专项积案清理工作中，湖南省将未执行的国家赔偿案件纳入清积台账，取得了良好成效。江西省通过发协助执行通知、与财政部门协商建立赔偿基金等方法保证赔偿决定执行。四是探索侵权赔偿合并审理方式。湖北省襄阳中院、孝感中院和黄石中院

采取由赔偿办审理涉公权力机关不同赔偿性质并存的侵权案件,避免了法律程序的交叉,收到了良好社会效果。

(六)延伸赔偿职能,推动执法司法活动源头治理

各地法院秉持“防为上、救次之、戒为下”的工作理念,摒弃了单纯办案、被动应付的工作模式,通过建立国家赔偿职能延伸机制,加强执法办案的源头治理,最大限度地减少赔偿案件的发生。一是推行国家赔偿司法审查报告制度。最高法院制作了“2009年—2011年国家赔偿司法审查报告”和“2008年—2012年非刑事司法赔偿司法审查白皮书”,取得了良好效果。辽宁、吉林、重庆、贵州、河南等高院也相继颁布本辖区的司法审查报告。2012年,四川省委政法委将省高院撰写的司法审查报告转发全省政法机关,要求各机关对照存在的问题进行整改。陕西高院2012年制作司法审查报告,归纳出司法机关十四个方面问题。陕西省委常委、省委政法委书记安东批示,报告“体现了推进工作的精神,应予表扬和鼓励”。二是积极开展司法建议活动。一些法院发现批捕工作中因对逮捕条件把关不严引起国家赔偿的问题具有一定的普遍性,即向有关检察机关发出司法建议,引起检察机关的高度重视,就司法建议中提出的问题制定了整改措施。有些法院通过座谈、对下指导等方式,促进下级法院纠正问题,严格执法。三是开展预防赔偿案件发生的试点工作。天津市在曾经发生过几起国家赔偿案件的大港区法院、北辰区法院开展了“预防国家赔偿案件发生,提高审判质量”的试点。两个试点法院通过案件评查、建立考核机制、出台规范化文件等措施,使全院审、执人员自觉预防赔偿案件发生。自确立试点后,两个法院的案件质量大幅提升,实现了零赔偿。四是启动国家赔偿的追责。广西壮族自治区建立了国家赔偿与纪检监察的联动,在赔偿工作结束后,处理赔偿案件的机关要提出追责建议书,经司法赔偿联动机制联席会议报区监察厅督促有关部门依法依纪追责。黑龙江、辽宁、河北等省出台了全省法院系统国家赔偿案件追责办法,强化了追责制度的落实,大大提高了审判、执行人员的质量意识和责任意识。

(七)树立规范意识,着力完善国家赔偿审判制度和工作机制

2010年《国家赔偿法》修改后,最高法院及时出台了关于新旧法的衔接适用、立案、赔偿委员会审理程序、质证、人民法院作为赔偿义务机关的自赔

程序五个司法解释，以及案由规定和法律适用的两份座谈会纪要。发布了新的国家赔偿文书样式，提高了赔偿文书的规范性和说理性。地方法院普遍制定了包括审判流程管理、权利义务告知、职权职责划分、听证质证程序、来信来访登记、信访风险评估、卷宗整理归档、案件质量评查在内的一系列工作规章，通过建章立制、严格管理，有力地保障了赔偿工作的质效。另外还建立了法院与公安、检察、司法行政、财政、民政等单位的联动机制，定期或不定期召开联席会议，进行情况通报和信息共享，共同商讨解决赔偿问题。2013年，广西高院在区党委政法委的领导下，推动完成了《司法赔偿联动机制工作规则》的多部门会签。

（八）加强调查研究，促进理论与实践有机结合

理论研究是国家赔偿工作科学发展的基础。2010年，《国家赔偿办案指南》创刊，至今共出版了6辑。2012年，中国审判理论研究会国家赔偿理论专业委员会成立，连续举办了两届年会暨主题论坛。广大赔偿法官踊跃参与，2012年论坛收到论文165篇，2013年收到论文343篇。"一刊一会"已成为全国性国家赔偿理论研究和学术交流的重要平台。近年来，地方法院也大兴调查研究之风。山东省在2004年即组织全省国家赔偿优秀法官成立了赔偿理论研究小组，至今已召开了8届研讨会，每届专题研究一两个赔偿审判中的难点问题。山东高院《关于国家赔偿确认问题的研究》、东莞中院《关于完善刑事赔偿制度的研究》、浙江高院和广州中院《关于国家赔偿精神损害赔偿制度的调研》都中标最高法院重点调研课题。四川高院赔偿办承担的调研课题《从国家赔偿看民事诉讼中财产保全和执行中的问题及建议》，获得该省年度调研课题一等奖。广州中院通过走访上海、重庆、河北、深圳等地法院，形成了《非刑事司法赔偿中有关执行行为疑难问题研究》的报告。北京高院经过调研，出台了规范诉讼、执行程序中司法拘留措施的文件，防范该领域国家赔偿案件的发生。调查研究，为审判实践明确了思路和方向，为司法解释和规范性文件的制定奠定了坚实基础，打开了赔偿工作新局面。

二、当前人民法院国家赔偿工作存在的主要问题及原因

（一）案件受理方面

1. 隐形赔偿掩盖了一批国家赔偿案件

法院系统的统计数据显示，人民法院作为赔偿义务机关的案件占绝对

多数,公安、检察、监狱等机关作为赔偿义务机关的案件偏少。2009年至2011年,贵州省受理赔偿案件120件,其中赔偿义务机关为公安机关的20件,占16.7%;检察机关的15件,占12.5%;监狱的1件,占0.8%。调研发现,一些地方的公安、监狱赔偿纠纷也包括一部分法院、检察院赔偿纠纷,通过协商补偿、信访补偿等方式进行解决,未正式进入国家赔偿程序之中。

2. 请求赔偿立案难

调研发现,赔偿义务机关对赔偿请求人的申请不予立案,不积极进行理赔,最后导致逾期的并不是个别现象。某直辖市2011年共有逾期未立国家赔偿案件21件,绝大多数产生于基层法院,与进入国家赔偿程序案件数量的比例接近1:2,有近1/3的国家赔偿请求人被拒之门外。

由于一些赔偿义务机关不愿赔偿,对赔偿请求人的申请不愿受理或不愿意按照修改后《国家赔偿法》的规定给请求人出具已收到赔偿申请的收讫凭证等,使受害人请求赔偿的时间难以确定,赔偿请求人再向人民法院赔偿委员会请求赔偿也存在障碍,客观上影响了国家赔偿案件的总体收案数量。另外,该立不立的国家赔偿案件还成为新的信访源头。赔偿请求人在赔偿义务机关逾期不予立案的情况下,往往又拿不到不予受理通知书,根据《关于国家赔偿案件立案工作的规定》第6条第5款的规定,在赔偿义务机关的上一级法院赔偿委员会将此类材料作为立案依据的情况下,往往导致赔偿请求人告状无门,只能通过上访等非正常程序来解决问题。还有的法院对于确实不符合受理条件的案件,由于担心地方党委、政府以法院出具了不予受理通知书为由作为涉诉信访案件交由法院化解而不给赔偿请求人出具书面文书。由此产生的信访案件屡屡发生,形成了新的社会不稳定因素。

3. 立案审查时间超过7日的情况比较普遍

根据《关于国家赔偿案件立案工作的规定》,立案审查的期限是在收到立案申请(申请材料不齐全的,收到申请的时间自人民法院收到补正材料之日起计算)之日起7日内决定是否立案。有的法院对受理赔偿案件态度消极,审查时间长达数月。有的法院对赔偿案件采取先调卷后立案的方式,担心卷宗不齐不能在审限内结案。

这些问题产生的原因:(1)法治意识和思维淡薄。不少司法机关对国家赔偿法的意义和作用缺乏准确认知,对赔偿请求人诉权保护的观念不强,对国家赔偿工作存在抵触心理，担心赔偿案件损害单位形象，降低社会评价，不愿承认错误，不愿依法赔偿。(2)与现行的绩效考评机制、责任追究制度有关。赔偿义务机关普遍担心承担国家赔偿责任后，会影响本单位的绩效考核。有的地方规定，赔偿金达到一定数额的，检察机关将立案追究有关机关工作人员的刑事责任。因此，赔偿义务机关有意规避承担国家赔偿责任。(3)一些法院不敢依法立案，害怕案情疑难复杂或矛盾化解难度大，案件"进得来出不去"，所以干脆向上级法院一推了事。(4)未正确把握立案审查标准，混淆诉权和胜诉权，将实体性的获得国家赔偿标准取代了程序性的申请国家赔偿标准，人为提高了赔偿案件的受理门槛。

(二)案件质量方面

1. 质证质量不高

表现在：(1)质证程序繁简不当，有的过于烦琐，有的流于形式。(2)质证重点不突出，条理不清晰，影响了质证的效果。(3)质证中未正确体现举证责任的分配规则，个别案件甚至将职权行为合法性的举证责任让赔偿请求人承担。(4)审判人员在质证过程中必要的释明和引导做得不够，组织、驾驭质证的能力还有待于提高。

2. 错误理解和适用法律

(1)把握不准《国家赔偿法》无溯及力的精神，个别法院受理赔偿法实施前改判无罪的赔偿案件并进行赔偿。(2)个别法院将行政赔偿程序与刑事赔偿程序相混淆。如将针对公安机关行政拘留提起的诉讼，适用了刑事赔偿程序。(3)有些案件审理处于修正前后的国家赔偿法衔接阶段，本应适用新法的却适用旧法。(4)将不属于国家赔偿范围的案件按赔偿程序处理。如当事人对法院作出的支付令不服申请国家赔偿，本不属于国家赔偿案件范围，有的法院却错误受理并作出决定。

3. 实体裁判有误

(1)适用修正的《国家赔偿法》审理的案件，未将消除影响，恢复名誉，赔礼道歉写入国家赔偿决定书的决定主文，仅在决定书理由部分予以表述。(2)侵犯人身自由权的，援引国家上年度职工日平均工资的标准或计算羁押天数错误的情况占比较大，对拘留时间的计算标准还不统一。(3)刑事赔偿中涉及人身羁押的，后面行为吸收前面行为，赔偿义务机关的设置采取后置原则,但有的法院进行“分段”赔偿。(4)对国家不承担赔偿责任的免责情形理解偏颇,导致应予赔偿的未予赔偿。如有的法院以当事人曾作过有罪供述为由,一概不予赔偿。

4. 个别案件的赔偿决定书说理性不强,尤其是不予赔偿的理由过于简单

如赔偿请求人除请求支付限制人身自由赔偿金外,还请求医疗费、护理费、精神损害抚慰金等,决定书主文驳回了后三项赔偿请求,但在理由部分未阐述驳回的理由。

5. 中级法院是国家赔偿审判的核心领域,但案件质量亟待提高

根据国家赔偿法的规定,基层法院、中级法院自身作为赔偿义务机关的国家赔偿案件一般都经过中院(包括其赔偿委员会)处理,中级法院赔偿委员会还办理大量公安、检察、监狱管理机关等作为赔偿义务机关的刑事赔偿案件,所以中级法院承担了最基础和最主要的国家赔偿审判工作。调研发现,中级法院赔偿案件问题较多,普遍存在办案不规范,该决不决,该赔不赔,将矛盾上交等现象。中级法院如果不能依法妥善处理赔偿纠纷,将增加后续程序解决问题的难度,当事人向高级法院和最高法院逐级申诉。虽然单独看各个中院的赔偿案件数量并不多,但申诉向上级法院集中,就可能形成大量的赔偿申诉案件,使全国法院的国家赔偿案件数量分布呈现倒金字塔形态。

这些问题发生的原因在于:(1)案件质量高低与人员的专业化程度存在正向关系,但凡赔偿机构编制人员到位的法院案件质量较高,编制不独立人员不到位的法院案件质量偏低。专业化至少需要满足两点要求:一是审判机构的规范化,国家赔偿审判业务相对独立。二是职能专业化,法官具备审理国家赔偿案件的专业知识与司法技能。基层法院和中级法院办案质量不高,一方面是因为国家赔偿案件数量不多,没有引起领导重视,造成机构人员不健全;另一方面是因为业务面窄,工作人员不安心,人员流动性大,法官对相关审判业务知识学习和积累少,办理经验匮乏。所以国家赔偿案件数量虽少但并未办成精品案件。(2)司法能力不足。一些法官组织质证的能力、认定证据的能力、适用法律的能力、裁判说理的能力等都有待于提高。(3)司法作风不佳。有的法官和书记员责任心不强,工作粗枝大叶,重实体

轻程序,重办案数量轻办案质量。比如法律文书中错别字,案卷装订不规范等低级错误并非不能避免,但出错频率较高,就不能归结于能力问题。(4)审判工作制度还需完善。虽然近几年来,最高法院和各高院已经制定了一系列的规范性文件,但尚未完全落实到位,在中级法院和基层法院层面执行不佳。特别是基层法院处理赔偿案件的实践少,规范程度略低。

(三)办案效率方面

1.赔偿义务机关和复议机关不作为情况较严重,人为地延长了赔偿周期

很多中级法院赔偿委员会近年来受理的赔偿案件,绝大多数是赔偿请求人因赔偿义务机关逾期未作出赔偿决定而向中级法院提出赔偿申请。据某中院赔偿委员会统计,该院 2009 年至 2011 年审理的 8 起案件中,赔偿义务机关在法定期限内没有作出决定的案件 6 件,占 75%;在法定期限内作出决定的案件仅有 2 件,占 25%。

2.法院赔偿委员会审理时间一般都超过法定的 3 个月

辽宁省各中院审理的国家赔偿案件,能够在 3 个月内结案的仅达到 60% 左右,40% 左右的案件需要延长审限。

3.非刑事司法赔偿案件的审理时间长

国家赔偿案件类型不同,审理期限也有所差别。山东省国家赔偿案件审限内结案率经过统计,最高的是自赔案件为 85.7%,其次是赔偿委员会案件为 70.16%,确认案件最低仅为 57.69%。与自赔案件和赔偿委员会案件相比,确认案件中非刑事司法赔偿的占比最高,这说明对非刑事司法赔偿案件的审理时间较长。

上述问题产生的原因:(1)国家赔偿法对赔偿义务机关及复议机关逾期不作决定没有规定相应的法律后果,只是从保护赔偿请求人权利的角度出发,规定逾期的赔偿请求人可以向人民法院赔偿委员会提出赔偿申请,以致个别赔偿义务机关、复议机关怠于履行法定职责。(2)部分机关内部缺乏严格、顺畅的工作规程,赔偿请求人邮寄的申请赔偿或申请复议信函或来人来访没有及时登记交有权部门处理,导致赔偿义务机关或复议机关逾期未作出决定。(3)国家赔偿法规定人民法院赔偿委员会审理赔偿案件有 3 个月审理期限,其出发点是有利于赔偿请求人,督促法院尽快审结,然而这是一

种比较理想的情况,没有考虑到赔偿案件的复杂性。(4)非刑事司法赔偿案件既涉及对民事、行政诉讼中司法行为合法性判断,也涉及对损害结果、责任归属的认定,审理难度较大,而且缺乏举证期限等确保审判效率的配套机制。

(四)审判效果方面

1. 赔偿义务机关先行处理程序化解矛盾的效果不佳

以2011年重庆市法院为例,法院受理自赔案件61件,有44件案件的赔偿请求人又向上一级法院赔偿委员会申请作出赔偿决定,比例高达72%。在全国法院范围内,法院作为赔偿义务机关办结的自赔案件中大约有37%向上一级法院赔偿委员会申请作出赔偿决定,这比刑事诉讼和民事诉讼案件的上诉率高出20多个百分点。

2. 国家赔偿案件的申诉率高

2009~2011年,辽宁全省各中院共审理确认案件156件,同期省高院受理确认申诉案件183件,两者的比值是1∶1.173;①全省中院共办理赔偿案件183件,同期省高院受理申诉案件50件,两者的比值是1∶0.2732;中院确认案件和赔偿案件的总申诉率是68.73%。吉林省法院赔偿委员会受理的申诉案件比例相当大,并且呈现逐级申诉、比率递增的态势。在省法院赔偿委员会2009年至2011年受理的147起案件中,有赔偿申诉和确认申诉案件105件,占收案总数的71.43%。

3. 国家赔偿案件的赔偿率不高

2013年,全国法院国家赔偿案件结案2045件,撤回赔偿请求156件,占7.63%;决定赔偿的342件,占16.72%;决定不赔偿的514件,占25.13%;做其他处理的1033件,占50.51%。赔偿率仅为24.35%。② 2011年,天津市法院审结国家赔偿案件35件(不包括确认案件),决定赔偿的2件,仅占5.71%。

---

① 同期省高院受理的申诉案件数超过下面中院审结案件数,可能是因为有不少2009年之前中院审结的案件持续申诉,到2009年之后才被省高院受理。

② 撤回赔偿请求的案件,大部分是因为当事人的实体权利得到了救济,如当事人与赔偿义务机关达成补偿或赔偿协议,之后当事人申请撤回赔偿请求。所以本报告中的"赔偿率"是"撤回赔偿请求率"和"决定赔偿率"两项相加之和。

4. 国家赔偿案件的信访形势严峻,矛盾的复杂性、尖锐性突出

2009~2011年,重庆市法院受理国家赔偿案件及确认案件200余件(扣除因程序重复导致重复计算的案件),而信访案件多达50余件,比例约为25%,其中进京信访案件28件,约占14%。河北省统计,与其他审判工作相比,涉及国家赔偿的进京上访案件数量已经排到了进京信访涉法涉诉类案件的前列,有70%左右的赔偿请求人有过进京信访经历。

总体而言,国家赔偿案件实现案结事了的难度很大,原因主要有以下几个方面:

(1)赔偿请求人对国家赔偿时效制度缺乏必要了解,相关部门未履行告知义务。调研发现,只有少数高院如山东、福建、广西出台了向宣告无罪被告人告知国家赔偿请求权的规定,全国大多数地方都没有相关规定。贵州省发现,很多赔偿请求人不知晓国家赔偿制度,大都先通过申诉信访渠道反映诉求,等正式提出国家赔偿申请时往往已超过2年法定时效。天津市2011年审结的43件国家赔偿案件中,有8件驳回赔偿请求案件系源于赔偿请求人的请求超过了国家赔偿时效,占全部审结案件的19%。这部分案件的当事人往往没有在合法权益受到损害的第一时间申请国家赔偿,待刑事、民事、行政案件历经若干程序无路可走时才了解到国家赔偿制度,却早已超过申请时效,无法取得赔偿,最后只剩下唯一的信访渠道。

(2)赔偿请求人诉求较高且大多不符合法定的损失范围和赔偿标准。《国家赔偿法》修改后,江苏省几乎所有赔偿案件请求人都要求精神损害赔偿,且数额巨大,要求20万元以上的占70%,100万元以上的占20%。赔偿请求人提出巨额赔偿是多重因素造成的:①从事发到赔偿的时间跨度长,当事人可能经过一审、二审、再审、执行、执行异议、执行回转等多个程序几经周折才进入国家赔偿这一最后救济途径,对赔偿的期望值不断推高。国家赔偿案件从事发至赔偿少则三五年,多则七八年,十年以上的也不少见。黑龙江省的赔偿案件,时间跨度平均都在十年以上,最长达十七年。吉林省国家赔偿案件中历史积案占有一定比例,其中司法行为发生在十年前的案件也为数不少。②个别司法机关纠正自身错误的时间过长,致使当事人的不满情绪不断积累,将矛盾转移至人民法院,难以化解。③当事人普遍不理解国家赔偿法赔偿范围、方式和标准的规定,即使明白法律规定也抱有一种

"叫到天,还到地"的心理,而且申请国家赔偿不需要交纳诉讼费用。有的赔偿请求人对新闻媒体报道的某些"知名"案件误解误读,盲目攀比。

(3)国家赔偿法的法定赔偿、有限赔偿原则与当事人过高诉求之间存在固有矛盾,难以调和。国家赔偿范围①仅限于法律明确规定的情形,超出部分的不在赔偿之列。就国家赔偿的标准而言,大致有三种类型,即惩罚性标准、补偿性标准和抚慰性标准。《国家赔偿法》修改前,我国确定的是抚慰性的标准,修改后对财产损害和人身损害都加大了赔偿力度,增加了部分赔偿项目,但总体上是介于补偿性与抚慰性之间的标准。目前,国家赔偿并未实行全部赔偿原则,赔偿标准低于民事赔偿,当事人的实际损失很难通过国家赔偿程序全部获得救济和填补。

(五)案件执行方面

2010年《国家赔偿法》修改,将消除影响、恢复名誉、赔礼道歉规定为独立的国家赔偿责任,并改变了原先"机关垫付、财政核销"的赔偿金支付方式。随后国务院的《国家赔偿费用管理条例》进一步明确了赔偿金的支付程序,加强了赔偿费用的支付保障。国家赔偿决定的执行情况得到改善,但仍有相当一部分案件不能执行到位,大大降低了赔偿请求人对法律和国家机关的信任,损害了司法权威。

1. 一些赔偿义务机关怠于履行消除影响、恢复名誉、赔礼道歉的责任

同时,赔偿请求人往往对赔偿义务机关履行方式提出较高要求,如要求赔偿义务机关主要领导赔礼道歉,登报消除影响、恢复名誉等,双方在执行阶段的对立性较强。

2. 部分地区赔偿金支付难问题仍然存在

如某省林某某、廖某某因错判申请国家赔偿一案,赔偿决定书于2011年12月已生效,但两人直到2012年6月仍未能领取赔偿金。这一问题在经济欠发达地区尤为突出。另外,大多数国家赔偿案件卷宗内都没有赔偿金支付情况的材料。如山东省评查了191件案件,仅9件自赔案件和12件赔偿

---

① "国家赔偿范围"这个法律概念可以在两个层面上使用:一是指导致国家赔偿责任的行为范围,或者说国家赔偿责任应界定在哪些事项上。二是指赔偿损害的程度。我国《国家赔偿法》是在第一个层面上使用这一概念。

委员会案件有支付赔偿金的手续。

执行难产生的原因包括:(1)《国家赔偿费用管理条例》规定,国家赔偿费用由各级人民政府按照财政管理体制分级负担。很多市级、县级人民政府未按规定安排一定数额的国家赔偿费用列入财政预算,而让赔偿义务机关先行垫付赔偿金。另外,国家赔偿费用直接受制于各地的财政状况。部分贫困地区财政困难,赔偿金难以兑现,支付不畅。(2)人为干扰正常的赔偿金支付工作。如某省龚某某再审无罪国家赔偿案,经某市中院审查,决定赔偿龚某某440,349.18元。但在向某市财政局申请支付过程中,分管副市长认为错误判决系市、区两级法院共同造成应按比例进行分摊,仅同意市财政支付赔偿金的40%。由于另外60%的赔偿金迟迟不能到位,赔偿请求人反复到法院上访。一些地方财政部门将支付条件限定为赔偿义务机关先行追究相关人员责任,在此之前拒绝支付赔偿金。(3)个别赔偿义务机关对赔偿决定有抵触情绪,不甘心、不情愿为赔偿请求人消除影响、恢复名誉、赔礼道歉。同时,《国家赔偿法》未规定强制执行措施,这也使作出赔偿决定的法院感到执行无据或有心无力。

(六)追偿方面

追偿是国家赔偿制度的有机组成部分,体现了对负有重大责任工作人员的惩戒。追偿与赔偿具有程序上的连接性,且追偿可弥补赔偿的不足。然而调研发现,追偿制度是国家赔偿法执行最差的制度之一。重庆市自《国家赔偿法》实施至今,追偿的案件极少,仅有的一两例也极不规范的。比如,2010年重庆市某县法院遭遇当事人索赔,院领导认为当事人要求有理,决定由行使职权的工作人员、其所在庭负责人、分管院领导按比例承担当事人要求的赔偿金。案件没有正式立案,追偿也没有书面决定。

追偿制度基本失效的原因在于:(1)赔偿义务机关认为对责任人员追偿与否是单位“内部”问题,往往出于保护干警的考虑,不愿作出追偿决定。(2)追偿的规章制度属于空白。追偿的启动、操作、追偿金额的负担、缴纳等都无章可循。(3)缺乏对追偿的监督制约机制,赔偿义务机关该追偿不追偿的,该由哪个单位来监督,通过什么方式监督,都没有相应的规定。

三、人民法院国家赔偿工作面临的困难

人民法院国家赔偿工作是对国家赔偿法律制度的具体实施。法律制度是社会制度体系乃至社会结构的有机组成部分。法律制度的有效性不仅是法律规范的完善问题,还涉及法律制度系统内部的各要素和环节,以及法律制度系统与社会环境的调适问题。因此,国家赔偿审判的功效,受制于多重要素。如果某些要素与国家赔偿制度的精神抵牾,客观上就会阻碍司法的正常运行。当前,人民法院国家赔偿工作面临一些实际困难:

(一)队伍建设有待进一步加强

机构不健全,人员配备不到位,已成为制约国家赔偿工作发展的"瓶颈"。目前,各高级法院基本实现了国家赔偿办案人员的专业化,即使赔偿办挂靠行政庭,但办理赔偿案件的法官固定。有的高级法院赔偿委员会获批了独立编制,辽宁、黑龙江、湖南省高院还完成了赔偿委员会的实体化改造。但是大多数中级法院的赔偿办都与行政庭合署办公,审判人员既办理行政案件,也办理赔偿案件,专职人员数量极为有限。部分法院人员配置不齐,个别法院赔偿办甚至仅有一人,无法组成合议庭。各法院专司国家赔偿审判的人员少,难以形成钻研业务的氛围,队伍的专业素质亟须提高。

(二)司法环境有待进一步改善

地方法院国家赔偿审判环境欠佳。有的赔偿义务机关对赔偿工作消极抵触,拒不参加质证、不作合法性说明、不提供相关卷宗材料、动用各种关系施压,给国家赔偿案件的正常审理造成障碍。陕西高院重点督办的4件国家赔偿案件(属疑罪从无宣告无罪后申请国家赔偿),均由于当地政法委干预要求法院暂不处理,致使案件多年无法审结。

尤其值得关注的是,一线办案法官反映最强烈、最集中的问题是基层法院和中级法院一把手对国家赔偿工作不理解、不支持,有的将国家赔偿视为其他审判执行工作的对立面,认为赔偿影响政绩和形象,甚至是为前任的失误买单。对于能够协调或通过穷尽执行手段、执行回转等途径解决的案件,不愿采纳上级法院的有益建议,使案件久拖难结;对于上级法院审理赔偿案件,人为设置障碍,对依法作出的赔偿决定表示不满。实践中,赔偿委(办)已成为工作环境艰苦的审判业务部门。很多法官认为国家赔偿很容易"得罪"下级法院,不愿从事这项工作。

(三)审判规则有待进一步完善

国家赔偿法律适用领域有一些疑难问题亟待研究解决,特别是国家赔偿程序与刑事诉讼程序、执行程序的衔接。具体包括:(1)如何认定刑事诉讼程序已经终结。(2)人民法院国家赔偿审判权与检察机关公诉裁量权的关系,法院赔偿委员会能否审查检察机关的不起诉决定,若不起诉决定确有错误,能否直接在赔偿决定中认定并决定赔偿。(3)对于刑事追诉程序中公安机关、检察机关已经处理的财产,人民法院赔偿委员会是否有权对财产的性质及原处理行为的合法性作出认定。(4)执行程序终结的认定标准。(5)国家赔偿程序如何审查经过执行异议、案外人异议的错误执行赔偿申请,是进行形式审查还是实质审查。(6)如何协调执行监督程序与国家赔偿程序的关系,使执行监督更好地发挥作用。此外,举证责任的分配,利息的计算标准与截止日等诸多问题都需要深入研究后加以明确。

(四)责任追究有待进一步规范

实践中,有些地方规定只要赔偿金超过一定数额就一律对办案人员以涉嫌渎职而立案侦查,不合理地加大了公务人员的履职风险。其实国家机关的职权行使自身就具有风险性,特别是刑事司法活动属于高度危险作业,[1]造成损害是任何国家都无法避免的。在此前提下,国家赔偿制度才得以建立。国家赔偿法的根本宗旨是对受害人的受损权益进行填补,并非进行违法责任追究,所以法律对追责的范围进行了严格限制。

(五)案件质量评估体系有待进一步改进

人民法院案件质量评估工作对于把握审判形势、改进审判工作具有重大意义。《人民法院案件质量评估指标体系》中"审判公正"指标(二级指标)包含了一项"司法赔偿率"(三级指标),计算公式是"本院赔偿案件数除以生效案件数与执行结案数之和",方向为"负",权数为"10%"。毫无疑问,司法赔偿率通过某法院国家赔偿案件数与审判、执行结案件数的比值,直接反映该院的审判公正程度,但此次调研中很多地方法院提出,司法赔偿率意味着对审判、执行工作质量的负面评价。在现阶段,强调赔偿率反而会加大

---

① 之所以称刑事司法活动是高度危险作业,是因为:第一,在刑事诉讼中,侦查、起诉、审判者可能收集到的证据通常非常有限。第二,刑事诉讼作为一种认识活动,受到严格的时间限制。正是出于上述特点考虑,许多国家的立法并不要求在实施拘留、逮捕、搜查、扣押等侵犯公民权利的措施时,对案件事实的主观认识必须达到与案件客观事实完全相符的程度。参见瓮怡洁:《刑事赔偿制度研究》,中国人民公安大学出版社2008年版,第117页。

国家赔偿审判的难度,制约赔偿工作的科学发展。

(六)善后工作有待进一步法治化

我国城乡之间、不同地域之间、不同群体之间权利和利益实际享有不平衡,同时由于《国家赔偿法》实行法定赔偿,主要采取抚慰性标准,造成国家赔偿法的适用对不同当事人产生的效果存在很大差异,难以满足受害人的全部要求,因此国家赔偿的善后性工作显得非常重要,直接影响到国家赔偿审判的效果。刑事赔偿案件的善后工作包括:一是工作安置,恢复原劳动关系;二是羁押期间的社会保险问题,主要是基本养老保险、医疗保险的接续;三是羁押期间的医疗费;四是羁押期间的工资补发。非刑事司法赔偿案件的善后工作主要是受害单位恢复生产经营和生活困难人员的救助。目前,关于恢复劳动关系的规定是比较清楚的,社会保险和医疗费问题没有规定,补发工资问题存在规定矛盾的现象。① 虽然各级人民法院都很重视善后工作,但由于相关规章制度不健全、不完备,所以善后工作的成效主要取决于地方政府对个案的态度,工作结果不确定性强,补偿措施随意性大。

(七)涉公权因素多因一果侵权赔偿案件的审理程序有待进一步畅通

不少国家赔偿案件成因复杂,既可能涉及公权力机关侵权和个人侵权交织,又可能涉及多个公权力机关侵权,可同时引发民事侵权案件、刑事附带民事案件、行政赔偿案件、刑事赔偿及非刑事司法赔偿案件。按照现行法律规定,对于公权力因素介入的多因一果侵权赔偿案件,当事人不得不向民事审判庭、行政审判庭、赔偿委员会等审判机构分别提出赔偿请求,求偿过程烦琐。由于缺乏沟通协调,不同审判机构对同一侵权事件作出的事实认定和裁判结果还可能冲突。既增加了群众讼累,也不利于裁判统一。

(八)新闻舆论有待进一步正确引导

近年来,国家在改善民生和加强人权保障方面的力度不断加大,社会各

① 1963年,最高法院根据财政部1963年3月26日〔63〕财文行字第216号给黑龙江省财政厅的复函,作出了《最高人民法院关于冤错案件平反后不补发工资问题的复函》,规定冤错案件平反后一律不补发工资,但对生活上确有困难者,可酌情给予补助和救济。之后《劳动人事部工资局关于受处分人员的工资待遇问题的复文》(劳人薪局〔1985〕第12号)和《劳动部办公厅关于职工被错判宣告无罪释放后,是否应恢复与企业的劳动关系等有关问题的复函》(劳办发〔1997〕40号)规定,纯属错案被宣告无罪的,恢复其原工资待遇,并补发在押期间的工资。

界对公权力侵权引发的国家赔偿案件能否得到公正处理的关注程度不断提高。国家赔偿纠纷极易成为新闻舆论的热点和焦点，同时一般社会公众对国家赔偿法不十分了解，情绪性表达较多，赔偿工作稍有不慎就陷入被动。如河北省就先后有刘俊海、刘印堂、刘志连、秦英伟等人申请国家赔偿案件被中外媒体关注和报道，对原办案机关的形象造成了负面影响，也给法院赔偿委员会妥善处理带来了压力和挑战。

四、对策与建议

解决上述问题与困难的基本思路是：认真贯彻党的十八大、十八届二中、三中全会和中央政法工作会议精神，认真贯彻习近平总书记系列讲话精神，高度重视国家赔偿工作在推进法治中国建设中的特殊地位与作用，紧紧围绕"让人民群众在每一个司法案件中都感受到公平正义"这个目标，牢牢坚持司法为民、公正司法主线，加强执法办案，采取便民利民措施，使受到侵害的权利切实得到保护和救济；扩大司法公开，构建科学的民意沟通与引导机制，弘扬国家赔偿正能量；加强队伍建设，不断提升司法能力、改进司法作风，夯实国家赔偿工作组织基础；深化司法改革，将国家赔偿工作纳入中央关于深化司法体制改革的总体部署中，完善人权司法保障制度。解决人民法院国家赔偿工作存在的问题与面临的困难，将是一个系统工程，需要长远规划和按步实施，现提出以下具体对策和建议：

（一）树立科学的国家赔偿工作理念

理念是行动的先导，对工作有巨大的推动力。国家赔偿工作的问题与困难很大程度上是对国家赔偿制度认识不到位或有所偏差导致的。我国《国家赔偿法》作为《宪法》相关法，是国家对公民基本人权承担法律保障义务的制度手段。从国家赔偿制度产生的条件、目的和内容来看，《国家赔偿法》的精神实质是"权利救济"，《国家赔偿法》并非单纯的惩戒法。司法是法律实施的重要环节，也是法律发展的推动力量。人民法院国家赔偿工作应以"权利救济"作为工作重心和价值追求，不断提升司法权利救济的能力和水平。

（二）大力提升国家赔偿案件质量

国家赔偿案件要坚持法律原则和法律底线，以法律作为公正司法的基本标准。依法受理人民群众的国家赔偿请求，该立即立，杜绝违法提高立案门槛,依法及时受理新类型案件。依法支持赔偿请求人合理合法的诉求,当赔即赔,但绝不能矫枉过正,不该赔的坚决不赔。国家赔偿法官要敢于坚持原则,敢于排除干扰,公正审理每一起国家赔偿案件,严把证据事实关、审判程序关、法律适用关和文书制作关,使裁判经得起法律、历史和人民的检验。落实办案质量终身负责制。要规范司法行为,进一步完善审判管理机制,对立案、审判、执行、卷宗归档等各环节,听证质证、合议、赔偿委员会讨论等各项程序都要有规范、有监督,强化公正司法的工作机制保障。

(三)努力打造"阳光赔偿"

国家赔偿工作要不断扩大公开的范围、创新公开的形式、提高公开的效果。要以人民法院信息化平台建设为契机,依法公开案件审判信息,尊重和保护当事人的知情权、参与权和表达权。注意充分听取赔偿请求人的意见,对符合法律和司法解释规定情形的,一律进行质证。增强裁判文书的说理性,体现证据取舍、事实结论形成的过程,将事理、法理、情理有机结合,确保充分回应当事人诉求。要按照最高人民法院的部署,严格执行在互联网公布裁判文书的规定。提高应用媒体和应对媒体的能力,加大正面宣传力度,让国家赔偿工作为公众理解和接受,实现司法与民意的良性互动。

(四)强化国家赔偿调查研究

要以问题为导向,找准国家赔偿与大政方针的结合点,与司法改革的切入点,系统研究国家赔偿审判的基本理念、价值目标、发展规划、自身建设等重大理论问题,对《国家赔偿法》修改后实施过程中的法律适用问题进行系统梳理,注意研究其中的热点和难点。结合实践需要,深入调查研究,形成一批科学、合理、务实的研究成果。注重研究成果的转化,及时出台司法解释或司法政策,在忠实于立法精神的前提下进一步提高内在质量。要善于总结和评估司法经验、真实案例和司法解释实行的效果,为《国家赔偿法》的修改完善提供实证依据,适时提出立法建议。

(五)完善执行机制破解执行难

当前,解决赔偿金支付难问题,人民法院应主动与政府沟通,及时向党委和人大汇报,争取多方力量解决。解决非财产型精神损害赔偿执行难问题,作为赔偿义务机关的人民法院要依法及时履行,怠于履行或拒不履行的要予以通报批评。逐步探索建立一套合法合理、切实可行的强制执行机制,以有效手段维护生效赔偿决定的权威。

(六)真正落实依法追偿追责

实践中要注意克服两种错误倾向:一种是追偿追责流于纸面,无人问津,客观上纵容工作人员违法违纪,加重了国家财政负担,也使国家赔偿与机关追偿追责之间制度失衡;另一种是追偿追责随意扩大适用,背离执法和审判规律,挫伤工作人员的积极性。加强追偿追责的制度化建设,实现国家赔偿与追偿追责无缝衔接,保证追偿追责的规范性、程序性、操作性和长效性。

(七)探索建立侵权赔偿合并审理机制

为解决多因一果赔偿案件求偿难、审理难的问题,要探索建立侵权赔偿合并审理机制,构建一条高效便民的司法救济途径。

(八)改革绩效考评体系

探索建立一套全国统一的、科学合理的绩效考核与奖惩机制,增强各级人民法院的责任意识、质效意识。不能单纯将赔偿率作为执法水平和审判绩效负向指标,在指标结构和权重的设计上鼓励赔偿义务机关严格依法化解纠纷,对依法及时赔偿和执行的给予加分,该立不立、该赔不赔、该执不执或百般拖延的予以扣分。

(九)推动国家赔偿善后补偿法治化

我国社会主义法治是一个逐步发展和完善的过程,法治水平与一个国家的经济社会发展程度相适应。国家赔偿案件受害人是一个特殊群体,做好他们的稳定工作意义重大。当前,人民法院应避免就案办案,主动与政府的法制、财政、人力资源与社会保障等部门协商,对受害人的工作安置、基本养老保险、医疗保险、补发工资、恢复生产经营、困难救助等问题积极寻求解决之道,形成化解矛盾纠纷的合力。从长远来看,国家赔偿善后工作是社会建设的组成部分,赔偿案件受害人的养老保险、医疗保险、失业保险、最低生活保障、住房保障等问题,应放置于我国建立更加公平可持续的社会保障制度中统筹考虑和解决,对此问题要加强调研,积极提出意见和建议,争取使国家赔偿善后补偿工作逐步纳入法治轨道。

(十)优化国家赔偿司法环境

就外部而言,人民法院要依靠党委的领导、人大的监督,积极争取政府的支持,克服地方保护主义和部门保护主义,建立与党政机关制度化的沟通协作平台。就法院系统内部而言,最重要的是法院主要领导对赔偿工作的理解和扶持,充分发挥国家赔偿对内促进案件质量提高、对外恢复司法形象、提升司法公信力的功能。树立人民法院国家赔偿工作"一盘棋"思想,下级法院要主动向上级法院汇报工作,上级法院要多为下级法院协调解决实际困难,共同营造良好的司法环境。可出台国家赔偿工作排除不正当干扰的制度规定,确保国家赔偿审判权依法独立行使,实现司法公正。

(十一)加强国家赔偿队伍建设

继续推进高、中级法院赔偿委(办)的实体化改组,根据履行法定职能和实际承担任务的需要配齐配强审判人员,同时保持国家赔偿队伍的稳定和可持续发展。由最高法院对赔偿机构和人员配备问题提出具体要求,强化赔偿工作的组织保障。加强业务培训,为一线赔偿法官创造更多的学习和交流机会,提高培训的针对性和实效性。加强对国家赔偿法官的理想信念教育,不断提高政治素质。以党的群众路线教育实践活动为抓手,针对司法作风方面存在的薄弱环节,加大整改力度,加强制度建设。国家赔偿法官应增强大局观念和责任意识,始终着眼于维护人民群众根本利益来开展工作,努力建设一支政治坚定、能力过硬、作风优良、勇于担当、清正廉洁的国家赔偿队伍。

【裁判文书选登】

马萍申请天津市公安局刑事违法追缴国家赔偿决定书

（2012）法委赔字第4号

赔偿请求人：马萍，女，汉族，1958年1月11日出生，澳大利亚国籍。

委托代理人：常俊峰，北京市金杜律师事务所律师。

委托代理人：孙广智，北京市金杜律师事务所律师。

赔偿义务机关：天津市公安局，住所地天津市和平区唐山道26号。

法定代表人：武长顺，天津市公安局局长。

委托代理人：张晓弋，天津市公安局经济犯罪侦查总队干部。

委托代理人：张熠，天津市公安局法制办公室干部。

赔偿复议机关：中华人民共和国公安部，住所地北京市东城区东长安街14号。

法定代表人：郭声琨，中华人民共和国公安部部长。

委托代理人：魏地，中华人民共和国公安部法制局干部。

委托代理人：王永，中华人民共和国公安部法制局干部。

赔偿请求人马萍因刑事违法追缴申请天津市公安局国家赔偿一案，不服中华人民共和国公安部（以下简称公安部）2012年4月19日作出的公赔复字（2012）2号刑事赔偿复议决定，向本院赔偿委员会申请作出赔偿决定。本院赔偿委员会依法对本案进行了质证审理，现已审理终结。

马萍向本院赔偿委员会请求：撤销公安部公赔复字（2012）2号刑事赔偿复议决定和天津市公安局津公刑赔字〔2012〕001号刑事赔偿决定；认定天津

市公安局对其追缴1272万元的行为违法;赔偿1272万元及利息损失425万元(自2001年10月31日起至2012年10月30日)。其主要理由是:

1. 天津市第一中级人民法院(以下简称天津一中院)(2001)一中刑初字第177号刑事判决和天津市高级人民法院(以下简称天津高院)(2002)高刑终字第089号刑事判决已被最高人民法院(以下简称最高法院)(2006)刑提字第1号刑事判决予以撤销,公安部复议决定援引已被撤销的刑事判决,认定天津市公安局追缴行为合法,其理由不能成立;即便依据天津高院(2003)津高刑二终字第005号刑事判决对申请人财产予以追缴亦有错误,因为该判决未认定1272万元是赃款并予追缴。

2. 最高法院(2006)刑提字第1号刑事判决认定,申请人两次存款的当日即收取了张世莉等人给付的高息,而之后张世莉等人才在中国银行天津和平支行凯旋门分理处(以下简称凯旋门分理处)主任杨兆源的帮助下诈骗得款归已使用。可见,张世莉等人给付申请人高息与票据诈骗案的赃款无关。(2006)刑提字第1号刑事判决还认定申请人的5500万元存款是合法存款,申请人亦是张世莉等人与银行内部人员勾结诈骗的受害人,有权要求返还该款项。

3.《最高人民法院关于审理诈骗案件具体应用法律的若干问题的解释》第十一条规定:"行为人将诈骗财物已用于归还个人欠款、货款或者其他经济活动的,如果对方明知是诈骗财物而收取,属恶意取得,应当一律予以追缴;如确属善意取得,则不再追缴。"申请人只是按约定收取高息,并不知晓张世莉等人是采取诈骗手段进行犯罪活动,故即使认定张世莉等人是用赃款给付申请人高息,由于申请人不明知该款是诈骗所得,故应属善意取得,该款项不应被追缴。

4. 公安部复议决定认为申请人存储资金收取高息的行为违反了《中华人民共和国商业银行法》的相关规定,属适用法律错误。

天津市公安局向本院赔偿委员会答辩认为:马萍要求返还1272万元及利息的主张无法律依据。其主要理由是:

1. 1272万元款项系张世莉等人票据诈骗案的赃款,依法应当追缴返还,且该局经济犯罪侦查总队追缴返还赃款的事实已被发生法律效力的(2003)津高刑二终字第005号刑事判决予以确认。

2. 最高法院(2006)刑提字第1号刑事判决虽然宣告马萍、张牧高利转贷罪不成立,但同时认定马萍、张牧收取高息属实,其行为违反了《中华人民共和国商业银行法》的相关规定。该判决并未对公安机关追缴张世莉等人票据诈骗案赃款行为进行审查,亦未涉及公安机关追缴该款项的认定。因此,马萍提出最高法院判决证明其存款与张世莉等人票据诈骗案涉案赃款无关以及公安机关追缴行为违法的理由不能成立。

3. 马萍在公安机关办案期间主动提出上缴所得高息,并书写书面材料,马萍、张牧自愿配合公安机关工作,划款手续均由马萍委托张牧办理。经该局经济犯罪侦查总队依法办理扣押手续,追缴该款及嗣后返还被害单位,有关程序符合1996年《中华人民共和国刑事诉讼法》的规定。马萍提出其被胁迫交款、公安机关违法追缴的理由不能成立。

公安部向本院赔偿委员会提出书面说明意见认为:公安部公赔复字(2012)2号刑事赔偿复议决定认定的事实清楚,适用法律正确,应予维持。其主要理由是:

1. 天津市公安局追缴的1272万元系张世莉等人票据诈骗案赃款,是经侦查查明的事实,且已被人民法院生效判决文书予以确认。天津高院(2003)津高刑二终字第005号刑事判决认定,"天津鑫万房地产开发有限公司共收取张世莉、徐广发所给付高息人民币1272万元,且该款已由公安机关返还被骗银行"。判决采纳了一审判决认定的张世莉等人将诈骗所得部分赃款作为高息支付给天津鑫万房地产开发有限公司的基本事实,认可并支持了公安机关对该款项的追缴,仅纠正了一审关于继续追缴20万元的判项。该部复议决定援引(2003)津高刑二终字第005号刑事判决的原文,虽因笔误错列文号,但属于文书制作瑕疵,不影响对客观事实的认定和结论的成立。天津市公安局对张世莉等人票据诈骗案赃款1272万元予以追缴并返还被骗银行,符合1996年《中华人民共和国刑事诉讼法》第一百九十八条的规定。马萍提出该款项不应追缴的理由不能成立。

2. 最高法院(2006)刑提字第1号刑事判决认定马萍、张牧的行为不构成高利转贷罪,但违反了《中华人民共和国商业银行法》的相关规定。马萍将资金存入银行,却从张世莉等人处收取高息,说明马萍并非出于善意。张世莉等人向马萍支付高息,是实施票据诈骗活动的组成部分,是为了实现诈骗目的而采取的犯罪手段,并非正常的经济活动。因此,马萍所获高息不适用《最高人民法院关于审理诈骗案件具体应用法律的若干问题的解释》第十一条关于善意取得的规定。马萍提出的收取高息是善意取得,不应追缴的理由不能成立。

3. 马萍所称被天津市公安局胁迫交款,以及天津市公安局和中国银行双方谋划胁迫其交款并无证据材料证实。相反,现有证据材料能够证明,马萍在公安机关询问时,主动提出愿上缴所得高息,并亲笔书写了三份材料,委托张牧代为办理。马萍提出的被胁迫交款、公安机关违法追缴的理由不能成立。

本院赔偿委员会经审理查明:

2000年11月29日,中国银行天津和平支行(以下简称和平支行)向天津市公安局报案称,有一资金诈骗团伙使用伪造印鉴诈骗银行资金。天津市公安局于当日立案。2000年12月3日,张淑蓥、张世莉等人因涉嫌票据诈骗被刑事拘留。天津市公安局经侦查认为,张淑蓥、张世莉等人于1999年10月至2000年11月利用高息引存达17家单位,其中包括天津鑫万房地产开发有限公司(以下简称鑫万公司,该公司先后更名为天津市置地实业发展有限公司、天津市冠博实业发展有限公司,2005年6月7日注销),涉案金额达1.4亿余元,所付高息为张淑蓥、张世莉等人实施票据诈骗犯罪所得赃款。据此,天津市公安局于2000年12月8日冻结了鑫万公司在和平支行账户下的存款5500万元。嗣后,天津市公安局经查证,以鑫万公司出资人马萍与其夫张牧(二人于1998年10月28日结婚,2008年11月17日离婚)涉嫌高利转贷,对二人予以立案侦查。

在两起案件的侦查过程中,天津市公安局根据17名证人的58次证言及张淑蓥、张世莉、马萍、张牧等人的供述,认为马萍、张牧按照事先和张淑蓥、张世莉等人的商议,以鑫万公司名义到指定的凯旋门分理处存款5500万元,并从张淑蓥、张世莉等人处先后收取以票据诈骗所得赃款支付的17笔高息共计1272万元(先后存入北京市商业银行等),该款项应予追缴并予返还被骗银行。马萍亦提出愿将收取的高息交还银行并委托张牧办理相关手续。2001年10月31日,天津市公安局对5500万元中的2000万元予以解除冻结。同年11月2日,张牧办理了将2000万元及利息39.71万元转入天津市公安局经济犯罪侦查总队账户的手续。同年11月6日，天津市公安局将1272万元返还中国银行天津分行，剩余767.71万元随马萍、张牧高利转贷案移送天津一中院，后被该院没收。账户下剩余的3500万元中有2454.2万元因马萍、张牧高利转贷案被天津高院扣划，其余1045.8万元被北京市第二中级人民法院因另案扣划。

2002年12月17日，天津一中院针对被告人张淑莹、张世莉等四人涉嫌票据诈骗一案作出(2002)一中刑初字第113号刑事判决。该判决认定张淑莹、张世莉等四人部分犯罪事实如下："1999年10月至2000年1月间，被告人张淑莹、张世莉通过康健、王承等人先后将天津汽车工业销售汽贸有限公司的300万元、天津鑫万房地产开发有限公司的5500万元、被告人张世莉伙同崔铮(已判刑)将天津市大港区塑料电器厂河西经营部100万元，引存到凯旋门分理处，开立存款一年的定期账户。与此同时，被告人张世莉向该分理处主任杨兆源(另案处理)索要出上述两公司的银行预留印鉴卡片、营业执照复印件及定期存款开户证实书等，私刻上述单位的公章、财务专用章、人名章，编造了虚假的工矿产品购销合同，将存款证实书质押，冒用天津中超贸易有限公司、天津中云实业有限公司的名义和以天津开发区世成置业发展有限公司的名义，开出5900万元的银行承兑汇票，贴现付息306.735049万元，兑出5543.264951万元，除付给天津汽车销售汽贸有限公司高息35.25万元(公安机关已追缴0.5万元)、天津鑫万房地产开发有限公司高息1292万元(公安机关已追缴1272万元)外，被告人张淑莹实获赃款128.75万元；被告人徐广发实获赃款2019.3824755万元；被告人张世莉实获赃款2067.8824755万元。"该判决同时认定："案发后，公安机关查封扣押……追缴张淑莹款物价值1770.275954万元人民币……追缴各被告人所付高息共计1937.49986万元。上述追缴的物品、房屋已由公安机关估价后连同追缴的赃款一并返还被骗单位。"据此判决：张淑莹、张世莉犯票据诈骗罪，判处无期徒刑，剥夺政治权利终身，并处没收个人全部财产……继续追缴各被告人所获赃款，连同追缴的其他赃款一并依法分别返还相关被骗单位。

张淑莹、张世莉等四被告人不服，提出上诉。2003年7月23日，天津高院作出(2003)津高刑二终字第005号刑事判决，该判决对(2002)一中刑初字第113号刑事判决认定的主要事实予以认可并作归纳,同时认定各上诉人案发后被追缴的款物价值如下:"……追缴各上诉人所付高息共计1937.4999万元人民币,追缴另案被告人崔铮款物价值7.6053万元人民币。上述追缴的款物已由公安机关返还相关被骗银行。"该判决根据事实认定,张淑莹、张世莉等四人为获取巨额资金,单独或分别结伙,以付高息为诱饵,吸揽存款到其指定银行,骗开银行承兑汇票或用支票直接划转,将资金非法据为己有,其行为均已构成票据诈骗罪,犯罪数额特别巨大,并给国家造成特别重大的经济损失。该判决认为:"关于原审法院判决继续追缴天津鑫万房地产开发有限公司20万元人民币。经查,天津鑫万房地产开发有限公司共收取张世莉、徐广发所给付高息人民币1272万元,且该款已由公安机关返还被骗银行。原判继续追缴天津鑫万房地产开发有限公司20万元有误,应予纠正。"据此判决:一、维持(2002)一中刑初字第113号刑事判决第一项对被告人张淑莹、张世莉的定罪量刑及对被告人刘嘉利、徐广发的定罪部分……第二项追缴赃款清单中所列第3项至第15项的部分……二、撤销(2002)一中刑初字第113号刑事判决第一项对被告人刘嘉利、徐广发的量刑部分;第二项对张淑莹、张世莉、刘嘉利继续追缴部分……追缴赃款清单所列第1项、第2项、第16项,即天津汽车工业销售汽贸有限公司76.75万元、天津鑫万房地产开发有限公司20万元、刘嘉利经营的天津嘉利达化工染料有限公司……(2003)津高刑二终字第005号刑事判决已发生法律效力。

另查明:2002年4月30日,天津一中院针对马萍、张牧涉嫌高利转贷一案作出(2001)一中刑初字第177号刑事判决,以马萍犯高利转贷罪,判处有期徒刑六年,罚金人民币2284万元,并处驱逐出境;以张牧犯高利转贷罪,判处有期徒刑三年,罚金人民币1827万元;违法所得人民币456.84万元依法予以没收。

马萍、张牧不服该判决,提出上诉。2004年4月14日,天津高院作出(2002)高刑终字第089号刑事判决,以马萍犯高利转贷罪,判处有期徒刑六年,罚金人民币1900万元,并处驱逐出境;以张牧犯高利转贷罪,判处有期徒刑三年,缓刑三年,罚金人民币1520万元;违法所得人民币67.95万元依法没收,上缴国库。

马萍、张牧对二审判决仍不服,提出申诉。2007年12月14日,本院作出(2006)刑提字第1号刑事判决认为:马萍、张牧在凯旋门分理处存款人民币5500万元,其中包括银行贷款人民币3020万元,办理的存款手续合法。马萍、张牧作为存款人与银行之间形成存款关系。张世莉、徐广发利用杨兆源提供的上述款项的存款证实书,伪造相关印章和张牧印鉴,骗取银行信贷资金,不能证明马萍、张牧的行为属于转贷性质。马萍、张牧的行为违反了《中华人民共和国商业银行法》的相关规定,但不构成犯罪。据此判决撤销天津一中院(2001)一中刑初字第177号刑事判决及天津高院(2002)高刑终字第089号刑事判决,宣告马萍、张牧无罪。

又查明:本院(2006)刑提字第1号刑事判决生效后,马萍向天津高院提交有马萍、张牧、马俊忱(马萍之父,原鑫万公司法定代表人、股东)签名的申请书,鑫万公司股东出具的该公司账户内款项系马萍自有资金,系马萍、张牧以鑫万公司名义所存,不属于鑫万公司所有的声明及授权委托书,马萍与张牧婚姻关系证明等材料,向天津高院申请返还涉案款项3221.91万元。2008年11月11日、13日,天津高院将天津市公安局冻结的鑫万公司账户内相关款项中随案移送的3221.91万元(含利息39.71万元)返还至马萍指定账户。

2011年12月13日,马萍以天津市公安局错误追缴为由向该局申请国家赔偿。2012年2月7日,天津市公安局作出津公刑赔字〔2012〕001号刑事赔偿决定,认为:该局经济犯罪侦查总队追缴冻结返还涉案的1272万元,为张淑莹票据诈骗案涉案赃款,该局依法追缴符合法律规定;其他款项已随案移送检法机关,由法院作出处理决定,与该局无关;该局侦查员严格依法办案,不应追究法律责任。据此决定对马萍不予赔偿。

2012年2月24日,马萍向公安部申请赔偿复议。2012年4月19日,公安部作出公赔复字(2012)2号刑事赔偿复议决定,认为:天津高院(2002)高刑终字第089号刑事判决已认定公安机关追缴的1272万元为张淑莹、张世莉等人票据诈骗案赃款,由于钱款属于种类物,公安机关从存款账户追缴赃款符合法律规定。马萍主张被返还给银行的1272万元是合法存款,与张淑莹、张世莉等人票据诈骗案无关不能成立;最高法院(2006)刑提字第1号刑事判决认定马萍、张牧存储资金获取高息的行为不构成犯罪,同时指出其行为违反了《中华人民共和国商业银行法》的相关规定,并未对公安机关追缴资金进行审查,未涉及公安机关追缴的1272万元的认定。马萍提出的最高法院(2006)刑提字第1号刑事判决证明其存款与张淑莹、张世莉等人票据诈骗案涉案赃款无关不能成立;马萍在公安机关讯问时主动提出愿上缴所得高息,书写了三份材料,并委托张牧代办。天津市公安局依法办理扣押手续,追缴该款后返还被害人,符合1996年《中华人民共和国刑事诉讼法》第一百九十八条的规定。马萍提出的被胁迫交款、公安机关违法追缴不能成立;马萍存储资金收取高息的行为违反了《中华人民共和国商业银行法》的相关规定,本身即属违法行为,不属于善意取得。张淑莹、张世莉等人向马萍支付高息1272万元,是实施票据诈骗活动的组成部分,是为了实现诈骗目的而采取的犯罪手段,并非正常的经济活动。马萍将资金存入银行,却从张淑莹、张世莉等人处收取高达1272万元的利息,说明马萍并非出于善意。马萍提出的收取高息是善意取得,办案部门应予归还的理由不能成立。据此决定:维持天津市公安局作出的津公刑赔字〔2012〕001号刑事赔偿决定书。

上述事实,有天津一中院(2002)一中刑初字第113号刑事判决书、天津高院(2003)津高刑二终字第005号刑事判决书、本院(2006)刑提字第1号刑事判决书、天津市公安局津公刑赔字〔2012〕001号刑事赔偿决定书、公安部公赔复字(2012)2号刑事赔偿复议决定书等文书在案佐证。

本院赔偿委员会认为,根据本院(2006)刑提字第1号刑事判决书认定,马萍、张牧以鑫万公司名义存款。鑫万公司股东声明亦证实,被天津市公安局冻结的鑫万公司账户内款项是马萍自有资金,系马萍、张牧以鑫万公司名义所存,不属鑫万公司所有。马萍作为该公司的实际出资人,对天津市公安局追缴并返还银行的1272万元主张权利符合法律规定。

根据各方意见,总结归纳本案争议焦点为,天津市公安局对1272万元予以追缴并返还银行的行为是否属于《国家赔偿法》第十八条第(一)项规定的违法侵权情形;马萍收取高息的行为是否属于善意取得以及马萍的行为是否违反《中华人民共和国商业银行法》。本院赔偿委员会基于上述事实,认定如下:

1. 天津市公安局将1272万元作为赃款追缴并返还银行的行为是依照1996年《中华人民共和国刑事诉讼法》第一百九十八条规定作出,并已被人民法院生效刑事判决予以确认,该行为合法有据,不属于国家赔偿法第十八条第(一)项规定的违法侵权情形。

1996年《中华人民共和国刑事诉讼法》第一百九十八条规定,公安机关、人民检察院和人民法院对于扣押、冻结犯罪嫌疑人、被告人的财物及其孳息,应当妥善保管,以供核查。任何单位和个人不得挪用或者自行处理。对被害人的合法财产,应当及时返还。

根据天津一中院(2002)一中刑初字第113号刑事判决以及天津高院(2003)津高刑二终字第005号刑事判决查明的事实,被告人张淑莹、张世莉将鑫万公司的5500万元引存至凯旋门分理处,并支付鑫万公司高息1272万元,嗣后骗开银行承兑汇票将该5500万元据为己有,其票据诈骗犯罪成立并由生效刑事判决予以确认。鑫万公司收取的高息1272万元,系张淑莹、张世莉等人为实施票据诈骗而非法高息揽存所支付的对价,性质上属于诈骗所得赃款的组成部分。天津市公安局根据1996年《中华人民共和国刑事诉讼法》第一百九十八条规定,对鑫万公司收取的高息1272万元予以追缴并返还受害人,合法有据,且已被人民法院生效刑事判决予以确认。

本院(2006)刑提字第1号刑事判决系针对马萍、张牧高利转贷罪是否成立进行审查。该判决认定马萍、张牧在凯旋门分理处存款5500万元,其中包括银行贷款人民币3020万元,办理的存款手续合法,其作为存款人与银行之间形成存款关系;张世莉等人利用杨兆源提供的上述款项的存款证实书,伪造相关印章和张牧印鉴,骗取银行信贷资金,不能证明马萍、张牧的行为属于转贷性质。该判决未对公安机关追缴1272万元一事予以审查;追缴款项的相关事实系由张世莉等人票据诈骗案生效刑事判决予以审查、认定。故本院(2006)刑提字第1号刑事判决虽认定马萍、张牧不构成高利转贷罪,但不影响此前生效刑事判决对张世莉等人给付马萍、张牧1272万元高息系票据诈骗案赃款的认定,亦不影响公安机关追缴赃款并返还受害人的行为被生效刑事判决确认的效力。

关于1272万元从5500万元合法存款账户中予以追缴扣划的问题。因1272万元是以赃款名义追缴的,即使合法存入银行,也不能否定其本身的非法性。由于钱款是种类物,且具有等价交换的性质,马萍收到张世莉等人非法支付的高息后,已将高息存入其他账户,故无论从5500万元存款账户还是从马萍的其他账户中追缴扣划1272万元赃款,并无本质区别。相关证据还证实,从5500万元存款账户扣划高息1272万元,系马萍书写三份材料,委托张牧配合公安机关办理。鉴此,公安机关从5500万元存款账户追缴扣划1272万元赃款并返还受害人的行为并无不当。

公安部复议决定援引了(2002)一中刑初字第113号刑事判决和(2003)津高刑二终字第005号刑事判决的相关表述内容,虽因笔误错列文号,但属于文书制作瑕疵,不影响该复议决定对客观事实的认定和结论的成立。

综上,马萍提出天津市公安局追缴及返还行为没有法律及判决依据应予认定违法的理由不能成立。

2. 马萍收取张世莉等人以赃款支付1272万元高息的行为,不符合《最高人民法院关于审理诈骗案件具体应用法律的若干问题的解释》第十一条规定的善意取得情形。

《最高人民法院关于审理诈骗案件具体应用法律的若干问题的解释》第十一条规定,"行为人将诈骗财物已用于归还个人欠款、货款或者其他经济活动的,如果对方明知是诈骗财物而收取,属恶意取得,应当一律予以追缴;如确属善意取得,则不再追缴"。适用该条规定的一个重要前提是,行为人将诈骗财物用于归还个人欠款、货款或者其他经济活动,即其用途应系合法的利益。在此前提下,才进一步审查接受财物方是否属于善意。如果接受财物方所获财物用途合法,且其不明知系诈骗财物而收取,应当认定为善意取得;如果所获财物用途系非法,纵然其不明知系诈骗财物而收取,亦应被追缴,而不适用上述解释关于善意取得之规定。

本案马萍受高息揽存的要约,将5500万元存入凯旋门分理处,其与银行之间形成了存款合同法律关系,本院(2006)刑提字第1号刑事判决对此亦予以确认。如其需要合法转贷给第三人或者委托理财,均须与银行签订相关委托贷款协议或者理财协议。本案事实表明,马萍并未与银行签订相关协议,故其在存款合同法律关系之外与银行或者第三人之间并不存在其他合法的法律关系。在此情形下,其收取张世莉等人支付的高息,没有法律依据。且马萍与张世莉等人之所以不选择直接借贷,而是将银行作为用资中介,就是具有利用银行进行资金借贷的意图,是一种规避双方风险,将风险转嫁银行的做法,此行为具有违法性。故马萍获取的高息并非应受法律保护之合法利益,不符合《最高人民法院关于审理诈骗案件具体应用法律的若干问题的解释》第十一条规定适用的前提条件，马萍即使能够证明其不明知该高息系诈骗所获赃款支付，亦不构成该司法解释规定的善意取得。因此，马萍提出其收取高息属善意取得不应予以追缴的理由不能成立。

3. 马萍的行为是否违反《中华人民共和国商业银行法》不属于国家赔偿案件审查范围。

马萍提出本院刑事判决认定其违反《中华人民共和国商业银行法》的相关规定，以及公安部复议决定援引该认定，属适用法律错误，应予纠正。本院赔偿委员会认为，本院(2006)刑提字第1号刑事判决认定马萍、张牧收取高息违反《中华人民共和国商业银行法》并无不当。根据《中华人民共和国商业银行法》第三十一条规定："商业银行应当按照中国人民银行规定的存款利率的上下限，确定存款利率，并予以公告"，这既是对商业银行行为的规范，也是对金融秩序的规范，对与商业银行发生存款关系的交易相对人具有反射拘束力。鉴于此项认定系由生效刑事判决作出，不属于国家赔偿案件审查范围，如马萍对此有异议，应另循途径解决。

综上，天津市公安局对1272万元款项予以追缴并返还的行为，不属于国家赔偿法第十八条第(一)项规定的违法侵权情形。马萍申请的相关事项及理由，缺乏法律依据，不应予以支持。公安部公赔复字(2012)2号刑事赔偿复议决定认定事实清楚，适用法律正确，虽个别文号存在笔误，但不影响该决定对客观事实的认定和结论的成立，故应予维持。根据《中华人民共和国国家赔偿法》第十八条第(一)项、第二十五条第二款、第二十九条，《最高人民法院关于适用〈中华人民共和国国家赔偿法〉若干问题的解释(一)》第二条，《最高人民法院关于人民法院赔偿委员会审理国家赔偿案件程序的规定》第十九条第(一)项、第二十条之规定，经本院审判委员会讨论，决定如下：

维持中华人民共和国公安部公赔复字(2012)2号刑事赔偿复议决定。

本决定为发生法律效力的决定。

二〇一三年十一月二十九日

张牧申请天津市高级人民法院错判罚金、没收财产国家赔偿决定书

(2012)法委赔字第1号

赔偿请求人:张牧,男,汉族,1967年9月21日出生。

委托代理人:王树人,北京市君致律师事务所律师。

赔偿义务机关:天津市高级人民法院。住所地天津市南开区长江道2号。

法定代表人:李少平,该院院长。

委托代理人:宋春香,该院赔偿委员会主任。

委托代理人:王友莉,该院赔偿委员会副主任。

赔偿请求人张牧因错判罚金、没收财产申请天津市高级人民法院(以下简称天津高院)国家赔偿一案,不服天津高院2011年11月30日作出的(2010)津高法赔字第0001号赔偿决定,向本院赔偿委员会申请作出赔偿决定。本院赔偿委员会依法对本案进行了审理,现已审理终结。

张牧向本院赔偿委员会请求:撤销天津高院(2010)津高法赔字第0001号赔偿决定,由天津高院赔偿其罚金损失1520万元及没收财产损失67.95万元,并赔偿前述款项的同期银行存款利息。其主要理由是:

1. 天津高院(2002)高刑终字第089号刑事判决对张牧的罚金和没收财产的刑罚已经执行,天津高院认为仅是扣划,依据不足,是为不赔偿进行搪塞。

2. 天津高院将罚金视为夫妻共有财产,发还其中一人于法无据。(1)罚金和赔偿都具有特定性,符合国家赔偿法第十八条规定情形的受害人有取

得赔偿的权利,且天津高院刑事判决中罚没的款项实为张牧及其控股公司名下财产,故天津高院理应发还张牧本人;(2)张牧与马萍于2005年签署的《关于婚姻关系存续期间所得财产分别归夫妻各自所有的协议》中约定,没有对方的书面授权,一方无权处分对方的财产,天津高院在没有张牧授权及未通知张牧的情况下,将本应发还张牧个人的款项一并发还马萍(澳籍华人,与张牧原系夫妻关系),其行为显属不当;(3)2008年3月20日,北京市东城区法院已判决张牧、马萍离婚,2008年4月10日公告送达,2008年11月17日生效。

天津高院向本院赔偿委员会答辩称:天津高院作出(2002)高刑终字第089号刑事判决后,虽将原侦查机关冻结的款项扣划至法院,但最高人民法院改判无罪后,天津高院已将该款项发还,且发还时系马萍、张牧夫妻关系存续期间,故该院发还行为并无不当。张牧的赔偿请求不符合《中华人民共和国国家赔偿法》第十八条的规定,应予驳回。其主要理由是:

1. 原刑事案件相关证据证明该款属于马萍所有,并以天津鑫万房地产开发有限公司名义存入银行,与张牧没有直接关系;

2. 该款的性质不属于罚金执行,而是属于冻结款项,应发还原权利人,原权利人天津鑫万房地产开发有限公司已注销,马萍持该公司全部股东授权领款与张牧无关;

3. 马萍于2008年4月提出发还存款申请书,而张牧自2007年12月案件改判后至实际发还款项的2008年11月期间从未向天津高院主张发还该款;

4. 马萍领款时提供了北京市公证处婚姻登记公证书以及结婚证复印件、北京市民政局查档证明等材料,证明并书面承诺马萍、张牧双方婚姻关系存续,以及如张牧重复追索款项由其承担由此引起的一切责任。天津高院综合以上情形将款项发还马萍并无不当。

本院赔偿委员会经审理查明:

1999年10月,马萍、张牧通过张淑莹与张世莉结识,商定由马萍将资金存入张世莉指定银行,张世莉按照存款比例的16.2%付给高息。1999年10月25日至27日,马萍、张牧将存款人民币2000万元存入天津鑫万房地产开发有限公司(以下简称鑫万公司,后先后更名为天津市置地实业发展有限公司、天津市冠博实业发展有限公司,2005年6月7日注销)账户内。1999年12月28日和2000年1月3日,马萍、张牧用美元存单作质押,以个人综合消费的名义,从中国工商银行北京市分行南礼士路支行西四储蓄所贷款人民币3020万元,马萍、张牧将该款及其他款项共计人民币3500万元存入中国银行天津和平支行凯旋门分理处。马萍、张牧先后获得张世莉等人支付的高息现金人民币1272万元。

2000年12月3日,张淑莹、张世莉等人因涉嫌票据诈骗被刑事拘留。嗣后经人民法院终审刑事判决认定,张淑莹、张世莉等人为获取巨额资金,单独或分别结伙,以付高息为诱饵,吸揽存款到其指定银行,通过银行或存款单位人员,索要出存款单位的预留印鉴卡、营业执照复印件等材料,私刻有关印章、印鉴,编造虚假合同,以存款单位的定期存款作质押,冒用有关单位名义,骗开银行承兑汇票或用支票直接划转,将资金非法据为己有,其行为均已构成票据诈骗罪。该判决据此分别以票据诈骗罪对张淑莹、张世莉等人予以刑罚处罚。

2000年12月8日至2001年10月30日,天津市公安局在侦查张世莉、张淑莹等人票据诈骗案件的赃款流向过程中,冻结了鑫万公司在中国银行天津和平支行(以下简称和平支行)账户下的存款人民币5500万元。2001年8月1日,马萍、张牧因涉嫌高利转贷被天津市公安局立案侦查。2001年10月31日,天津市公安局对人民币5500万元中的2000万元予以解除冻结,并将其中1272万元(马萍已另案提出国家赔偿申请)发还中国银行天津分行。

2001年12月14日,天津市人民检察院就马萍、张牧涉嫌高利转贷一案向天津市第一中级人民法院(以下简称天津一中院)提起公诉。2002年4月30日,天津一中院作出(2001)一中刑初字第177号刑事判决,以马萍犯高利转贷罪,判处有期徒刑六年,罚金人民币2284万元,并处驱逐出境;以张牧犯高利转贷罪,判处有期徒刑三年,罚金人民币1827万元;违法所得人民币456.84万元依法予以没收。同日,天津市公安局将解除冻结的2000万元中的余款人民币767.71万元移送天津一中院;天津一中院将鑫万公司账户中剩余的一部分人民币2454.2万元予以冻结。2002年11月6日,北京市第二中级人民法院(以下简称北京二中院)因另案将鑫万公司该账户内其余款项1045.8万元予以扣划。

马萍、张牧不服一审刑事判决,提出上诉。2004年4月14日,天津高院作出(2002)高刑终字第089号刑事判决,以马萍犯高利转贷罪,判处有期徒刑六年,罚金人民币1900万元,并处驱逐出境;以张牧犯高利转贷罪,判处有期徒刑三年,缓刑三年,罚金人民币1520万元;违法所得人民币67.95万元依法没收,上缴国库。天津高院于2004年4月15日将人民币2454.2万元冻结,同年5月,天津高院将人民币2454.2万元扣划至该院并存入保管款账户。

2005年7月4日,天津一中院将人民币767.71万元没收。

2007年12月14日,本院作出(2006)刑提字第1号刑事判决书。该判决认为,马萍、张牧在中国银行天津和平支行凯旋门分理处存款人民币5500万元,其中包括银行贷款人民币3020万元,办理的存款手续合法,马萍、张牧作为存款人与银行之间形成存款关系,张世莉等人利用银行工作人员提供的存款证实书,伪造相关印章和印鉴,骗取银行信贷资金,不能证明马萍、张牧的行为属于转贷性质,马萍、张牧的行为不构成犯罪。据此判决撤销天津一中院(2001)一中刑初字第177号刑事判决及天津高院(2002)高刑终字第089号刑事判决,宣告马萍、张牧无罪。

2008年4月,马萍向天津高院提出发还被法院罚没款项的申请。2008年9月23日,马萍向天津高院递交了有马萍、张牧、马俊忱(马萍之父,原鑫万公司法定代表人、股东)签名的申请书,载明内容为:“根据最高人民法院判决,申请人请求贵院返还已被贵院执行的罚金、没收款及相关利息,合计金额:32,219,100.00元(叁仟贰佰贰拾壹万玖仟壹佰元整),申请人对贵院被执行的上述金额不再请求其余利息。申请人不申请国家赔偿程序,请求贵院尽快将款项汇到以下指定银行”。2008年10月23日,马萍向天津高院出具承诺函,载明内容为:“今后该公司任何的股东及我丈夫张牧前来贵院重复主张追索上述款项时,我愿承担由此引起的一切法律及经济责任”的承诺函,其同时递交了经北京市公证处公证的马萍、张牧结婚证复印件。2008年11月6日,原鑫万公司股东马俊忱、宋元妍向天津高院出具声明,载明内容为:“天津鑫万房地产开发有限公司在天津分行和平支行凯旋门分理处存入的5500万元人民币存款,系马萍的自有资金,系马萍、张牧以我公司名义存在中行的,不属于我公司所有。关于该笔存款的一切事宜,特授权马萍全权办理”。2008年11月12日,北京市民政局向天津高院出具查档证明,载明内容为:“经查我市涉外婚姻登记档案,自1998年10月29日至今,没有北京居民张牧,男,1967年9月21日出生,与澳大利亚公民马萍,女,1958年1月11日出生,在北京市民政局婚姻登记处办理离婚登记的记录,特此证明。”

2008年11月11日、13日,天津高院分别将存于该院保管款账户的人民币2454.2万元及天津一中院没收的人民币767.71万元,合计人民币3221.91万元发还至马萍指定账户。

另查明,马萍、张牧原系夫妻关系,二人于1998年10月28日结婚。2008年3月20日,北京市东城区人民法院针对该院受理的张牧诉马萍(马萍未到庭应诉)离婚一案,作出(2007)东民初字第04542号民事判决书,判决准许张牧与马萍离婚。该判决经人民法院报公告期满后于2008年11月17日生效。

2009年11月4日,张牧以天津高院错判罚金、没收财产为由申请国家赔偿。2011年11月30日,天津高院作出(2010)津高法赔字第0001号赔偿决定。该决定认为,天津高院作出(2002)高刑终字第089号刑事判决后,虽将冻结的款项扣划至法院,但最高人民法院改判无罪后,天津高院已将该款项发还,且发还时系马萍、张牧夫妻关系存续期间。故张牧请求天津高院国家赔偿的理由不能成立,其请求不符合国家赔偿法第十八条的规定。综上认定,天津高院决定对张牧以错判罚金、没收财产请求该院国家赔偿的申请予以驳回,不予赔偿。

上述事实,张牧及天津高院均无异议,并有天津一中院(2001)一中刑初字第177号刑事判决书、天津高院(2002)高刑终字第089号刑事判决书、本院(2006)刑提字第1号刑事判决书、天津高院(2010)津高法赔字第0001号赔偿决定书等文书,以及北京市公证处出具的婚姻登记公证书以及结婚证复印件、北京市民政局《查档证明》、马萍书写的《承诺函》等材料在案佐证。

本院赔偿委员会认为:天津高院(2002)高刑终字第089号刑事判决,以马萍、张牧犯高利转贷罪,判处马萍罚金人民币1900万元,判处张牧罚金人民币1520万元;违法所得人民币67.95万元依法没收,上缴国库。该判决生效期间,天津高院、天津一中院将天津市公安局冻结的涉案款项人民币3221.91万元(含利息39.71万元)予以扣划、没收并予保管,未依照前述判项区分马萍、张牧各自罚金及没收财产份额并予以执行,亦未再执行马萍、张牧其他款项,而该款项亦未上缴国库。本院(2006)刑提字第1号刑事判决,以马萍、张牧的行为不构成犯罪为由,判决撤销天津一中院(2001)一中刑初字第177号刑事判决及天津高院(2002)高刑终字第089号刑事判决,宣告马萍、张牧无罪。

根据人民法院生效刑事判决认定,涉案款项系马萍、张牧以鑫万公司名义存款,刑事判决未对马萍、张牧对该财产各自享有的份额予以区分。鑫万公司股东声明亦证实,涉案款项是马萍自有资金,系马萍、张牧以鑫万公司名义所存,不属鑫万公司所有。马萍、张牧二人以鑫万公司名义存款以及该款项被司法机关冻结、扣划、没收并予保管,均发生在马萍、张牧夫妻关系存续期间,且无论是刑事判决的认定,还是在涉案款项被冻结、扣划以及嗣后在刑罚执行过程中,均未实际区分马萍、张牧二人对涉案款项各自享有的份额。因此,上述款项应认定为夫妻共有财产。张牧提出对其执行的罚金、没收财产为其名下和其控股公司名下的个人财产等主张,因未提供有效证据,故缺乏事实依据,本院赔偿委员会不予采信。

本院(2006)刑提字第1号刑事判决生效后,马萍向天津高院提交有马萍、张牧、马俊忱签名的申请书,鑫万公司股东声明及授权委托书、马萍与张牧婚姻关系证明等材料,向天津高院申请发还涉案款项人民币3221.91万元。北京市民政局出具的查档证明亦证实当时确系马萍、张牧夫妻关系存续期间。天津高院根据以上情形,未通知张牧本人到场即将该款项全部发还马萍,该环节虽有不妥,但并不影响马萍、张牧对涉案款项作为夫妻共有财产予以处分的实体权益,亦不发生张牧所称对其个人财产予以实体处分或者未予发还之法律后果。且对夫妻共有财产如何处分所涉事宜,不属于刑事案件、国家赔偿案件的审查范围。张牧如认为其对该款项享有权利,可另循法律途径解决。因此,张牧再行申请对涉案款项之一部分予以发还或者赔偿,缺乏法律依据,本院赔偿委员会不予支持。

综上,天津高院刑事错判所涉款项人民币3221.91万元已实际全部发还。张牧向本院赔偿委员会提出的申请事项及理由,缺乏事实及法律依据,不应予以支持。天津高院(2010)津高法赔字第0001号赔偿决定书认定事实清楚,适用法律正确,应予维持。根据《中华人民共和国国家赔偿法》第十八条第(二)项、第二十四条第三款、第二十九条,《最高人民法院关于适用〈中华人民共和国国家赔偿法〉若干问题的解释(一)》第二条,《最高人民法院关于人民法院赔偿委员会审理国家赔偿案件程序的规定》第十九条第(一)项、第二十条之规定,本院赔偿委员会决定如下:

维持天津市高级人民法院(2010)津高法赔字第0001号赔偿决定。

本决定为发生法律效力的决定。

二〇一三年七月十六日

【工作动态】

既解“法结”更解“心结”

——福建探索国家赔偿案件心灵抚慰机制

梅贤明 许秀珍

近日,福建省高级人民法院院长马新岚在省高院国家赔偿办与省妇联法律服务中心签订的《关于合作建立国家赔偿案件心灵抚慰机制的纪要》上批示:“可探索创新国赔案件效果延伸机制。”最高人民法院派人专门到福建调研,对该做法给予充分肯定。

据福建高院行政庭庭长王珩介绍,当前我国国家赔偿制度处于过渡阶段,国家赔偿的范围还不宽、赔偿的标准还比较低,不能充分填平补齐赔偿请求人的损害。实践中,民众对国家赔偿的期待较高,这就造成已经满腹委屈和怨言的当事人通过国家赔偿无法满足其心理预期。因此,在现有的国家赔偿制度框架之内,在最大程度依法弥补当事人损失的基础上,有必要对赔偿请求人进行适当的心理疏导、必要的善后安抚,以化解赔偿请求人心中的积郁和怨愤,在解开“法结”的同时解开“心结”。

1 月 26 日,福建高院国家赔偿办与省妇联法律服务中心签订纪要,就双方在心灵抚慰工作中的协作配合、信息资源共享等问题达成共识。

双方确定了心灵抚慰的对象,对于重大疑难复杂、社会影响大、媒体关注度高以及赔偿请求人情绪激动、反映强烈的案件,可以确定为需要重点对赔偿请求人进行心灵抚慰。对于上述案件,由省高院国赔办向省妇联法律服务中心发出心灵抚慰邀请函并附案件相关材料,告知主要案情、赔偿请求人的特点、主要诉求等。省妇联法律服务中心可根据案件的具体情况，指派既有国家赔偿法律专业知识，又具有心理咨询资质的人员为赔偿请求人提供心灵抚慰，并将指派情况反馈省高院国赔办。

纪要还对商定心灵抚慰方案和实施中的协作配合作了规定。鉴于进行心灵抚慰有自身的特殊要求，省高院国赔办应提前通知心理咨询人员旁听案件的质证或听证，深入了解案情；参与合议庭与当事人面对面的协调沟通；为心理咨询人员提供适合的场所为赔偿请求人开展心灵抚慰工作等。心理咨询人员将配合法院做好案件的矛盾化解工作。

【附　录】

征稿启事

《国家赔偿办案指南》是最高人民法院赔偿委员会办公室与全国人大常委会法制工作委员会国家法室、最高人民检察院刑事申诉检察厅、公安部法制局、司法部法制司、财政部条法司、国务院法制办政府法制研究中心共同编辑的综合性指导连续出版物，旨在共同促进国家赔偿法的贯彻实施，交流国家赔偿工作经验，加强案例指导与理论研究，促进联动互动。对各级法院赔偿委员会的审判工作，对各级国家机关依法行使职权、办好国家赔偿案件，对法学院校的师生学习、研究国家赔偿法，具有较好的参考和指导作用。

本丛书由法律出版社出版发行，计划每年出版4辑。丛书设有"政策导航"、"法律法规"、"司法解释"、"司法文件"、"权威解读"、"请示与答复"、"本刊特稿"、"理论研究"、"案例评析"、"调查与分析"、"专题探讨"、"裁判文书选登"与"工作动态"等栏目，及时刊登最新领导讲话，法律、法规、司法解释、司法文件及相应解读，具有指导意义的答复和典型案例评析，优秀理论研究文章，调研分析和考察报告，各地国家赔偿工作动态等内容。现编委会竭诚向全国国家赔偿理论及实务工作者征稿。来稿要求：

一、稿件应属未公开发表的作品。请勿一稿两投。

二、优先发表在本书所涉领域有创见的、高水平的文章，文责自负，来稿采用与否以理论和实务价值为标准。

三、稿件引文应当注明出处，注释体例参见本书"写作体例说明"。

四、编者保留对来稿进行技术性加工处理的权利。文章一经采用，由本书编辑部统一付给稿酬。

五、投稿邮箱：gjpcbazn@163.com

《国家赔偿办案指南》编委会

写作体例说明

一、正文编码顺序

按"一、(一)1.(1)①第一,其一,"等来安排。

二、法律法规的用法

(1)法律名称前不需要加"中华人民共和国"字样,如不用《中华人民共和国行政诉讼法》,只需为《行政诉讼法》即可;

(2)在专指某法典时,加书名号,其他叙述时不加书名号;

(3)如文中多处出现名称较长的法律法规、规章、司法解释等,可于文前附缩略语表,文内统一使用简称;

(4)引用法条时,应尊重原文的条款号,即原文是汉字的用汉字,原文是阿拉伯数字的用阿拉伯数字;

(5)引用法条时,如和原文毫无差别,加引号;如有差别,不加引号。

三、一般数字的用法

统计数字、时间、物理量(如69%、20世纪80年代、100kg、有期徒刑9年)等均用阿拉伯数字。

四、注释方法

一般原则:

(1)注释采页下注,注释号每页重新起算;

(2)除特殊情况,文中注号置于注处标点外右上角;

(3)引用资料非来自原始出处者,注明"转引自";

(4)引文出自同一资料相邻数页者,注释例:第28页以下;

(5)引注作品重复出现时,需注释完整,不采用"同上注"、"同前注"等;

(6)作者为三人或三人以上的作品,首次引用时应显示全部作者,重复出现时可在第一作者之后加"等"字样。

注释例:

(1)著作类

《马克思恩格斯选集》(第2卷上册),人民出版社1972年版,第35页。

柴成文等:《板门店谈判》,上海人民出版社1989年版,第45~48页。

国务院发展研究中心:《中国农业报告》,中信出版社2001年版,第35页。

(2)期刊类

赵白辰:"建构新经济制度",载《中国社会科学研究》1993年第2期。

(3)文集类

王民:"价格理论",载张可主编:《经济学论集》,经济出版社1992年版,第33~39页。

(4)报纸类

王启东:"法制与法治",载《法制日报》1989年3月2日。

(5)网站类

应松年:"论依法行政",载 http://www.privatelaw.com.cn/cgi-bin/ztyj/view.asp?id=38,某年某月某日访问。

(6)译著类

[德]卡尔·拉伦茨:《德国民法通论》,邵建东译,法律出版社2003年版,第1页。

[澳]依凡·谢瑞尔:"给付行政研究",尤明青译,载《法商研究》1997年第5期。

(7)外文类

从该语种的通常注释习惯。

五、其他要求

投稿"理论研究"和"专题探讨"栏目的文章,字数以6000~12000字为宜;投稿"案例评析"栏目的文章,字数以4000~8000字为宜。

图书在版编目(CIP)数据

国家赔偿办案指南.2014年.第1辑:总第7辑/最高人民法院赔偿委员会办公室编.—北京:法律出版社,2014.5(2016.8重印)

ISBN 978-7-5118-6075-0

Ⅰ.①国… Ⅱ.①最… Ⅲ.①国家赔偿法—中国—指南 Ⅳ.①D922.11-62

中国版本图书馆CIP数据核字(2014)第031402号

国家赔偿办案指南
2014年第1辑(总第7辑)
最高人民法院赔偿委员会办公室 编

编辑统筹 法律应用出版分社
策划编辑 薛晗
责任编辑 薛晗 慕雪丹
装帧设计 李瞻

出版 法律出版社
总发行 中国法律图书有限公司
经销 新华书店
印刷 北京京华虎彩印刷有限公司
责任印制 胡晓雅

开本 720毫米×960毫米 1/16
印张 16.5
字数 243千
版本 2014年5月第1版
印次 2016年8月第4次印刷

法律出版社/北京市丰台区莲花池西里7号(100073)
电子邮件/info@lawpress.com.cn
网址/www.lawpress.com.cn
销售热线/010-63939792/9779
咨询电话/010-63939796

中国法律图书有限公司/北京市丰台区莲花池西里7号(100073)
全国各地中法图分、子公司电话:
第一法律书店/010-63939781/9782
重庆公司/023-65382816/2908
北京分公司/010-62534456
西安分公司/029-85388843
上海公司/021-62071010/1636
深圳公司/0755-83072995

书号:ISBN 978-7-5118-6075-0
定价:68.00元
(如有缺页或倒装,中国法律图书有限公司负责退换)

《国家赔偿办案指南》

全国人大常委会法制工作委员会国家法室、最高人民法院赔偿委员会办公室、
最高人民检察院刑事申诉检察厅、公安部法制局、司法部法制司、财政部条法司、
国务院法制办政府法制研究中心/编

2010年4月29日，第十一届全国人大常委会第十四次会议审议通过了《全国人民代表大会常务委员会关于修改〈中华人民共和国国家赔偿法〉的决定》，并于2010年12月1日起施行。国家赔偿法的实施涉及多个部门，贯彻实施好这部人权保障法，既需要共同深入研究国家赔偿中的理论和实务问题，也需要各部门相互间充分沟通协调。为此，全国人大常委会法制工作委员会国家法室、最高人民法院赔偿委员会办公室等七部委职能部门决定共同编写《国家赔偿办案指南》（丛书）。《指南》的编写，聚集了各部门国家赔偿工作的核心力量，旨在通过这样一个交流沟通的平台，指导各级各部门国家赔偿工作，促进国家赔偿相关部门之间的协调沟通，更好地发挥国家赔偿保障公民、法人和其他组织合法权益，促进国家机关依法行使职权，维护社会公平正义与和谐稳定的功能。

《指南》及时刊登有关国家赔偿的政策和法律法规，司法解释及其理解与适用，有普遍指导意义的请示案件及其答复，重大新型疑难案例评析，国家赔偿理论与实务研究，国家赔偿工作调研报告，地方国家赔偿工作动态等内容，设有“政策导航”、“法律法规”、“司法解释”、“司法文件”、“请示与答复”、“案例评析”、“理论研究”等栏目，每辑25万字左右。《指南》集中反映了七部委对于国家赔偿工作的重要政策、观点、理论研究和实践指导，对各级各部门国家赔偿工作具有权威的指导作用，对从事国家赔偿理论与实践研究的专家学者也具有较强的参考作用。

《国家赔偿办案指南》

征 订 单

年 月 日

单位名称（发票抬头）		联系人		订购单位章
详细地址（邮编）		联系电话（必填）		
定价	每辑定价68元，一年4辑共272元，邮购价290元，4套以上免邮费			
书名		订购套数	书款金额	
《国家赔偿办案指南》（2013年，总第3-6辑）				
《国家赔偿办案指南》（2014年，总第7-10辑）				
《国家赔偿办案指南》（2015年，总第11-14辑）				
《国家赔偿办案指南》（2016年，总第15-18辑）				
总金额（大写）：				

汇款方式	邮局汇款：（ ）	银行汇款：单位（） 个人（）	
个人汇款姓名		★联系电话(务必写清)	

注：1.此征订回执可根据需要复印。填写时请注意字迹清楚、书写工整。以便及时准确邮寄图书、发票。

2.请先往出版社汇款，汇款后，请务必将本回执与汇款凭证复印件一同传真至法律出版社（传真号：010-63939779）或者发至2641702055@qq.com

免费咨询电话：4000 617 265

法律出版社联系方式：

发行部：黄亚男 电话：010-63939806，李世强 010-63939830，传真：010-63939779

编辑部：薛晗 电话：010-63939647 慕雪丹 电话：010-63995053

付款方式：

银行汇款：	邮局汇款：商务客户号111330032（必填）
开户行：工行北京六里桥支行	地 址：北京市丰台区莲花池西里7号
户 名：中国法律图书有限公司	邮 编：100073
账 号：0200281009020403623	收款人：中国法律图书有限公司